Beate Frenkel • Astrid Randerath

Die Kinderkrankmacher

Beate Frenkel • Astrid Randerath

DIE KINDER
KRANK
MACHER

Zwischen Leistungsdruck
und Perfektion –
Das Geschäft mit unseren Kindern

In Zusammenarbeit mit Nina Brodbeck

FREIBURG · BASEL · WIEN

MIX
Papier aus verantwor-
tungsvollen Quellen
FSC® C083411

© Verlag Herder GmbH, Freiburg im Breisgau 2015
Alle Rechte vorbehalten
www.herder.de

Satz: Barbara Herrmann, Freiburg
Herstellung: CPI books GmbH, Leck

Printed in Germany
ISBN 978-3-451-31198-7

INHALT

Vorwort
»Lassen Sie sich durch mich nicht stören« 11

Kapitel I
Kinder dürfen nicht mehr Kinder sein

1. Kindheit als Symptom 17

   »Es hilft ihr, sich in der Schule zu konzentrieren« – warum Angelina Medikamente bekommt • Pillen für die Kinderpsyche • Wenn aus verhaltensauffälligen Kindern kranke Kinder werden • »Hallo Opa, ich bin auch noch da!« – Aufmerksamkeit braucht Zeit • Kein Raum für Entwicklung – kein Raum für Anderssein • Wo die wilden Kerle wohnten – Pathologisierung eines Geschlechts • Wir Spielverderber!

2. Eltern unter Druck 35

   Optimierte Kindheit • Kampfplatz Klassenzimmer • »Für den Unterricht gefügig gemacht« – Grundschulkinder in Zeiten von ADHS • Das Leid der Kinder • »Dann landest du bei den Pennern unter der Brücke« – ein Gespräch über die Nöte von Schülern

3. Lehrer unter Druck 61

   Sozialarbeiter, Psychotherapeut, Hausmeister – warum Lehrer überfordert sind • Mit dem Rechtsanwalt in die Schule – Eltern haben und machen Stress • »Das ist Krieg« – Respekt muss man vorleben • Pillen statt Pestalozzi

4. Eine überforderte Gesellschaft schafft überforderte
   Kinder 73
   Was wir Kindern vorleben • Die Pille, die liebenswert macht
   • Zum Wohl der Kinder?

Kapitel II
Pillen für den Zappelphilipp, Kohle für die
Pharmaindustrie – die unglaubliche Karriere einer
Verhaltensstörung

1. Ein Pharmainsider packt aus 89
   Wie man die Ärzte gewinnt • Wie man sich mit den Universitäten vernetzt und Einfluss auf die Forschung nimmt • Warum es sich lohnt, in den Nachwuchs zu investieren • Warum Studien gerne gefördert werden • Warum sich Kongresse rechnen • Über langfristige »Kundenbindung«

2. »Geben und Nehmen« – der tiefreichende Einfluss
   der Pharmaindustrie................................. 95
   »Es wurde sofort medikamentiert« – ein Vater verliert das Vertrauen • Korruption in der Medizin • Ein selbstverständliches Miteinander • Die Pharmaindustrie als Geldgeber • »ADHS, ja oder nein?« – wie Lehrer in den Dienst der Pharmaindustrie geraten

3. Die Rolle der Wissenschaft 109
   Wissenschaft im Zeichen der Pharmaindustrie? • Anwendungsbeobachtungen – Forschung oder Werbung?

4. Legal, illegal ... – kann die Pharmaindustrie
   eigentlich machen, was sie will? 114
   Ich war's nicht – die Sache mit den Interessenkonflikten • Kontrolle? Fehlanzeige! • Unter den Fittichen der Pharmaindustrie? Die Rolle der Politik

5. Fluch oder Segen? – Pillen für den Zappelphilipp . 123

Dem Mittel sei Dank! – Werbung im Zeichen der Pharmaindustrie • Zu Risiken und Nebenwirkungen ... • ADHS bei Erwachsenen • »Das schafft doch kein Mensch einfach so« – warum ein Erwachsener *Ritalin* nimmt • Schöne Aussichten?

Kapitel III
Nur für Erwachsene!? – alte Pillen, neue Kinderkrankheiten

1. Neuroleptika: »Gehirnweichmacher« für Trotzköpfe und Angsthasen 134

   Erst ADHS und nun noch Asperger – Sven kann einfach nicht »normal« sein • »Darf man das?« – Neuroleptika gegen Autismus, Asperger & Co. • »Sie haben ihm seine Kindheit geraubt« – Warum einem Jungen Brüste wuchsen • Bipolare Störungen – oder: Wie *Risperdal* zum Milliardengeschäft in den USA wurde • »Sagten Sie Gott?« – wie ein Kinderpsychiater eine Krankheit erschuf • Milliarden-Strafen • »Hopplahopp eine Fehldiagnose« – der Fall Bastian S. • Der schwierige Kampf für die Rechte junger Patienten

2. Depressionen: Wenn Kinder schwermütig werden . 158

   Nebenwirkung – Suizid • »Was soll schon passieren?« – der Fall Candace • Schneller Griff zum Rezeptblock

3. Neue Krankheiten: Traurigkeit, Wut und Prüfungsangst 167

   Die passende Krankheit zur Pille • Bist du noch normal oder spinnst du schon? • Normierung der Gefühle

Kapitel IV
Spieglein, Spieglein an der Wand – Schönheitswahn und Perfektion

1. Schönheitsoperationen: Der Kindertraum vom Katalogkörper 181

   Kinderkörper als Problemzonen • Pink, sexy, kaufkräftig – Mädchen in der Schönheitsfalle • Makellos schön – spielend den Körper optimieren •»Man hat ja überall diese Vorbilder« – warum sich Liesa Marie Silikon einsetzen lässt

2. Antibabypillen: Das gefährliche Versprechen von der makellosen Haut 191

   Kauf zwei, zahl eins! •»Von diesen Nebenwirkungen habe ich nichts gewusst« •»Die reden sich raus« – eine junge Frau kämpft gegen einen Pharmariesen • Kritik an Ärzten

3. Hormontherapie: Ist Ihr Kind auch zu klein für sein Alter? 202

   »Nur ein kleiner Pieks« – größer werden, normaler werden? • Zu laut, zu leise, zu dick, zu klein – die große Angst ums Kind

Kapitel V
Die Kinderstarkmacher

1. Alle in einem Boot 212

   In Schwedt gibt es eine Tagesgruppe, in der ausschließlich Kinder mit Verhaltensstörungen betreut werden • Hinaus in den Wald – zur Schnitzeljagd • Alle in einem Boot • Warten können • Goldklumpen finden – kleine Schritte, große Erfolge

2. Sein Leben selbst in die Hand nehmen – mit Neurofeedback gegen ADHS 222

3. »Da war plötzlich Konzentration!« 227
   Interview mit Rechtsanwalt Jürgen Peters. Er macht mit
   Schülern Improvisationstheater – und hat großen Erfolg
   damit

4. »Warum französische Kinder kein ADHS haben« . 233
   US-Familientherapeutin Marilyn Wedge – Familientherapie
   statt Psychopharmaka

5. Gemeinsam zum Wohl des Kindes – Eltern und
   Lehrer ziehen an einem Strang 238
   »Lehrer, die ihn mit Liebe und Herz auf den richtigen Weg
   bringen« – Bettina V., Tims Mutter, erzählt • »Wir
   versuchen, eng mit den Eltern zusammenzuarbeiten« –
   Gudrun Hadrian, Tims Lehrerin, erzählt

6. Bestechung, mangelnde Transparenz und was man
   dagegen tun kann 243
   Interview mit Dr. Christiane Fischer von der Initiative
   unbestechlicher Ärztinnen und Ärzte (MEZIS)

7. Verantwortung als Schulfach 249
   An der Evangelischen Schule Berlin Zentrum ist vieles
   anders. Aber ist es auch besser? Ein Schulbesuch • Aus
   Erfahrung wird man klug • Sinnvolles tun, Verantwortung
   übernehmen • Im Gehen lernt sich's besser • Du kannst
   statt du musst • »Simply beautiful« – starke Mädchen
   machen mobil • Junge, zeig, was in dir steckt • Eigeninitiative fördern

Dank 261

Anmerkungen 263

VORWORT

»Lassen Sie sich durch mich nicht stören«

Ein Friseursalon in Berlin. Kleiner Laden. Alles etwas altmodisch. Es ist nicht viel los. Der Friseur schneidet einem Jungen die Haare. Neben ihm sitzt ein Mädchen, seine Freundin. »Ich bin bloß Publikum«, erklärt sie dem Friseur. »Lassen Sie sich durch mich nicht stören.« Und dann legt die Kleine los. In einem fort plappernd schmiert sie ihrem Hund Schaum um die Schnauze und tut so, als würde sie ihn rasieren. Dann liest sie die Werbeplakate, die an den Wänden hängen, laut vor, läuft durch den Laden, quatscht einen neuen Kunden an, der gerade hereinkommt, wechselt von einem Bein aufs andere und von einem Thema zum nächsten. Und das ohne Pause.

Wenn Ihnen jemand diese Geschichte erzählen würde, was würden Sie denken? Tauchen vor Ihrem inneren Auge auch sofort vier Buchstaben auf? Und haben Sie auch sofort überlegt, ob das Mädchen das hat? ADHS.

Vier Buchstaben. Ein massives Problem. Denn sie stehen längst nicht mehr nur als Abkürzung für die sogenannte Aufmerksamkeitsdefizit-/Hyperaktivitätsstörung, sondern für eine Reihe von brennenden Fragen, die unsere Gesellschaft derzeit umtreiben. Wann ist ein Kind einfach ein normales Kind, und ab wann ist es ein krankes Kind? Wann müssen und sollten wir es Kind sein lassen, und ab wann muss und sollte es behandelt werden? Und wie? Mit Psychopillen? Fragen, an denen wir uns abarbeiten. Fragen, die viele Eltern verunsichern, die quer durch die Familien, quer durch die Schulen, die Arztpraxen und quer durch alle Gesellschaftsschichten gehen. Fragen, auf die wir bislang keine befriedigenden Antworten und für die wir schon gar keine Lösungen gefunden haben. Und das macht die Sache so beängstigend. Dass wir nicht genau wissen, wie wir mit den Kindern umgehen sollen, die als verhaltensauffällig gelten und von denen es immer mehr zu geben scheint.

ADHS. Dazu hat heutzutage jeder mindestens eine Geschichte auf Lager. Die Freundin erzählt, dass ihr Sohn wirklich klug, aber ständig mit den Gedanken woanders sei. Ohne Tablette würde er nie seine Hausaufgaben schaffen. Sie wolle aber doch, dass er gut in der Schule mitkomme. Schließlich gehe es um seine Zukunft. Oder die Grundschullehrerin, die vor einer großen Klasse mit 28 Kindern steht, von denen fünf stark verhaltensauffällig sind. Da ist sie froh, wenn das eine oder andere davon eine Pille nimmt und den Unterricht nicht sprengt. Und die Nachbarin, deren Tochter beim Arzt unangenehm auffiel, weil sie sich nicht untersuchen lassen wollte. Daraufhin hat der Doktor das Mädchen vorsichtshalber gleich auch mal auf ADHS getestet.

Verhaltensgestörte Kinder – gibt es tatsächlich immer mehr von ihnen? Oder hat sich unser Blick auf die Jüngsten in unserer Gesellschaft verschoben? Die eingangs beschriebene Szene stammt übrigens aus Erich Kästners Kinderbuchklassiker *Pünktchen und Anton*. Pünktchen? Ist das nicht eine jener liebenswerten Kinderfiguren, über deren Streiche wir so gerne gelacht haben? Ja. Genau. So, wie auch über Huckleberry Finn, Michel aus Lönneberga und Pippi Langstrumpf. Und heute? Bescheinigen wir all diesen Kindern eine Aufmerksamkeitsdefizit-/Hyperaktivitätsstörung.

Was ist passiert? Zwischen der Zeit, als Kinder offenbar noch Kinder sein konnten, und heute, wo wir genau das nicht mehr ertragen können? Wo Kinder, die sich wie Pünktchen und die anderen verhalten, nicht mehr gesellschaftsfähig sind und deshalb immer öfter mit Psychopharmaka ruhiggestellt werden?

Es ist ja nicht nur ADHS. Wenn Kinder zu verträumt sind, nennt man es ADS. Und immer häufiger werden ihnen auch Autismus und Depression bescheinigt. Unsere Kinder bekommen immer mehr Diagnosen. Haben angeblich Krankheiten, von denen bislang nur Erwachsene betroffen waren oder die es vor zehn Jahren noch nicht gab. Und sie bekommen immer häufiger Medikamente dagegen. Medikamente, die für Erwachsene produziert werden und schwere Nebenwirkungen wie Fettleibigkeit oder Diabetes auslösen können. Im schlimmsten Fall sogar Suizid.

Wie kann das alles sein? Wir haben uns auf die Suche gemacht. Mit Wissenschaftlern gesprochen, die seit Jahren ein »Krankmachen« von Kindern beobachten und davor eindringlich warnen. Mit Eltern, die unter Druck gesetzt werden und keinen anderen Ausweg sehen als die Pillen. Mit Lehrern, die Angst vor dem Unterricht haben, völlig ausgelaugt sind, weil Kinder nicht mehr beschulbar sind. Mit Ärzten, die von der Pharmaindustrie umworben werden, damit sie Psychopillen verschreiben. Mit Pharmainsidern, die ihre Tricks verraten, mit denen sie Medikamente auch an die jüngsten Patienten bringen. Und mit Kindern, die schwerste Nebenwirkungen erlitten haben: Jungen, denen Brüste wuchsen. Junge Erwachsene, die sagen, ihr Leben sei durch die Psychopillen zerstört worden. Mit Eltern, deren Kinder den Tablettenkonsum nicht überlebten.

Und mit Eltern, Lehrern und Ärzten, die bei all dem nicht mehr mitmachen wollen und uns zeigen, dass es auch anders geht – ohne Medikamente.

Verhaltensauffällige Kinder sind ein großer Markt. Denn sie sind ja angeblich krank. Und damit sie (wieder) so werden, wie sie sein sollen, müssen sie zuerst gesundgemacht werden. Sagen zumindest die, die daran verdienen. Denn die neuen Krankheiten sind ein Milliardengeschäft. Milliardenbeträge, die in die Taschen der Pharmaindustrie wandern.

Aber es gibt auch noch andere, die an unseren Kindern mitverdienen wollen. Die dafür sorgen, dass sie so werden, wie wir sie haben wollen.

Brummkreisel und Schaukelpferde, die Pünktchen und Anton sicher gut gefunden hätten, stehen längst nicht mehr auf den Wunschlisten. Einfach nur spielen, das geht heute kaum mehr. Statt Laubwerfen oder Schneeballschlachten gibt es heute waldpädagogische Früherziehung. Die sogenannten Helikopter-Eltern überlassen nichts dem Zufall. Kindheit wird akribisch durchgetaktet. Alles zum Wohl des Kindes. Längst ist die Optimierung in den Kinderzimmern angekommen – auch die äußere. Wussten Sie, dass sich immer mehr Kinder eine Schönheitsoperation wünschen? Dass junge Mädchen Hormonpillen schlucken, um bloß keine Pickel zu bekommen?

Ja, es ist eine Menge passiert seit Erich Kästner. Streiche à la Pünktchen und Anton sind out. Was an deren Stelle zu treten droht, taugt kaum für ein Kinderbuch. Sie sollten darüber Bescheid wissen. Denn es ist höchste Zeit zu handeln.

KAPITEL I

Kinder dürfen nicht mehr Kinder sein

1. Kindheit als Symptom

»Es hilft ihr, sich in der Schule zu konzentrieren« – warum Angelina Medikamente bekommt

Seit vier Jahren beginnt Angelinas Tag mit einer Pille. »Sie ist positiv auf ADHS getestet worden«, erklärt ihre Mutter Christiane T. »Angelina ist hibbelig, zappelig, unruhig, vorlaut und will keine Grenzen einhalten«, beschreibt sie die Symptome ihrer hyperaktiven Tochter. Besonders schlimm sei es, wenn zu viele Eindrücke auf Angelina einwirken. Deshalb bekommt sie jeden Morgen ein Medikament. »Es hilft ihr, sich in der Schule zu konzentrieren, mehr Lernstoff aufzunehmen und sich nicht so schnell ablenken zu lassen.« Angelina ist ein hübsches Mädchen mit langen, dunklen Haaren, die sie zu kleinen Zöpfen geflochten und zu einem Pferdeschwanz hochgebunden hat. Sie sitzt am Küchentisch vor ihren Frühstückseiern. Christiane T. hat vier Kinder, drei Mädchen und einen Jungen, Angelina ist die Jüngste. »Das Medikament dämpft sie ein bisschen in allem. Gibt Konzentration«, ergänzt Christiane T. und wirft einen ernsten Blick auf ihre Tochter, die nun auf ihrem Stuhl unruhig hin und her wippt. »Eigentlich hat Angelina einen überdurchschnittlich hohen IQ«, sagt sie, trotzdem würde sie ohne das Medikament keine Leistung schaffen. »Es hilft ihr, mehr aufzunehmen, und sie kann dann ihre Hausaufgaben machen, ohne dass sie zehnmal aufsteht.«

Angelina beugt sich hinunter und besieht sich den Küchenboden. »Und ihre Handschrift ist wesentlich ruhiger und schöner.« Angelina reißt die Augen auf und zieht eine Schnute.

Angelina bekommt eine Wunderdroge, die Kinder ruhigstellt. Den Arzneistoff Methylphenidat, bekannt unter Medikamentennamen wie *Ritalin* oder *Medikinet*. Weil sie nur knapp 25 Kilo wiegt, bekommt die Neunjährige eine kleine Dosis, 20 Milligramm als Retard-Kapseln, bei denen der Wirkstoff nach und nach freigegeben wird. Insgesamt hält die Wirkung acht Stunden an. Damit schafft es Angelina durch den Unterricht. Christiane T. betont, dass ihre Tochter die Tabletten möglichst nur für die Schule und für die Hausaufgaben bekommt. »Nicht im Privaten.« Es sei denn, es stehe am Wochenende etwas sehr Anstrengendes für Angelina an. »Dann bekommt sie eine Zehn-Milligramm-Dosis, beziehungsweise ich frage sie, ob sie das möchte. Zehn Milligramm würden aber im Schulischen nicht ausreichen.«

Angelina sagt, dass sie sich durch das Mittel fröhlicher fühle und besser lernen könne. »Dann rede ich nicht so oft mit den anderen Kinder und krakle nicht so herum«, sagt sie und blickt an die Decke. Einmal, da habe die Lehrerin zu Hause angerufen und gefragt, ob Angelina am Morgen vergessen habe, ihre Tablette zu nehmen, erinnert sich die vierfache Mutter. Sie sei überhaupt nicht sie selbst. Würde laufend den Unterricht stören, dauernd aufstehen und die anderen Kinder ablenken. Dann ist Christiane T. eingefallen, dass sie die Pille tatsächlich in der Hektik am Morgen vergessen hatte. »Ja, dann musste ich in die Schule gehen, und dann hat Angelina nachträglich die Tablette bekommen.«

»Ja«, sagt Angelina.

Ihre Mutter schaut sie an. »Ich glaube, für sie war das auch ganz schlimm.«

»Ja«, sagt Angelina.

Ist ihr die Entscheidung schwergefallen, ihrer Tochter die Tabletten gegen die Hyperaktivität zu geben?

»Jaaa«, sagt Angelina und verdreht dabei theatralisch die Augen.

»Nein, überhaupt nicht«, sagt Christiane T. und blickt sehr ernst. »Aber es war schwer für mich, dass sie jetzt ADHS hat.« Weil bei ihren beiden älteren Töchtern ADS diagnostiziert wurde, also das Aufmerksamkeitsdefizitsyndrom ohne Hyperaktivität, sei sie aber »vorgewarnt« gewesen und habe deshalb bereits im Kindergarten immer wieder nachgefragt, ob Angelina irgendwie auffällig sei, wenn es um Konzentrationsübungen gehe. Das war offenbar nicht der Fall.

Macht sie sich Gedanken über Nebenwirkungen? »Bei Nebenwirkungen fragen Sie Ihren Apotheker«, sagt Angelina.

»Nebenwirkungen«, sagt Christiane T. und zieht die Mundwinkel auseinander. Ihre Augen blicken müde. »Gedanken mache ich mir immer darüber. Wer möchte einem Kind Medikamente geben?«

»Mit Nebenwirkungen«, sagt Angelina.

»Wer möchte selbst jeden Tag Medikamente nehmen? Keiner. Sicher nicht.«

Zumal Angelina schon andere Mittel bekommen hat, die Nebenwirkungen ausgelöst hätten. Bei einem habe das Mädchen nicht einschlafen können, bei einem anderen sei sie ganz stark depressiv geworden. Christiane T. zögert, zieht wieder die Mundwinkel auseinander, atmet aus, dann setzt sie entschlossen an: »Aber ...«

»... weil man muss«, vollendet Angelina den Satz ihrer Mutter.

Die sagt: »Mir ist es wichtiger, dass mein Kind einen guten Abschluss hat, einen guten Start ins Leben, als dass ich sage, ich bin strikt gegen Medikamente.«

Es ist Zeit für Angelinas Pille. Christiane T. drückt eine Tablette aus dem Blister und gibt sie ihrer Tochter in die Hand. Dann reicht sie ihr einen pinkfarbenen Plastikbecher. Angelina steckt die Tablette in den Mund, trinkt einen Schluck und stellt den Becher zurück auf den Tisch. »Trinkst du bitte noch ein bisschen«, fragt ihre Mutter und streicht ihr übers Haar. »Mh«, sagt Angelina und nimmt noch einen Schluck.

Nachdem sie die Tablette genommen hat, ist sie wie ausgewechselt. Kein Hibbeln mehr, kein Augenverdrehen. Ruhig sitzt das schmale Mädchen am Tisch, um noch eine Schreibaufgabe zu erledigen. Das Frühstücksgeschirr ist abgeräumt, jetzt liegt ein offenes Mäppchen mit Pferdemotiven vor ihr. Und ein großes Schulheft. »April, April«, hat Angelina fein säuberlich in runder Kinderschrift hineingeschrieben. Nun arbeitet sie sich konzentriert Buchstabe für Buchstabe weiter durch den Text, den sie von einem Blatt abschreiben soll. Langsam wandert ihr Füller über die Seite. Er ist weiß und pinkfarben und wirkt groß in ihrer Kinderhand. »Sascha saß ruhig neben Tim«, schreibt Angelina, und das T von Tim macht einen kleinen Bogen, während sich das kleine m hinter das kleine i zu ducken scheint. »Plötzlich sagte er: ›Tim da fährt eine Kuh ...‹« schreibt Angelina.

»Hinter Tim kommt ein Komma«, sagt Christiane T., die neben ihrer Tochter sitzt und genau beobachtet, wie Angelina bedächtig die Buchstaben formt. »Ohne Medikamente wären Hausaufgaben wie jetzt in Schönschrift nicht möglich«, fügt sie hinzu. Angelina setzt artig das Komma hinter Tim. »Tim, da fährt eine Kuh ... F a h r r a d«, vollendet sie dann den Satz. Dabei hüpft das große F ein wenig in die Höhe, und die drei Buchstaben, die das r a d bilden, quetschen sich am Ende aneinander. Ganz so, als würden sie abgebremst. Und das sind sie auch. Denn Angelina hat ein großes, kugelrundes Ausrufezeichen hinter sie gesetzt.

Die Mutter weiß noch nicht, wie lange sie ihrer Tochter die Medikamente noch geben wird. Manche Kinder hätten ja die Möglichkeit herauszuwachsen, sagt sie, manche müssten sie ihr Leben lang nehmen. Aber wenn man Diabetes oder Bluthochdruck habe, müsse man ja auch ein Leben lang Medikamente nehmen. »Ich sehe da keinen Unterschied«, sagt die gelernte Polizistin entschieden. Und dann, mit Blick auf ihr jüngstes Kind, das nun eine gelbe Blume auf ein Blatt Papier malt, ergänzt sie: »Angelina wird ja irgendwann alt genug sein, um selbst zu entscheiden, was sie möchte.«

Pillen für die Kinderpsyche

Immer mehr Kinder leiden offenbar unter Konzentrationsmangel und Hyperaktivität, unter Schwermut oder Aggressionsschüben. Sie träumen sich weg, wo sie aufmerksam sein sollen, sie stören, wo konzentriertes Arbeiten gewünscht ist. Sie sind still und in sich gekehrt. Oder sie fallen auf, weil sie laut herumschreien und wild auf ihren Stühlen herumkippeln. Eine Langzeitstudie zur Gesundheit von Kindern und Jugendlichen in Deutschland, die

KiGGS-Studie des Robert-Koch-Instituts Berlin, kommt zu einem alarmierenden Ergebnis: Bei jedem fünften Kind zwischen drei und 17 Jahren konnten Hinweise auf psychische Störungen festgestellt werden.[1]

Depression, ADS, ADHS: So lauten die Diagnosen, die heute bereits Grundschulkinder gestellt bekommen. Immer häufiger ist auch zu hören, dass Kinder an einer sogenannten Autismus-Spektrum-Störung leiden, ein Tourette- oder Asperger-Syndrom festgestellt wurde – alles Bezeichnungen für schwere Entwicklungsstörungen, die früher kaum einer kannte. Gegen diese Störungen sollen Psychopharmaka helfen.

Gegen ADHS und ADS werden zum Beispiel Medikamente mit dem Wirkstoff Methylphenidat verschrieben. Wurden 1995 noch 40 Kilogramm Methylphenidat an Kinder und Jugendliche verordnet, waren es 2012 1.750 Kilogramm, also 1,75 Tonnen! Das ist eine Steigerung um das 43-Fache![2]

Laut *Arztreport 2013* der Barmer GEK haben 2011 schätzungsweise 757.000 Menschen in Deutschland im Rahmen der ambulanten Versorgung und/oder bei Behandlungen in Akutkrankenhäusern die Erkrankungsdiagnose »Hyperkinetische Störungen« erhalten. Unter dieser Bezeichnung werden Symptome und Störungen im Sinne des ADHS erfasst. Die meisten, nämlich 82,7 Prozent, gehören in die Gruppe der 0- bis 19-Jährigen.[3]

Das heißt, es gibt in Deutschland insgesamt mehr als 620.000 Kinder und Jugendliche, bei denen die Impulskontrolle und die Fähigkeit zur Selbststeuerung vermindert sind? Die Reize nicht richtig filtern und verarbeiten können, sodass diese ungehindert auf sie einstürmen und sie so weder aufmerksam zuhören noch einen Gedanken zu

Ende denken und oft auch keinem geregelten Tagesablauf folgen können? So nämlich beschreiben Ärzte und Psychologen die typischen Symptome von ADHS.[4]

Auch bei bestimmten Antidepressiva ist ein regelrechter Verordnungsboom zu beobachten. Das zeigt eine Analyse der größten gesetzlichen Krankenkasse Barmer GEK. Waren es 2008 noch 4.928 verordnete Packungen, die 6- bis 18-Jährigen verschrieben wurden, stieg ihre Zahl 2012 auf 8.038 – das ist ein Anstieg von rund 63 Prozent.[5]

Immer mehr Kinder mit psychischen Störungen, die immer mehr Medikamente verschrieben bekommen. Das ist der Trend in Deutschland. Das Beunruhigende dabei: Psychopharmaka sind keine Vitaminpillen. Sie greifen in den Gehirnstoffwechsel ein und können gravierende Nebenwirkungen haben. Bei Methylphenidat handelt es sich zum Beispiel um einen Verwandten der synthetisch hergestellten Substanz Amphetamin, deswegen fällt er auch unter das Betäubungsmittelgesetz. Zu den Nebenwirkungen des Wirkstoffes gehören Angstzustände und Schlaflosigkeit, Agitiertheit, also krankhafte Unruhe, und Aggression. So wird das ADHS-Mittel auch salopp als »Kinderkoks« bezeichnet. Genauso effektiv, genauso stark, genauso gefährlich. Trotzdem schwören immer mehr Eltern und Ärzte darauf.

Wenn aus verhaltensauffälligen Kindern kranke Kinder werden

Kann das angehen, fragen wir uns. Wo liegen die Ursachen dafür, dass immer mehr Mädchen und Jungen psychische Störungen entwickeln? Sind die Kinder heute tatsächlich kränker als früher? Ist ihr Verhalten wirklich so viel auffälliger? So auffällig, dass selbst die Jüngsten mit Medikamenten behandelt werden müssen?

Ist nicht bereits anno 1845 im Kinderbuchklassiker *Der Struwwelpeter* ähnliches Verhalten beschrieben worden? »Er gaukelt. Und schaukelt. Er trappelt. Und zappelt. Auf dem Stuhle hin und her«, heißt es da über Philipp, der am Essenstisch nicht stillsitzen will und schließlich bei seiner Schaukelei das Tischtuch mitsamt dem Geschirr vom Tisch reißt. Der Zappelphilipp, der erste literarisch dokumentierte ADHS-Fall oder einfach ein lebhafter Junge?

Oder Hans Guck-in-die-Luft? Um seine Aufmerksamkeit ist es auch nicht gerade gut bestellt. »Wenn der Hans zur Schule ging, stets sein Blick am Himmel hing«, dichtet *Struwwelpeter*-Autor Heinrich Hoffmann über ihn. »Nach den Dächern, Wolken, Schwalben, schaut er aufwärts allenthalben: Vor die eignen Füße dicht, ja, da sah der Bursche nicht.«[6] Der Träumer Hans ... bekäme er heute Methylphenidat verschrieben?

Helga Kraft[7] ist seit 40 Jahren Lehrerin. Sie will nicht glauben, dass Kinder heute auffälliger sind. Oder gar kränker, wie die vermehrte Gabe von Medikamenten es nahelegt. »Diese lebhaften oder besonders ruhigen Kinder gab es schon immer«, ist sie überzeugt. Was aber heute dazukäme, sei, dass von den Kindern immer mehr verlangt werde. »Im Kindergarten geht das schon los. Dass die Eltern die Kinder total verplanen. Und dass sie sie mit Medikamenten ruhigstellen.« Die erfahrene Pädagogin findet, dass heute immer mehr schiefläuft im Umgang mit Kindern. Immer wieder müssten sie und ihre Kollegen mitansehen, dass Kinder, die in ihren Augen völlig »normal« wären, plötzlich Medikamente verschrieben bekämen. »Zum Beispiel hatten wir mal ein unheimlich liebes, nettes Mädchen an unserer Schule«, erzählt Kraft. Ja, ein klein bisschen ruhig sei sie gewesen, ein klein bisschen verträumt. Es wären nun mal nicht alle Kinder lebhaft. »Aber das Mädchen ist im Unterricht mitgekommen und steuerte auf eine Realschulempfehlung hin. Mit einem Mal hat dieses Mädchen *Ritalin* gekriegt! Wir Lehrer haben das nicht verstanden. Warum kriegt so ein Kind *Ritalin*?« Das Gleiche bei einem Jungen. Auch der war eher ein ruhiger Typ. Auch der bekam plötzlich Medikamente, die ihn offenbar komplett sedierten: »Vor einigen Tagen hab ich in der Pause zu einer Kollegin gesagt: ›Guck dir bloß mal den Jungen an. Der steht doch völlig neben sich, kommt mir vor wie ein Zombie.‹«

Vor drei Jahren hat das Kollegium beschlossen, die Klassenfahrt auszusetzen. Helga Kraft und ihre Kollegen weigerten sich, während der Reise – sozusagen in Vertretung der Eltern – Psychopharmaka an die Schüler zu verteilen. »Wir mussten uns damals mit den Eltern auseinandersetzen«, erinnert sich die Lehrerin. »Sie behaupteten, wir wollten ihre Kinder ausgrenzen. Da jedoch Klassenreisen mit Übernachtung nicht verpflichtend sind und Lehrkräfte in unserem Bundesland bei Missbrauch oder Schaden durch falsche Medikamentengabe privat haften müssen, setzten wir für zwei Jahre die Klassenfahrten aus.«

»Es liegt nicht an den Kindern, die waren immer so, wie sie sind«, betont auch der Schweizer Kinderarzt und Entwicklungsforscher Remo Largo. Er kommt zu dem Schluss: Nicht die Kinder haben sich verändert. Es sind die Erwachsenen. »Die Eltern sind unter Druck, die Lehrer sind unter Druck. Aus verschiedenen Gründen.« Im Gesamtpaket führe das dazu, dass immer mehr Kinder als auffällig ausgegrenzt werden und Pillen erhalten. Largo ist überzeugt: »Es hat etwas mit den Leistungsanforderungen zu tun, die an die Kinder gestellt werden. Und die Kinder, die dem nicht genügen, bekommen dann die Diagnose.«

Wie er kritisieren immer mehr Experten aus Wissenschaft, Medizin und Forschung, dass gerade die Diagnosen ADS und ADHS von den Ärzten zu schnell gestellt würden und die therapeutische Begleitung bisweilen zu kurz komme. Dabei schreiben die Leitlinien der Deutschen Gesellschaft für Kinder- und Jugendpsychiatrie (DGKJP) und der Gemeinsame Bundesausschuss (G-BA) der Ärzte und Krankenkassen eine gründliche Diagnose und ein therapeutisches Gesamtkonzept vor.[8]

»Es ist immer leichter, ein Rezept über den Tisch zu schieben, als sich erst mal zurückzulehnen und zu fragen: ›Was meinen Sie damit, wenn die Schule sagt, Ihr Kind hat ADHS, worum geht es jetzt eigentlich?‹«, erklärt der Kinderarzt und Therapeut Dr. Stephan Heinrich Nolte, der einem pharmakritischen Netzwerk angehört. Denn dann müsse sich der Arzt den gesamten biografischen Hintergrund anhören, die gesamte Lebenssituation des Kindes erfragen. »Das ist eine Aufgabe, wenn man die ernst nimmt, braucht man Stunden dafür. Für ein Rezept brauche ich nicht lange.« Auch Entwicklungsforscher Remo Largo ist skeptisch, was die schnelle Gabe von Medikamenten wie *Ritalin* angeht. Er selbst hat in seiner Praxis durchaus auch *Ritalin* verschrieben, und es gebe Kinder, die unglaublich gut darauf ansprechen. Aber das seien seiner Meinung nach unter einem Prozent. »Die anderen Kinder bekommen das Medikament aus Gründen, die ich nicht für gerechtfertigt halte.«

»Hallo Opa, ich bin auch noch da!« – Aufmerksamkeit braucht Zeit

Kinder müssen heute vor allem eines: funktionieren. In unserer Gesellschaft, in der ständiger Wettbewerb und ein konstantes Höher-Weiter-Schneller herrschen, in der Machbarkeit über alles geht und gleichzeitig die Angst vor dem sozialen Abstieg umgeht, wird Kindlichkeit zum unliebsamen Symptom, das regelrecht bekämpft werden muss. Ungestüm sein zu dürfen, war einst ein Privileg der Jugend. Wir sind gerade dabei, den Kindern dieses Privileg zu entziehen. Denn das noch Unfertige und Spielerische, das ungebändigt Stürmische, das Verträumte, Trödelige, das immer wieder Überraschende, das Über-die-Strenge-Schlagende, sprich das, was zum Kind-Sein dazugehört, passt uns offenbar nicht ins (Lebens-)Konzept. Warum? Weil wir im Grunde wissen, dass eben nicht alles genau so machbar ist, wie wir uns das vorstellen. Und das macht Angst. Angst um unsere Kinder, die fit und leistungsstark werden sollen für ihre Zukunft.

Kindsein kann für Erwachsene mitunter unbequem sein. Vor allem, wenn man gerade selbst überfordert ist. In einer Trennungssituation lebt, um den Arbeitsplatz fürchtet oder einfach keine Ahnung hat, wie man die vielen Anforderungen unter einen Hut bringen soll. Uns fehlt oft die Zeit, auf die Bedürfnisse der Kinder einzugehen. Und so suchen wir nach »Abkürzungen« und greifen zu den Pillen. Das birgt eine große Gefahr, denn kindliches Verhalten wird so regelrecht pathologisiert, also für krankhaft erklärt. Entwicklungsforscher Remo Largo kritisiert: »Wir sind nicht mehr bereit, Kinder so zu nehmen, wie sie sind, und glauben, sie mit Medikamenten so machen zu können, wie wir sie haben wollen.«

Die Bedürfnisse der Kinder bleiben dabei immer häufiger auf der Strecke. Vor allem der permanente Zeitmangel, der heute herrsche, führt nach Meinung von Klaus Wenzel dazu, dass Eltern und Lehrer mitunter nicht mehr adäquat auf ein Kind ein- und mit seinem Verhalten umgehen können. Der Präsident des Bayerischen Lehrer- und Lehrerinnenverbandes (BLLV) befürchtet, dass so aus zeitweiligen Zappelphilippen, wie es sie schon immer gegeben habe, tatsächlich verhaltensgestörte Kinder werden. »Wenn unser Enkelkind Paul zappelig ist, sich also so verhält, wie man es eigentlich nicht haben will, dann liegt es meistens daran, dass er sich in dem Moment zu wenig wahrgenommen fühlt«, erklärt uns der Vater von drei erwachsenen Söhnen im Interview. »Er sendet mit dem Zappeln ein Signal, das heißt, ›Hallo Opa, ich bin auch noch da.‹ Dann gehe ich auf ihn ein, sage, ›wollen wir was lesen, wollen wir Fußball spielen?‹ Das tun wir dann, und nach fünf Minuten ist der kein Zappelphilipp mehr, sondern ein freudiger, freundlicher, interessierter junger Bub. Nur wenn ich ihm die Zeit nicht gegeben hätte, dann wäre er immer wilder geworden, und die Situation wäre irgendwann eskaliert.«

Wenzel beobachtet mit großer Sorge, dass die Zeit, auf Kinder und ihr Bedürfnis nach Aufmerksamkeit einzugehen, in den Familien und Schulen immer häufiger fehle und sich hilflose Eltern oft keinen Rat mehr wüssten, als zu Pillen zu greifen, damit das Kind nur ja ruhig ist. So gesehen leiden Kinder heute tatsächlich unter einem Aufmerksamkeitsdefizit: nämlich unter dem ihres Umfeldes!

Der BLLV-Präsident warnt vor einem Teufelskreis, der sich daraus entwickeln kann. »Das Schlimme für den Entwicklungsprozess des Kindes ist, dass es ihm tatsächlich nach der Einnahme der Pillen besser geht«, sagt er. Und dass es das als störend empfundene Verhalten in der Regel einstelle. »Und deshalb weiß das Kind jetzt, immer wenn ich eine Tablette bekomme, bin ich wieder erträglich und kann mit den Leuten umgehen, und die Leute können mit mir umgehen.« Die Kinder bekommen ein positives Feedback; das fühlt sich gut an, das macht sie stolz.

Pillen als Erziehungshilfe. Doch werden so nicht kindliche Verhaltensweisen pathologisiert?

Kein Raum für Entwicklung – kein Raum für Anderssein

Rennen. Träumen. Bei Mädchen und Jungen sind das ganz typische Impulse. Impulse, die aus den tiefsten Bereichen des Gehirns immer wieder nach oben kommen, erklärt der Göttinger Hirnforscher Gerald Hüther. Diese Impulse kontrollieren und steuern zu lernen ist ein wichtiger Teil des kindlichen Entwicklungsprozesses. Doch statt Kindern mehr Raum und Zeit zu geben, um diese Entwicklungsschritte vollziehen zu können, würden sie mit Pillen ruhiggestellt. Hüther warnt deshalb vor der Gabe von Psychopharmaka. Mit seinen Ansichten hat er sich nicht nur Freunde geschaffen. Wissenschaftler und Psychologen, die die vielen ADHS-Diagnosen für gerechtfertigt und die Behandlung mit Psychopharmaka für notwendig halten, argumentieren, Hüther sei »nur« ein Hirnforscher, also nicht wirklich kompetent auf dem Gebiet. Die Argumente, die Hüther seinen Kritikern entgegenhält, klingen stichhaltig: Tatsache sei nun mal, dass sich das Gehirn eines Kindes nutzungsabhängig entwickle. Das heißt, die Erfahrungen, die es mit Eltern, in der Schule, mit Freunden macht, verfestigen oder verankern sich in Form von Netzwerken. So lerne ein Kind zum Beispiel, das Mensch-Ärger-Dich-Nicht-Spielbrett nicht umzuwerfen, wenn es wütend ist. Und es lerne, nicht bei jedem Frust gleich wegzulaufen, sondern Aufgaben zu Ende zu führen. Ganz so, wie es das mit Familie und Freunden erfahre.»Wenn man jetzt ein Medikament gibt, dann ändert dieses Medikament natürlich auch die Arbeitsweise des Gehirns«, sagt der Forscher. Das Gehirn passe sich an das Medikament an. In der Folge lernt es nicht, Impulse wie Wut oder Weglaufen selbst zu kontrollieren. Das übernimmt das Medikament.

Im schlimmsten Fall bis ins Erwachsenenalter.

Wo die wilden Kerle wohnten – Pathologisierung eines Geschlechts

»Aber unser Georg hat sich geärgert über Franz. ›Wer ist ein Hanswurst?‹, hat er gefragt und das war schon falsch, denn der Franz, der ist sehr stark und er gibt jedem eins mit der Faust auf die Nase und jetzt bei Georg natürlich auch: peng! Wie Dschoscho den Schlag gesehen hat, hat er aufgehört ›Kuatsch-koup‹ und ›Henswoast‹ zu rufen. Er hat Franz angeguckt und hat gesagt: ›Boxing? Sähr gout!‹«[9] So steht es im Kinderbuchklassiker *Der kleine Nick*.

Bezeichnenderweise ist uns heutzutage vor allem quirliges, dominantes, aggressives Verhalten ein Dorn im Auge. Verhalten, wie es vor allem Jungen an den Tag legen? Der kleine Nick und seine Freunde prügeln sich jedenfalls regelmäßig, wie die oben zitierte Szene zeigt, mit großer Freude und Hingabe. Gehört Prügeln für Heranwachsende dazu? Der höhere Testosteronspiegel mache Jungen tatsächlich lebhafter, bewegungsfreudiger, aktiver, bestätigt Matthias Stiehler, Mitherausgeber des *Männergesundheitsberichts 2013* der Stiftung Männergesundheit.[10] »Risikobereitschaft ist für Jungen gerade in der Pubertät ein Instrument der Abgrenzung«, sagen auch die Wissenschaftlerinnen Sabine Walper und Anna Buschmeyer vom Deutschen Jugendinstitut München. So gewinnen sie ihre Identität, erlangen ihre Männlichkeit, können sich selbst erfahren und erproben. Befragt man Jungen dieses Alters, wollen sie alle meist eins: »Bloß kein Mädchen sein.« Wichtig sei für die Jungen, »sich als ›männlich‹ zu spüren, Geschlechtlichkeit auszudrücken, Maskulinität vor anderen darzustellen«, sagen die beiden Forscherinnen. Entsprechend fallen die typischen Vorbilder der Jungen aus: Rennfahrer, Fußballstars, Schauspieler, Helden der Computerspiele und Popsänger. Die sind stark, cool, respekteinflößend, experimentier- und risikofreudig, rivalisierend und zeigen Imponierverhalten.

Wenn gerade das Kräftemessen für die Entwicklung von Jungen »normal« und sogar unerlässlich ist, wir es aber immer mehr als unbequem empfinden, erklären wir damit die Jungen für krank? Immer mehr Forschungen legen das nahe. »Die Mehrzahl der Grundschulkinder mit der psychiatrischen Diagnose ADHS, die mit Methylphenidat behandelt werden, sind Jungen«, heißt es beispielsweise im *Männergesundheitsbericht 2013*. »Nach den KIGGS-Daten liegt eine ärztlich oder psychologisch diagnostizierte ADHS-Störung bei fast acht Prozent der Jungen und damit deutlich häufiger vor als bei Mädchen mit 1,8 Prozent. Im Geschlechtervergleich sind Jungen damit 4,4-mal häufiger betroffen.«[11] Und das besonders oft zu Unrecht, wie eine Studie der Ruhr-Universität Bochum und der Universität

Basel belegt.[12] Für die *Männergesundheitsbericht*-Autoren Gunter Neubauer und Reinhard Winter ist das kein Zufall. Sie sind überzeugt, dass ADHS bei Jungen auch deshalb so inflationär diagnostiziert wird, weil sie und ihr Verhalten in bestimmten sozialen Räumen, vor allem in der Schule, als »schwierig« wahrgenommen würden und weil sich Eltern und Institutionen nicht anders zu helfen wüssten. Externalisiertes, also nach außen gerichtetes Verhalten wie Hyperaktivität und Aggressivität sind nicht erwünscht, beschreibt es Matthias Stiehler. Kämpfe und Rangeleien würden fast immer negativ bewertet, dabei gehörten sie zur Identitätsfindung und männlichen Entwicklung dazu. »Die Jungen werden als Jungen nicht wertgeschätzt«, befürchtet Stiehler. Er und seine Kollegen warnen: Werde unangepasstes, lebhaftes und nach außen gerichtetes Verhalten als abweichend deklariert, entstehe ein erhöhtes Risiko für soziale Ausgrenzung. Werden sie aus der Gemeinschaft, zum Beispiel aus dem Klassenverbund, ausgeschlossen, verstärkt das meist die Aggression bei den Jungen. Laut Walper und Buschmeyer ist es deshalb dringend nötig, das »Risikohandeln« als Teil der normalen Entwicklung von Männlichkeit in einem bestimmten Alter anzuerkennen und Jungen rechtzeitig Risikokompetenzen als Teilaspekt von Männlichkeit zu vermitteln. Man dürfe die Jungen dabei nicht allein lassen. Sie bräuchten Halt und Geborgenheit und fürsorgliche Männer beziehungsweise Väter als Vorbilder. Sonst bestünde die Tendenz zu extrovertierten Störungen, Defiziten in der Impulskontrolle, Hyperaktivität, gestörtem Sozialverhalten und erhöhter Gewaltbereitschaft.[13] Eine Negativspirale ist in Gang gesetzt, an deren Ende häufig die Gabe von Medikamenten steht, um das unerwünschte Verhalten abzustellen oder zumindest einzudämmen.

Wir Spielverderber!

Einfach Kind sein. Seien wir ehrlich: Das ist heute gar nicht so einfach. Denn Mädchen und Jungen werden vielfach in einem Umfeld groß, in dem sie keine »Spielwiese« haben, auf der sie die Impulse »zu rennen« und »zu träumen« ausprobieren und ausleben können. Denn bevor man etwas beherrschen kann, muss man es zunächst einmal bewusst wahrnehmen und erfahren dürfen. Für Kinderarzt Dr. Stephan Heinrich Nolte sind ADS und ADHS deshalb auch keine Krankheiten, die man sich »zuzieht«, sondern ein Symptomkomplex, der sehr viel mit unseren gesellschaftlichen Verhältnissen zu tun hat. »Welches Kind hat heute noch genug Bewegungsmöglichkeiten? Dadurch, dass es zum Beispiel seinen Schulweg zu Fuß zurücklegt?«

Stimmt schon. Viele Kinder werden heute von ihren Eltern zur Schule gebracht. Oder sie fahren mit dem Bus, eingepfercht, ohne sich bewegen zu können. Ein einziges Stoßen und Rempeln! »Die Kinder kommen schon geladen in die Schule«, sagt Nolte. »Und auch dort ist dann kein oder zu wenig Raum, der es ihnen ermöglicht, sich abzureagieren.« Und am Nachmittag? Da kommt der Freizeitstress. Immer häufiger hört man, dass Kinder in ihrer eigentlich freien Zeit von Termin zu Termin hetzen, sodass kaum mehr Möglichkeiten bestehen, mit Freunden unbeschwert herumzutoben, um die Wette zu rennen, auf den Bolzplatz zu gehen, Baumhäuser zu bauen oder einfach zu träumen – also eben Dinge zu tun, die Kinder eigentlich tun.

Sind wir zu Spielverderbern geworden? »Jedes Kind hat ein Recht auf Fürsorge und Wohlbehagen«, davon ist Rosemarie Straub überzeugt. Heute sieht sie dieses Recht in Gefahr. Statt Freiraum, um sich auszuprobieren, gebe es für die Kleinen immer mehr Kontrolle und so immer mehr Druck. Die 65-Jährige weiß, wovon sie spricht. 40 Jahre lang war sie in Berlin als Schulpsychologin tätig, hat an der Schnittstelle zwischen Jugendamt und Schulen gearbeitet. Seit ein paar Monaten ist sie pensioniert, aber ihre Gedanken sind noch immer bei den Kindern. Sie macht sich Sorgen. »In den Klassenräumen hängen zum Beispiel unendlich viele Spielregeln. Zum Beispiel ›Wir melden uns und warten, bis wir drangenommen werden.‹ Das ganze Schulgebäude ist voller Regeln!« Die Psychologin schüttelt den Kopf. Sie hält das für wenig zielführend. Durch immer mehr Vorschriften bringe man Kinder nicht dazu, im Unterricht bei der Sache zu bleiben und freudig mitzumachen. Statt immer mehr zu verbieten, müsse auf Zuhören, Zuneigung und Verständnis gesetzt werden, findet die Psychologin. Wie in jeder funktionierenden Beziehung. Egal ob zwischen Lehrern und Kindern oder zwischen den Eltern und Kindern. Zu viel Druck und Kontrolle fördern Verhaltensauffälligkeiten bei Kindern. Dagegen helfen Motivation, klare Ansagen, echter Dialog und – Freiräume.

2. Eltern unter Druck

Es ist schon paradox. Es gab wohl noch nie eine Zeit, in der so viel über Kinder und ihre Erziehung, über ihr Verhalten und ihre Bedürfnisse gesprochen wurde und in der so viele Informationen über Kinderziehung kursierten wie heute. Kindheit ist gesamtgesellschaftliches Topthema.

Und gleichzeitig gab es noch nie eine Zeit, in der die Unsicherheit darüber, wie wir mit unserem Nachwuchs umgehen sollen, so groß war. Wie es am sichersten und sinnvollsten gelingt, Kindern den Weg in die Zukunft zu ebnen. Sie fürs Leben stark und fit zu machen.

Kinder stehen heute unter Dauerbeobachtung, und diejenigen, die erziehungsberechtigt oder zumindest erziehungsbeteiligt sind, gleich mit. Außerdem beobachten sich alle auch noch gegenseitig. Und die Blicke sind wahrhaftig nicht immer freundlich!

»Familien sind in unserer gegenwärtigen Gesellschaft, gerade wenn sie Kinder haben, unter einem enormen Druck«, sagt Neurobiologe Gerald Hüther. Er findet: »Eltern tun das Beste, was sie können, um ihren Kindern zu helfen, in diese Gesellschaft hineinzuwachsen, dass sie dort später einigermaßen gut zurechtkommen.«

Was aber, wenn das Beste der Feind des Guten ist? Wenn aus Bemühen Bemühtes wird? Diese Gratwanderung täglich erfolgreich zu durchlaufen ist eine der großen Herausforderungen, vor der Familien heute stehen. Schließlich steht beim Umgang mit der nächsten Generation alles zur Disposition – vom Kindersitz über die Ernährung bis hin zum Spielzeug. Alles soll möglichst gut, besser, am besten sein. Das hat doch niemand so gesagt? Braucht es auch nicht. Die Erwartungshaltung ist in unserer Gesellschaft überall spürbar. Und den Druck machen sich Eltern deshalb schon von ganz alleine.

Erziehungsratgeber boomen derzeit regelrecht. Der Journalist Max Scharnigg hat mal spaßeshalber beim Online-Riesen Amazon nachgesehen. Sein Rechercheergebnis: Allein in der Kategorie »Ratgeber für Eltern und Kinder« sind 19.857 Titel gelistet – macht eine ganze Kleinstadt, in der nur Experten wohnen.[14] Die Buchtitel decken alle Bereiche eines Kinderlebens ab und versprechen zum Beispiel Hilfe, wenn die Sprösslinge im »Trotzkopfalter« sind, raten zum »Nein aus Liebe«, schicken die Eltern in die Schule, greifen tief in die »Eltern-Trickkiste« oder verraten nichts weniger als »Das Geheimnis glücklicher Kinder«.

Was ist die Ursache für diese Ratgeber-Flut? Grundschullehrerin Helga Kraft glaubt, dass viele Eltern heute einfach Angst hätten, etwas falsch zu machen. »Sie haben ihre Ratgeber im Schrank stehen und gucken erst mal nach. Sie haben nicht den Mut, einfach aus dem Bauch heraus zu handeln. Das beginnt schon beim Umgang mit den Babys.«

Welche Erziehungsmethode ist die richtige? Autoritär wie zu Opas Zeiten – will keiner mehr sein. Laissez-faire wie in den Siebzigern – genauso wenig. Was ist denn nun richtig? Irgendwas dazwischen? Streng, was die Schlafenszeiten angeht, aber locker bei den Tischmanieren? Wer im Internet nach Artikeln zu den jeweiligen Themen fahndet, findet so viel Wissen, dass es mehrere Bibliotheken füllen würde. Und täglich grüßt die Überinformation!

In Sachen Kindererziehung experimentieren wir am lebenden Objekt. Denn so etwas wie eine Mainstream-Erziehungskultur gibt es nicht mehr. »In ganz Europa, auf der ganzen Welt suchen Eltern nach Orientierung. Denn überall existiert das Alte nicht mehr. Es gibt keine Konzepte mehr in unserer Gesellschaft.« Die Worte stammen von Jesper Juul. Im Ranking um die meistgelesenen Ratgeberautoren liegt der dänische Familientherapeut ganz vorne. Der Rat des Erziehungs-Gurus: Wir müssen einen neuen Weg finden. Aktuell stecken wir mitten in diesem Prozess.[15]

Schön. Wir sind frei, es neu und anders zu machen. Das ist, seien wir ehrlich, ganz schön anstrengend. All die Entscheidungen, die tagtäglich, stündlich, minütlich getroffen werden müssen! Und ist das dann endlich passiert, kann man sich sicher sein, dass die Kritiker, die das verteufeln und das Gegenteil fordern, nicht weit sind. Haben wir die Kinder zum Beispiel kurz vor dem Fernseher geparkt, um mal eben in Ruhe die Wäsche aufzuhängen, heißt es: Mehr Disziplin bitte! Belesen wir uns eingehend über Kinderkrankheiten oder andere Gefahren, die unsere Sprösslinge treffen könnten, heißt es garantiert: Mehr Bauchgefühl bitte!

Überhaupt das Bauchgefühl. Es wird mittlerweile überall als das Heilmittel gegen den Druck gehandelt, den Eltern sich machen. Nach dem Motto: »Hey, entspann mal, hör' auf dein Bauchgefühl!« Das Problem ist nur, vor lauter Diskussion über Intuition und wie wichtig sie doch ist, artet mittlerweile selbst das Hören aufs Bauchgefühl in Stress aus!

Ja, es ist ein Dilemma. Weil es eben um nichts Geringeres geht als um die Zukunft. Die Zukunft unserer Kinder. Und die lieben wir! Für die tragen wir die Verantwortung. Und weil diese Zukunft möglichst rosig sein soll, die Prognosen aber anders aussehen, versuchen so manche verzweifelt, die Gegenwart so gut es geht zu nutzen. Jene Jahre zwischen 0 und 18, die so schnell verfliegen. Die richtige Kita, die richtige Schule, die richtigen Freunde, die richtige Freizeitgestaltung. Es gibt einiges zu tun für Mama und Papa. Und die tun auch. Und schießen vor lauter Fürsorge mitunter übers Ziel hinaus.

Wer hat noch nicht von den »Helikopter-Eltern« gehört, die wie Hubschrauber unaufhörlich über ihrem Nachwuchs kreisen, die alles kontrollieren und nichts dem Zufall oder dem Schicksal überlassen wollen. Auch die »Curling-Eltern« haben Einzug in unseren Sprachgebrauch und in die Kinderzimmer gehalten. Gemeint sind damit Mütter und Väter, die wie beim Eisstockschießen eigenhändig alle Hindernisse aus dem Weg räumen, die ihrem Nachwuchs auf dem mühevollen Pfad in eine aus ihrer Sicht erfolgreiche Zukunft vor die Füße fallen könnten. Eltern, die sofort eingreifen, wenn ihrem Augenstern im Sandkasten von einem anderen Kind das Eimerchen weggenommen wird, oder die empört in der Schule vorstellig werden, weil die Mathelehrerin ihrem Schatz eine angeblich zu schlechte Note erteilt hat.

Undenkbar, dass sie ihre Kinder unbeaufsichtigt auf Spielplätzen oder gar in der freien Natur herumtoben lassen, oder dass die Kleinen spontan etwas ausprobieren dürfen, was nicht vorher genauestens vom familieneigenen Eltern-TÜV geprüft wurde.

Mit den Kindern, die verhaltensauffällig werden, weil sie zu wenig Aufmerksamkeit bekommen, stundenlang alleine vor dem Computer sitzen, zu viel essen und sich zu wenig bewegen, hat der Nachwuchs von Helikopter-Eltern auf den ersten Blick nichts gemein. Alles richtig gemacht also? Jesper Juul mahnt zur Vorsicht. Für ihn sind auch überbehütete Kinder irgendwo vernachlässigte Kinder. »Sie werden rund um die Uhr umsorgt, aber sie werden des einzigen Weges beraubt, durch den sie wirklich lernen können: ihre persönliche Erfahrung.«[16] Mit der Folge, dass sie – genau wie die unbehüteten Kinder – weder in der Lage seien zu wachsen noch zu reifen. Und aus diesem Grund dann Gefahr laufen, ebenfalls Verhaltensauffälligkeiten zu entwickeln. Überbehütet, unterbehütet. Wenn Kindererziehung zum Problem wird, werden dann früher oder später auch die Kinder zum Problem?

Optimierte Kindheit

Das Kind als Lebensprojekt. In Zeiten der späten Elternschaft und der Ein-Kind-Familien besteht die Gefahr, dass immer mehr Eltern ihre ganze Aufmerksamkeit auf die (äußerliche) Optimierung des Nachwuchses richten und zu übervorsichtigen Eltern werden. Aus Angst, Versager zu produzieren und von der Gesellschaft schief angesehen zu werden, muss das Verhalten der Kinder ständig kontrolliert, ihre Leistung ständig optimiert werden, denn es geht ja wie gesagt um ihre Zukunft. Das macht Druck. »Das Kind muss ein Erfolg sein«, fasst Entwicklungsforscher Remo Largo die Anspruchshaltung von Eltern zusammen. Und erfolgreich ist für die meisten von uns nun mal, was unsere

Leistungsgesellschaft, also wir alle, derzeit als Maßstab setzt.

»Wir leben in einer Gesellschaft, in der wir alles unter Kontrolle haben wollen und wo wir Abweichendes nicht so gerne zulassen«, sagt Gerald Hüther. Entsprechend erziehen wir unsere Kinder. Normorientierte Fürsorge nennt sich das. Im Extremfall folgen wir so nur mehr äußeren Trends statt inneren Werten.

Dahinter steckt die Furcht, sie sollen ja nicht anecken, sie sollen dazugehören. Verhaltensauffälligkeiten passen da nicht ins Konzept. »Unsere Gesellschaft hat sich daran gewöhnt, dass alles funktioniert«, erklärt auch BLLV-Präsident Klaus Wenzel. Die Maschinen, die Geräte, der Verkehr, die Wirtschaft, alles müsse funktionieren. Auch und vor allem der Mensch. »Und wenn das nicht so ist, ist es uns peinlich«, sagt er. Mehr noch: Nicht funktionierende Menschen seien für uns seiner Meinung nach regelrecht ein Tabu. »Das kommt nicht gut an, wenn es heißt, unser Sohn hat Schwierigkeiten, unser Sohn hat den Anschluss nicht halten können, unser Sohn kommt nicht mit. Unser Sohn ist nur Hauptschüler oder nur Realschüler.« Da werden dann Ausreden erfunden. Und es werde versucht, den Menschen über Medikamente wieder »funktionierend zu machen«.

Aus ihrer Praxis weiß Schulpsychologin Rosemarie Straub: »Für viele Eltern ist ein Kind erst dann ein gutes Kind, wenn es die bewussten oder unbewussten Leistungswünsche seiner Eltern erfüllt.« Und da Entwicklung eben vieldeutig zu interpretieren sei, heiße Kindheit und Jugend dann eben oft, möglichst viele Fachdienste zu frequentieren, endlose Stunden mit Diagnostik durchzustehen. Bis? Bis ein Weg gefunden wird, dass das Kind den gesellschaftlichen Anforderungen entsprechend funktioniert.

»Es vergeht kaum ein Tag bei meiner Arbeit als Kinder- und Jugendarzt, an dem nicht verunsicherte Eltern um Physio-, Ergotherapie- oder Logopädieverordnungen für ihre aus meiner ärztlichen Sicht altersgerecht entwickelten Kinder bitten«, klagt denn auch der Düsseldorfer Kinderarzt Michael Hauch. Auffällige Kinder würden schnell in Therapie geschickt.[17]

Und wenn das alles nicht hilft? Dann heißt es immer öfter, den Kindern Medikamente geben, um die gewünschte »Entwicklung« doch noch zu erzielen. Dahinter steckt kein böser Wille. Sondern nicht selten pure Verzweiflung.

Kampfplatz Klassenzimmer

Es gibt Kinder, deren Leben richtet sich nach einem ausgefeilten Wochenplan, in den neben dem täglichen Schulbesuch noch jede Menge Extra-Stunden reingepackt werden. »Da ist dann Ballett und dann ist da Musik und dann ist Fußballtraining«, zählt Helga Kraft auf. »Wir haben das manchmal schon in der ersten Klasse, dass die Kinder so verplant sind.« Der Kampf um die Zukunft der Kinder; er wird in der Gegenwart ausgetragen. In den Kinderzimmern. Auf den Spielplätzen. In den Schulen. Vor allem in den Schulen. »Wenn das mal eine Drei in der Grundschule wird, dann sind die Eltern nicht mehr zufrieden.« Also werden zusätzlich zum nachmittäglichen Musik- und Sportunterricht auch noch Nachhilfestunden angesetzt.

In ihrer Angst, dass ihre Kinder an den wachsenden Leistungsanforderungen scheitern, versucht die Mehrheit der Eltern zudem immer stärker, ihre Kinder »mit eigenen

Ressourcen« zu unterstützen. »Schule beschäftigt Eltern!«, schreiben Wissenschaftler der Studie *Eltern – Lehrer – Schulerfolg* und meinen damit, dass Erziehungsberechtigte hierzulande offenbar immer öfter zu Hilfslehrern mutieren.[18] Vor allem Mütter aus der Mittelschicht fühlten sich zunehmend als zusätzliche Lehrkraft. »Sie leiden jedoch massiv unter den nachmittäglichen ›Repetitorien‹, die sie ihren Kindern didaktisch, methodisch und fachlich aufbereiten. Das schafft natürlich Konflikte mit den Lehrern. In der Wahrnehmung vieler Eltern wird das Üben an sie delegiert, sie müssten sich dafür methodische und fachliche Kompetenzen aneignen. Das führt jedoch dazu, dass das Hierarchie- und Kompetenzgefüge zwischen Lehrern und Eltern aufgebrochen wird. Viele Eltern glauben sich den Lehrern überlegen. Bei den Noten, dem unantastbaren Machtinstrument der Lehrer, fühlen sie sich dagegen ausgesetzt und unterlegen.« Die Folge ist nicht nur ein Vertrauensverlust auf beiden Seiten, sondern auch wachsende, massive Konflikte.

Der Kampf der Eltern für die möglichst erfolgreiche Zukunft des Nachwuchses freut die Wirtschaft. Um die Kinder und ihre psychische und auch körperliche Optimierung schart sich mittlerweile eine regelrechte Dienstleistungsentourage, die von Nachhilfe über Spiel-, Sprach- und Ergotherapie alles im Sortiment hat. Sogar Fitnessstudios haben Kinder als Kunden entdeckt und werben wie zum Beispiel ein Berliner Club mit »Wellness for Kids« (5–8 Jahre) und einem »Kinderworkout« (7–10 Jahre) um ihre kleinen Kunden beziehungsweise deren fitnessbewussten Eltern. (Mehr dazu in Kapitel IV.)

Bis zu 1,5 Milliarden Euro investieren Eltern in Deutschland durchschnittlich im Jahr allein für Nachhilfestunden. So die Ergebnisse einer Studie der Bertelsmann-

Stiftung. Oft wird mit der Nachhilfe schon am Ende der Grundschulzeit begonnen, um den Kindern den Weg aufs Gymnasium zu ebnen, schreiben die Bildungsforscher Annemarie und Klaus Klemm.[19]

Knapp 1,1 Millionen Mädchen und Jungen in Deutschland bekommen Nachhilfe.[20] Und das offenbar nicht nur, weil die Noten der Kinder so schlecht sind, dass ihre Versetzung gefährdet wäre. Die Bertelsmann-Jugendstudie für das Bundesland Nordrhein-Westfalen von 2013 zeigt zum Beispiel, dass viele der Nachhilfeschüler in NRW passable bis gute Noten haben: 50 Prozent liegen im Durchschnitt zwischen 2,5 und 3,5, 40 Prozent sogar zwischen der Zensur 1,5 und 2,5.[21]

Eltern im Förderwahn? Ja, sagt Klaus Hurrelmann. Der Sozialwissenschaftler und Bildungsforscher, der unter anderem mehrmals die vielbeachtete *Shell-Jugendstudie* leitete, hat beobachtet, dass Eltern ihm heute bereits in der Grundschule verfallen. Im Wettbewerb um die sichersten Jobs werden Realschülern und Hauptschülern geringere Chancen eingeräumt. Als Mindeststandard gilt der Mittlere Abschluss, dem Hauptschulabschluss wird kaum noch Wert beigemessen. Bildung, Bildung, Bildung lautet deshalb die Erfolgsformel. »In hoch entwickelten Gesellschaften wird Bildung immer mehr zu einer Schlüsselkompetenz, sowohl für jeden Einzelnen als auch für das gesamte Gemeinwesen.«[22] Hurrelmann erklärt, warum das so ist: »Wer eine gute Bildung hat, erzielt später ein höheres Einkommen, ist vor Arbeitslosigkeit deutlich besser geschützt, besitzt einen höheren sozialen Status und gesellschaftliches Ansehen, auch stärkeren Einfluss auf soziale Belange, partizipiert politisch kompetenter und effektiver und hat eindeutig auch Vorteile bei seiner Gesundheit. Und lebt länger.«

Also müssen die Kinder aufs Gymnasium. Das ist die naheliegende Schlussfolgerung, die Eltern angesichts dieser Argumente verständlicherweise für sich ziehen. Ein weiterer Punkt, an dem sie unter Druck geraten und in der Folge nicht selten ihre Kinder unter Druck setzen.

Laut aktuellen Erhebungen wünschen sich fast 70 Prozent der Eltern das Abitur als Abschluss für ihren Nachwuchs, weiß Hurrelmann. Das hat weitreichende Folgen.

Grundschulzeit, das war früher noch Schonzeit; Zeit, um sich einzugewöhnen, bevor dann auf der weiterführenden Schule der Ernst des Lebens begann. Das ist vorbei. Heute beginnt der Ernst des Lebens bereits für unter Zehnjährige. Die Uhr tickt, sobald die Erstklässler ihre neuen Schulranzen das erste Mal im Klassenzimmer neben ihrem Stuhl abgestellt und ihre Mäppchen ausgepackt haben. Empfehlung fürs Gymnasium lautet der klare Auftrag von Mama und Papa an sie. Und da im deutschen Schulsystem in der Regel bereits in der Grundschule Noten darüber entscheiden, welche weiterführende Schulart empfohlen wird, richtet sich die Aufmerksamkeit auf die Noten. Hurrelmann spricht von »Förder-«, Hüther von »Zensurenwahn«. Kinder würden in die Schule gehen, damit sie gute Zensuren bekommen, nicht, weil sie die Bedeutung erkennen, dass und warum es toll ist, etwas zu lernen.

»Für den Unterricht gefügig gemacht« – Grundschulkinder in Zeiten von ADHS

Wissen ist der Schlüssel, Schule das Tor zu einer erfolgreichen Zukunft. Entsprechend groß ist für bildungsbewusste Eltern der Schreck, wenn von Lehrern Beschwerden kommen, ihre Kinder würden den Unterricht stören oder sich in anderer Form auffällig verhalten. Manche Eltern beklagen, dass sie von den Schulen regelrecht genötigt würden, ihrem Kind Medikamente zu geben. Weil sie um den schulischen Erfolg ihres Kindes fürchten, geraten sie so in Gewissensnöte. Gerald Hüther ist überzeugt, dass die meisten der immer häufiger gestellten Diagnosen für eine Aufmerksamkeitsdefizitstörung erfolgen, weil die Kinder in den Schulen nicht zurechtkommen. »Das sind selten die Eltern, die von sich aus zum Arzt gehen und das Kind dort vorstellen, sondern es sind meistens Eltern, die von den Lehrern darauf aufmerksam gemacht werden, dass bei ihrem Kind etwas nicht stimmt.« Und diese sollen bitte schön etwas dagegen unternehmen.

Bei Anton ist genau das passiert. Der 13-Jährige lebt in einem kleinen Ort in Brandenburg, seine Familie ist dort fest verwurzelt. Antons Großmutter war die ortsansässige Hebamme, sein Vater Oliver G. ist Gewerkschafter, seine Mutter Annett G. betreibt eine Hundepension. Der Händedruck ist fest, die Begrüßung herzlich, als die beiden in ihren großen Garten zu Kaffee und Kuchen bitten. Sohn Anton ist ein großer, kräftiger Junge mit offenem, geradem Blick, der viel Spaß an den Hunden hat. Während des Gesprächs stromern er, seine Freunde und die Hunde durch den Garten. So ausgelassen war Anton während seiner Grundschulzeit nicht, erinnert sich seine Mutter. Im Gegenteil. Er hatte nachts Alpträume, schrie, wenn er aus ihnen erwachte, suchte jede Nacht Zuflucht im Bett seiner Eltern. Die Probleme begannen direkt nach der Einschulung. »Schon am dritten Schultag hat uns die Klassenlehrerin von Anton in die Schule bestellt und mit dem Vorwurf konfrontiert, unser Sohn hätte ADS oder ADHS und bräuchte Medikamente«, erzählt Annett G. »Sie empfahl uns *Ritalin* oder *Medikinet*.« Sie und ihr Mann empfinden das als anmaßend. »Ich meine, die Diagnose hat die Klassenlehrerin gestellt, und die halte ich nicht für kompetent. So eine Diagnose darf ein Arzt oder ein Psychologe stellen, aber keine Lehrerin. Ich denke, Tabletten, egal welche, sollte man Kindern nur mit Bedacht geben. Und wenn es sich hierbei um ein Betäubungsmittel handelt, das noch nicht 100 Prozent erforscht ist, umso mehr. Ich weiß ja nicht, welche Schäden mein Kind davontragen könnte«, erklärt Annett G.

Welche Nebenwirkungen die Medikamente haben können, hat die Mutter bei den Nachbarskindern oder bei Klassenkameraden ihres Sohnes beobachtet. »Man sieht mit einem Mal, wie die Kinder ruhiggestellt sind und eigentlich gar nicht mehr am Leben teilnehmen.« Ihr Sohn sei aber ein Junge, der wissbegierig und auf dem Weg nach vorne sei, fügt sie hinzu. Da wäre das eine Behinderung.

Oliver G. vermutet, dass die Lehrerin mit 25 Kindern in der Klasse überfordert war. »Sie hat sich gesagt, wenn wenigstens einige dieser Kinder Tabletten bekommen, habe ich meine Ruhe.« Er hat einen eindeutigen Verdacht: »Letztendlich sollen die Kinder gefügig gemacht werden.« Aber für ihn und seine Frau sei nie in Frage gekommen, ihr Kind »einfach betäuben zu lassen, damit es gefügig gemacht wird für dieses Schulsystem.«

Aber als sie sich gegen die Tabletten und damit gegen die »Anweisung der Lehrerin« stellen, sei alles noch schlimmer geworden. »Unser Sohn wurde bestraft für Sachen, die er nicht getan hat. Er wurde im Klassenzimmer ganz nach hinten gesetzt. Die anderen Kinder saßen in Gruppen zusammen. Anton saß allein neben dem Schrank. Das war für uns der absolute Schock, dass man Anton vom Klassengefüge getrennt und quasi in Einzelhaft gesteckt hat. So etwas in der ersten Klasse! Das wirkt sich natürlich sehr, sehr negativ auf ein Kind aus.«

Die Familie versucht, die Angelegenheit mit der Lehrerin und der Direktorin zu klären. Vergeblich. Weiterhin wird ihnen ans Herz gelegt, ihrem Sohn Medikamente zu geben.

Schließlich lassen sie Anton untersuchen. »Dabei wurde nichts festgestellt. Keine Diagnose von ADS oder ADHS.« Aber trotzdem sei man in der Schule weiterhin der Meinung gewesen, Anton sei psychisch und geistig gestört und verhaltensauffällig und bräuchte daher Medikamente. »Egal, was wir versucht haben, mit der Schule zu sprechen, Briefe zu schreiben, all das hat nicht dazu geführt, dass man unseren Sohn in Frieden lässt«, berichtet Annett G. Es sei nur noch schlimmer geworden. »Im Grunde wäre es der Schule am liebsten gewesen, dass unser Sohn eine Sonderschule besucht.« Sie erhoffen sich Hilfe von außen. Zunächst wenden sie sich an das staatliche Schulamt, dann an das Bildungsministerium, nehmen Kontakt zur Stadt und schließlich sogar zum Bürgermeister auf. Doch niemand in den Behörden hört sie an. »Immer wieder gingen unsere Schreiben an die Grundschule zurück, und man hat uns alleine gelassen auf weiter Flur.«

Die Frage, warum das so war, beschäftigt Annett G. oft: »Hauptsächlich habe ich das Problem darin erkannt, dass wir uns gegen die Meinung der Schule gewehrt haben, dass wir gesagt haben, wir machen das nicht so.« Sie wären immer bereit gewesen, gemeinsam mit der Schule einen Weg zu finden, aber eben nicht den Weg, der zur Medikation führt. »Die Folge war, dass sich die Schule immer mehr verschlossen hat, Anton nicht an den Klassenfahrten teilnehmen durfte und wir als Eltern sogar Hausverbot bekamen.«

Eine große Belastung für die Familie. Weil der Junge nicht auf eine andere Schule wechseln konnte, sollte sie bis zum Ende von Antons Grundschulzeit andauern. »Wir hatten keine Ausweichmöglichkeiten. Die Schule, die mein Sohn besuchte, ist die einzige in der Region. Uns ging es richtig schlecht, weil wir an jedem Tag damit gerechnet haben, dass das Telefon klingelt und wir in der Schule erscheinen müssen.«

Wir fragen bei der Schule nach. Eine Stellungnahme zum Fall Anton bekommen wir nicht.[23]

Mittlerweile ist Anton am Gymnasium aufgenommen worden. Trotz aller Probleme hat er einen ausreichenden Notendurchschnitt erreicht. »Jetzt hat sich unser Sohn zu einem ganz normalen Jungen entwickelt. Er hat seinen Freundeskreis, er hat seine Hobbys«, sagt Antons Mutter. Aber sie wäre froh gewesen, wenn er vorher diesen Stress nicht gehabt hätte.

Und sie fügt hinzu: »Es gibt Familien, wo die Eltern ihre Ruhe haben wollen und auf diese Weise [durch Medikamente] versuchen, sie zu bekommen. Wir gehören nicht dazu.«

Das Leid der Kinder

Bildung, Bildung über alles!

»Viele Eltern sind heute der Auffassung, schon mit dem Eintritt in die Grundschule beginne die Berufslaufbahn ihres Kindes, werde die entscheidende Weiche für den späteren gesellschaftlichen Erfolg gestellt«, erklärt Klaus Hurrelmann.[24] Sie sind überzeugt: Was hier vergeigt wird, lässt sich im späteren Leben nicht mehr wettmachen. Entsprechend nervös reagieren Eltern auf die kleinste »Störung in der Leistungskarriere« ihrer Kinder.

Die Kinder wiederum spüren die Unsicherheit ihrer Eltern. Schon Grundschüler fühlen sich regelrecht in die Pflicht genommen und gehen zur Schule, wie Mama oder Papa ins Büro gehen: um ihre Arbeit zu tun. »Sie versuchen, im Schulsystem auf Gedeih und Verderb zu funktionieren, und schlagen alle möglichen Optimierungsstrategien für ihre Leistungen ein«, beschreibt Klaus Hurrelmann die Situation. »Viele folgen dem Unterricht nur mechanisch und schielen ausschließlich auf die Zensuren und Zeugnisse.« Der »Lohn« dieser Mühe sei dann das Zeugnis mit dem Tauschwert für vermeintlich erfüllende Erlebnisse im späteren Leben, dem Erwachsenenleben. Kindheit ade! Wird dieser Tauschwert nicht erreicht, »dann sind Frustrationen für die Selbstdefinition und in der Folge Belastungen für Selbstwertgefühl und Gesundheit vorgezeichnet«.

Die Folge: Durch das angeknackste Selbstwertgefühl lernen die Kinder doppelt so langsam wie ihre Altersgenossen mit stabilem Selbstwertgefühl. Daraus kann sich ein Teufelskreis entwickeln. Im schlimmsten Fall versagen die Kinder in der Schule, es gibt keine Empfehlung fürs Gymnasium. So passiert genau das, was die Eltern verhindern wollten. Ihr Kind wird zum Bildungsverlierer.

Hurrelmann macht die Dimension deutlich: »Nach gesellschaftlichem Verständnis haben Kinder und Jugendliche heute die individuelle Verantwortung für Erfolg oder Misserfolg ihrer schulischen Laufbahn ganz persönlich zu tragen.« Eine schwere Last, die die Kinder mit ihrer Gesundheit bezahlen.

Wie hoch dieser Preis ausfällt, beschreibt der Wissenschaftler anhand des sogenannten Gleichgewichtsmodells: Befinden sich bei einem Menschen die inneren Anforderungen von Psyche und Körper, die aufeinander abgestimmt werden müssen, in Balance mit den äußeren Anforderungen der sozialen und physischen Umwelt, die ebenfalls miteinander harmonisiert werden müssen, dann befindet sich der Mensch in einem Stadium relativer Gesundheit. Kommt es nun zu einem Übermaß an inneren und äußeren Anforderungen, denen die gefühlten Bewältigungsfähigkeiten im physiologischen, psychologischen und sozialen Bereich nicht entsprechen, dann gerät die Balance zwischen Schutzfaktoren und Risikofaktoren aus dem Lot. Der Mensch wird kränker, je mehr das Gleichgewicht schwindet.[25]

Wie es um diese Gesundheits-Krankheits-Balance bei Schülerinnen und Schülern bestellt ist, zeigt das von der Regionaldirektion Europa der Weltgesundheitsorganisation (WHO) angestoßene *Jugendgesundheits-Survey*, das in 35 europäischen Ländern durchgeführt wurde.[26] Die Ergebnisse geben zu denken. Während Kinder und Jugendliche in allen westlichen Ländern heute kaum unter Infektionskrankheiten leiden und im Vergleich zu früheren Generationen auch weniger chronische Krankheiten auszumachen sind, zeigen sich erheblich stärkere Belastungen, die sich aus »einer unausgeglichenen Balance zwischen inneren und äußeren Anforderungen, aus fehlender Balance zwischen den Systemen Körper, Psyche, soziale Umwelt und physische Umwelt ergeben«, erklärt Hurrelmann. Insbesondere wären das Ernährungsverhalten, das Bewegungsverhalten und das Stressmanagement von jungen Leuten in einem unbefriedigenden Zustand. Die Folge sind psychosomatische, soziosomatische und ökosomatische Störungen der Gesundheit. Laut Hurrelmann ist davon auszugehen, dass bei etwa 20 Prozent der Schülerinnen und Schüler mit sehr starken Beeinträchtigungen der Gesundheit zu rechnen ist. Wohlgemerkt, es handelt sich um Beeinträchtigungen, die sich hemmend und hindernd auf die schulische Leistungsfähigkeit auswirken.[27]

Ja, die Kinder versuchen zu funktionieren. Aber an den zunehmenden Auffälligkeiten zeigt sich, wie stark sie aus dem Gleichgewicht geraten sind. So gesehen sind depressive Verstimmungen ein Hilfeschrei – die Weigerung, weiter zu kooperieren, weiter zu funktionieren.

Sich wegzuträumen oder herumzuzappeln sind aus entwicklungspsychologischer Sicht ganz »normale« Reaktionen von Kindern auf Situationen, in denen sie überfordert sind. Quasi ihr Weg, aus der Situation herauszukommen. »Man merkt das schon bei ganz kleinen Kindern, wenn es ihnen zu viel wird«, erklärt die Entwicklungspsychologin Prof. Dr. Gisa Aschersleben von der Universität des Saarlandes. Säuglinge beispielsweise schliefen ein, wenn sie zu sehr »bespielt« würden. »Sie können ja nicht flüchten, sie können noch nicht weglaufen. Wenn sie sich überfordert fühlen, entziehen sie sich der Situation, indem sie einschlafen.«

Das Reaktionsmuster auf Überforderung bleibt die ganze Kindheit über bestehen. Doch die Zeitspanne, in der Kinder aufmerksam und konzentriert sein können, erhöht sich mit zunehmendem Alter. Wichtig sei es deshalb, Kindern entwicklungsgerechte Angebote zu machen, damit sie gar nicht erst auf Alarm schalten und versuchen müssen, sich der für sie unangenehmen Situation mit ihren kindlichen Möglichkeiten zu entziehen. Die Professorin ist überzeugt: »Grundsätzlich kann man bei Kindern davon ausgehen, dass sie lernen wollen, sie wollen sich weiterentwickeln, sind neugierig und aufgeschlossen.«

Sollte uns das nicht zu denken geben? Dass wir an den Reaktionen der Kinder sehen, dass die Grenzen des Machbaren erreicht sind? Auf Teufel komm raus zu funktionieren – es funktioniert nicht mehr!

»Dann landest du bei den Pennern unter der Brücke« – ein Gespräch über die Nöte von Schülern

»LISASOPHIE: Du kriegst sicher noch eine Chance. Wenn du dich gut im Unterricht beteiligst. Vielleicht kannst du eine extra Aufgabe machen. Was basteln ...
PIERRE: Es sind einfach zu viele Fünfen!
Lisasophie glotzt ihn fasziniert an.
LISASOPHIE: Oh my God. Sitzenbleiben.«[28]

Wer wissen möchte, wie viele Kinder heute ihre Grundschulzeit erleben, muss ins Theater gehen: *Die Prinzessin und der Pjär* heißt ein Theaterstück am Berliner Grips-Kindertheater, das nach vielen Gesprächen mit Kindern entstanden ist. Es zeigt die Not heutiger Grundschulkinder, deren Kindheit irgendwo zwischen Geigenunterricht, Nachhilfestunden und Notenstress auf der Strecke bleibt, auf eindrückliche und authentische Weise.

Die Geschichte um die Klassenbeste Lisasophie und den Schulversager Pierre, die an einem Freitagnachmittag aus Versehen auf dem Mädchenklo eingeschlossen werden und sich nach anfänglichem Fremdeln ihre Ängste anvertrauen, hatte im Herbst 2013 Premiere. Seitdem ist jede Vorstellung ausverkauft. Ganze Schulklassen pilgern zu den Vorstellungen, aber auch viele Eltern sehen sich die Geschichte gemeinsam mit ihren Kindern an. Vielleicht, um einfach mal mit Abstand auf das blicken zu können, was sich auch bei ihnen zu Hause mehr oder weniger extrem abspielt? Und weil es nicht bierernst erzählt ist und man auch mal erleichtert lachen kann, vermutet die Dramaturgin Kirstin Hess. Geschrieben wurde das Stück von der preisgekrönten Kinderbuchautorin Milena Baisch.

Wie kam es zu dem Stück und zu der Zusammenarbeit?

Milena Baisch: Das Thema Leistungsdruck hat mich schon lange beschäftigt. Ich wollte dazu eigentlich ein Kinderbuch schreiben, weil ich dachte, da muss jetzt mal was dazu gemacht werden. Vor allem über diese Selektion am Ende der Grundschulzeit. Das finde ich so heftig, was da abläuft. Auf den ersten Blick betrifft das Thema ja nur Kinder und Eltern in einem bestimmten Zeitraum, aber im Grunde erzählt es alles über unsere Gesellschaft. Wie wir uns einsortieren, wonach wir uns ausrichten. Dieser Moment prägt das ganze Erwachsenenleben.

Kirstin Hess: Du hast ja von deinen Begegnungen mit Kindern berichtet. Die am Ende deiner Lesungen zu dir kamen und genau davon berichtet haben: von ihren Ängsten und Nöten am Ende der Grundschulzeit. Das hat mich sehr bewegt.

Baisch: Also allein Prüfungsangst, das ist schon für Zweitklässler ein großes Thema. Ich habe eine Geschichte geschrieben, die in einer Hexenschule spielt, die ich manchmal Zweitklässlern vorlese. Da geht es darum, dass eine Hexe Angst hat vor der Prüfung, bei der sie einen Zaubertrick vormachen muss. Die Kinder können das total gut verstehen und erzählen dann, dass sie das auch schon hatten – vor Diktaten zum Beispiel.

Hess: Es ist wirklich erstaunlich, wie früh dieser Notendruck schon Thema ist. Die Angst, auf welche Schule komme ich und werde ich da bestehen, reicht sogar schon in die Vorschule!

Baisch: Als die Idee für das Stück feststand, haben wir Grundschulklassen besucht und uns mit den Kindern über das Thema Noten unterhalten. Und da habe ich die Kinder zum Beispiel gefragt: Was denkst du, wenn du eine Zwei bekommst? Da kamen dann so Antworten wie »nächstes Mal wird's schon besser«. Bei einer Drei hieß es: »Kopf hoch, ist nicht so schlimm.« Und man hat ganz klar gemerkt, die einzige Note, die akzeptiert ist, ist eine Eins. Und alles, was davon abweicht, ist schon ein Makel. Das fand ich schockierend.

Hess: Sehr früh hatten wir mit den Schauspielern dann zudem eine Art Lesung in einer Schulklasse. Da war das Stück schon geschrieben und wir überprüften das Ganze dann noch mal im Team. Und da gab es auch Begegnungen mit Kindern, die ganz Ähnliches zitierten. Sodass wir sagen können, wir haben das jetzt so oft gehört, das ist keinesfalls eine Ausnahme, sondern üblich. Da gab es auch eine Begegnung mit einem Mädchen, die eine sehr strenge Mutter hat und bestimmte Klassenarbeiten von der Mutter nicht unterschrieben bekommt. Die Eltern müssen ja unterschreiben, dass sie die Arbeiten ihrer Kinder gesehen haben. Und eine Drei kann sie der Mutter nicht zeigen. Als Drittklässlerin. Also sie kann sie schon zeigen, aber sie bekommt keine Unterschrift. Das ist die Strafe der Mutter für die aus ihrer Sicht zu schlechte Note. Und die Klassenlehrerin hat uns zur Seite genommen und gesagt, das kennt sie schon. Sie versucht dann immer, das Mädchen zu stützen und zu sagen, ist nicht schlimm, ich weiß, dass deine Mutter das nicht unterschreibt. Und trotzdem: Das Kind hat sozusagen doppelten Druck. In der Schule und zu Hause. Es kann diese Unterschrift der Lehrerin nicht bringen. Und eine Drei ist für die Mutter schon zu schlecht.

Welche Ängste haben die Kinder noch?

Baisch: Was außerdem bei den Kindern sehr verbreitet ist, ist die Angst, Fehler zu machen, die Angst zu versagen. Dass sie Angst haben vor Prüfungen. Und die Angst, dumm zu sein. Das habe ich auch ganz oft gehört von den Kindern: Ich bin dumm. Und ich wünsche mir, superintelligent zu sein. Durch Zauberkräfte. Außerdem spielt es eine ganz, ganz große Rolle, dass man aufs Gymnasium kommt. Die Kinder haben drastische Vorstellungen, was aus ihnen wird, wenn sie das nicht schaffen. Also es ist so, dass das Bild vom Penner, der man später wird, wenn man es nur auf die Hauptschule geschafft hat, ganz klar da ist. Ich weiß auch von einem Vater, der das seinem Sohn genau so erklärt hat, als der sein erstes Zeugnis bekommen hat. »Wenn du keine guten Noten schreibst, dann landest du bei den Pennern unter der Brücke.« Und dann hat er seinen Sohn ins Auto gepackt und hat ihm die Obdachlosen gezeigt.

Hört sich ganz danach an, als ob dieser Vater selbst von Angst getrieben ist, wenn er zu solch einer drastischen Maßnahme greift?

Baisch: Ja, denke ich auch. Oft ist diese Angst der Eltern auch in Samtworte und in ganz viel Fürsorglichkeit verpackt. Die sind so unsicher. Denken, die Zukunft ihres Kindes ist aus ganz dünnem Glas und kann ganz schnell zerbrechen, schon in der Grundschule, wenn da die falschen Weichen gestellt werden. Und das spüren die Kinder. Dass die Eltern jetzt nicht schimpfen, um sie zu maßregeln, sondern weil sie sich wirklich Sorgen machen. Ich glaube, das ist viel schlimmer für die Kinder. Und die Eltern sind ja nicht nur Täter, sondern auch Opfer, haben oft sehr unsichere Arbeitsverhältnisse und haben eben Existenzängste, auch in der Mittelschicht. Den Eltern wird ja suggeriert, das hier wäre eine Gesellschaft mit Chancengleichheit. Jeder kann es schaffen und da hinkommen, wo er hin will, wenn man sich nur anstrengt. De facto herrscht aber meiner Meinung nach überhaupt keine Chancengleichheit, das wissen wir spätestens seit den Pisa-Studien, dass die Herkunft absolut bestimmt, wie der Bildungsweg des Kindes verläuft. Aber trotzdem haben die Eltern das verinnerlicht und denken, mein Kind kann es schaffen, wenn wir uns nur anstrengen. Anstatt dass die Eltern auf die Barrikaden gehen und Forderungen an die Bildungspolitik stellen, werden der Druck und die Ängste an die Kinder weitergegeben. Oft müssen die dann leisten, was die Eltern nicht geschafft haben. »Wenigstens wird mein Kind Medizin studieren, wenn bei mir schon nichts geklappt hat.« Da wird ganz viel auf die Schultern der Kinder draufgepackt.

Hess: Wir spielen hier im Grips-Theater ja auch viele Stücke für Erwachsene. Und es gibt ein Stück von Lutz Hübner »Frau Müller muss weg«. Das handelt von der Eskalation eines Elternabends, wo die Eltern die Lehrerin der Klasse zum Gespräch zitieren, weil die Noten der Kinder abgesackt sind. Lutz Hübner hat immer gesagt, als er das recherchiert und geschrieben hat, dass alle ungelösten Probleme einer Gesellschaft nach unten, an die Kinder und an die Schule, runtergereicht werden. Und bei Hübner haben wir die Eltern gesehen und in Milena Baischs Stück sehen wir die Kinder und erleben, was sie alles aushalten müssen und was das mit ihnen macht. Und trotzdem kann man sehr viel verstehen bei den Eltern und auch sehr viel von sich darin wiedererkennen.

Auch die beiden Protagonisten in Ihrem Stück stehen unter Druck, wenn auch auf unterschiedliche Weise. Lisasophie und Pierre, was sind das für Figuren, und womit haben sie zu kämpfen?

Baisch: Die beiden spiegeln Rollen oder Typen wider, die wir alle kennen. Lisasophie, die typische Klassenbeste, ganz in Rosa gekleidet, und Pierre, der typische Schulversager. Was ich zeigen will, ist, dass hinter den Klischeebildern, hinter der Fassade ganz individuelle Menschen stecken. Und die muss man oder darf man kennenlernen. Am Anfang denkt man, ah ja, das kenne ich, und dann merkt man, dass da etwas ganz Anderes dahintersteckt.

Und was steckt dahinter?

Hess: Da haben wir den Jungen Pierre, der offensichtlich öfter scheitert und gar kein Selbstbewusstsein mehr hat, weil er eben zu oft eine Negativbewertung bekommen hat. Und da haben wir das Mädchen Lisasophie, bei dem eigentlich alles rund läuft. Super Noten, tolles Zuhause, tolle Mutter, die sie überall hinfährt zu den verschiedenen Kursen. Und jetzt passiert das Unglück oder vielleicht auch Glück, dass sie am Ende des Schultages aus Versehen eingeschlossen werden. In der Mädchentoilette. Und da findet dann eine Begegnung statt. Und wir lernen mehr über beide Kinder und dass auch das Mädchen, die Klassenbeste, ganz enormem Druck ausgesetzt ist.

Baisch: Ja, denn sie bekommt im Grunde vermittelt: Du existierst, wenn wir dich loben. Alles andere von ihr wird nicht gesehen. Da kommt sie nicht vor. Wenn sie mal scheitert, sie versucht zum Beispiel absichtlich mal eine schlechte Note zu schreiben, da ist dann die Reaktion der Mutter, dass sie mit der Lehrerin schimpft. Es kann, es darf nicht sein, dass ihr Kind irgendetwas falsch oder schlecht gemacht haben könnte. Und dem Mädchen wird durch Pierres Fragen klar, dass die Eltern ihr Gutsein auch nutzen, um sich damit zu schmücken.

Was wollen Sie den Kindern durch das Stück vermitteln?

Baisch: Ich würde gern den Kindern mit auf den Weg geben: Du bist wertvoll, so, wie du bist. Und es ist ganz egal, welche Noten du hast. Welche Freunde du hast. Wie toll du Geige spielen kannst oder ob du pummelig bist. Du bist, einfach weil du da bist, wertvoll. Und es gibt bestimmt irgendjemanden, der diesen Wert in dir entdeckt und zu schätzen weiß. Also das Wertschätzen, das oft ausbleibt in vielen Bereichen, können die Kinder sich vielleicht auch gegenseitig geben. Hoffe ich. Ich kann ihnen nichts versprechen, ich kann ihnen nichts abnehmen und ich kann sie auch nicht auffordern, irgendetwas Bestimmtes zu tun, aber mein Wunsch wäre, mit dem Stück Sensibilität zu schaffen für die Nöte der Kinder.

Und die Botschaft an die Eltern?
Baisch: Es wäre sehr schön, wenn die Eltern sich selbst mal von außen betrachten könnten. Und ein bisschen selbstkritisch gucken könnten, was mache ich meinem Kind für einen Druck? Dass sie sich mit ihren eigenen Ängsten auseinandersetzen. Sind Noten wirklich so wichtig? Und muss ich unbedingt stolz sein auf mein Kind? Auf seine Leistung? Oder kann ich nicht einfach mein Kind lieben, so wie es ist, und ihm das vermitteln? Muss das Kind mir dafür immer etwas beweisen oder bieten? Was brauche ich selbst für mein Ego an Kindeserfolgen? Es ist ja oft so, dass Eltern sich das auf die eigene Karte schreiben: Mein Kind schafft das und das. Und dann vergleichen die sich untereinander. Dass sie sich mit ihren eigenen Ängsten auseinandersetzen und sie nicht aufs Kind übertragen, weil das zu klein ist, sich Gedanken darüber zu machen, wer es mit Mitte 20 sein und was es machen will. Und Kinder nicht als Leistungsträger zu sehen. Und Schule nicht als Vorbereitung auf den Beruf. Oder das einzige Ziel in der Schulzeit nicht darin zu sehen, dass die Kinder gute Noten bekommen, sondern dass sie die Welt entdecken, dass sie Spaß haben, Dinge zu verstehen. Dass sie neugierig sind. Dass sie ausprobieren. Dass sie gerne Fehler machen. Das ist alles total okay und führt zu reifen und spannenden Persönlichkeiten.

Es heißt ja auch nicht, dass diese stromlinienförmigen Kinder später die erfolgreichen sind.
Baisch: Genau. Beide Extreme – Lisasophie und Pierre – werden es als Erwachsene nicht leicht haben. Die, die die ganze Zeit Versagen erfahren wie Pierre, sind unsicher, zweifeln an sich und sind dann oft im Erwachsenenleben blockiert. Sie trauen sich keine Aufgaben zu, haben Redehemmungen,

versagen in Prüfungssituationen. Und die Lisasophie-Typen haben es auch nicht leicht. Es wurde untersucht, wie die Helikopter-Kinder dann als Erwachsene im Berufsleben klarkommen. Es hat sich gezeigt, dass die es überhaupt nicht leicht haben, weil sie mit Hierarchien nicht klarkommen, weil sie nicht mit Geld umgehen können, weil sie sich selbst überhaupt nicht einschätzen können und mit Anweisungen überhaupt nicht klarkommen. Damit tut man den Kindern wirklich keinen Gefallen.

3. Lehrer unter Druck

Sie sind hier, weil sie sich überfordert fühlen, weil sie Aufgaben erledigen und Probleme bewältigen sollen, für die sie sich nicht kompetent genug und irgendwie auch nicht zuständig fühlen: 140 Lehrerinnen und Lehrer, viele mit langjähriger Berufserfahrung. »ADHS-Herausforderung für Lehrkräfte in allen Schularten«, heißt die Veranstaltung, zu der sie das Würzburger Schulamt in eine Mittelschule eingeladen hat. Gabriele Rube hat die Veranstaltung organisiert. Die Schulamtsdirektorin rechnet mit großem Interesse. »Schon in der ersten Klasse gibt es mittlerweile verhaltensauffällige Kinder«, erzählt sie. »Die Lehrer sind froh, wenn sie Unterstützung bekommen.« Unterstützung und Antworten auf die Frage, was mit den Kindern heute bloß los ist und wie sie wieder Ruhe in ihre Klasse bekommen können. »Ich merke, dass ich jedes Jahr mehr Kinder im Unterricht sitzen habe, die Probleme mit der Aufmerksamkeit haben«, bestätigt eine der Teilnehmerinnen. »Es ist schwierig, und ich bin einfach etwas hilflos, wie ich damit umgehen soll.« Von den 21 Kindern in ihrer Klasse gebe es sechs, die verhaltensauffällig seien. Sie überlegt, ob sie den Eltern empfehlen soll, bei einem Arzt abzuklären, ob diese Kinder womöglich unter ADHS leiden. Doch das hieße dann sehr wahrscheinlich, dass das Kind Psychopharmaka bekommen werde. Bei dieser Aussicht ist der Lehrerin nicht wohl. »Ich wehre mich eigentlich dagegen, dass alle Kinder

Tabletten bekommen sollen«, erklärt sie ihr Zögern. Vielleicht würden die Ursachen ja ganz woanders liegen? An den familiären Umständen? Weil viele Kinder am Nachmittag zu Hause sind? Sie hat schon oft mitbekommen, dass viele dann ewig Computer, PlayStation oder Nintendo spielen. Und dann gab es auch schon Fälle, da war sie der Meinung, das auffällige Verhalten rühre daher, weil die Kinder zu Hause zu wenig Grenzen gesetzt bekommen.

Mehr als 780.000 Lehrer unterrichten in Deutschland.[29] An Regelschulen. An Berufsschulen. Immer mehr von ihnen fühlen sich in ihrem Beruf überfordert und unter Druck. Ihr Antrieb, warum sie Lehrer geworden sind, etwa die Freude am Unterrichten junger Menschen oder der Wunsch, einen sinnvollen Beruf auszuüben, in dem sich gesellschaftlich etwas bewegen und verändern lässt, reibt sich schmerzhaft an den Realitäten in den Schulen und Klassenzimmern. »Lehrer empfinden sich häufig als gestaltungsohnmächtig«, sagt Margret Rasfeld, Direktorin der Evangelischen Schule Berlin Zentrum (ESBZ). Statt Sinnhaftigkeit in ihrem Beruf zu erleben, müssten sie schematisierte Arbeitsblätter durchackern. Und die Lösung stehe dann im Lehrerhandbuch. »Lehrer wissen eigentlich, dass sehr viel mehr möglich wäre.« Margret Rasfeld ist überzeugt, über lange Zeit gegen dieses innere Wissen zu arbeiten erhöht die Burnout-Risiken.

Was sich in deutschen Klassenzimmern mitunter abspielt, beschreibt der Bildungsforscher Kurt Czerwenka: Da gebe es Schülerinnen und Schüler, die andere (auch Lehrer) beleidigen, bedrohen, verächtlich machen oder psychisch beziehungsweise physisch attackieren. Andere ziehen sich zurück, signalisieren Unlust, träumen, schauen aus dem Fenster, zeigen sich gelangweilt. Eine dritte Gruppe von Problemschülern ist motorisch kaum zu bremsen: Solche Kinder laufen im Unterricht herum, sei es, um Freunde zu besuchen, sei es, um unerlaubt auf die Toilette zu gehen; sie toben durchs Klassenzimmer oder sitzen mal auf, mal unter dem Tisch. Schließlich gibt es jene, die gegen die Gesprächsregeln verstoßen. Sie rufen dazwischen, wechseln plötzlich das Thema, machen unpassende Bemerkungen oder unterhalten sich laut mit ihrem Tischnachbarn.[30]

Psychoterror im 45-Minuten-Takt. »Steter Tropfen schafft den Lehrer«, bringt Czerwenka die Langzeitwirkung dieser Zustände auf die Pädagogen auf den Punkt.

Gerade in den Städten würden die Nerven der Lehrkräfte oft blank liegen, bestätigt auch Grundschullehrerin Helga Kraft. »Wenn die eine große Klasse mit 27, 28 Schülern unterrichten, von denen vier oder sogar fünf auffällig sind, dann kriegt das ein Lehrer wahrscheinlich nicht mehr in den Griff.« Selbst sie, die eigentlich gegen die Gabe von Medikamenten ist, zeigt angesichts dieser Umstände Verständnis für die Kollegen: »Wenn dann auch nur ein Kind ruhiger ist, zum Beispiel weil es eben *Ritalin* bekommt, ist man dann sicherlich als Lehrer dankbar.«

Das Verhalten schwieriger, weil verhaltensauffälliger Schüler ist – neben zu großen Klassen – einer der Hauptbelastungsfaktoren für Lehrer heute, sagt der Potsdamer Psychologie-Professor Uwe Schaarschmidt.[31] Als Ursache für das Stören vermuten einige schlicht Erziehungsdefizite. Weil den Kindern zu Hause zu wenig Grenzen gesetzt werden. Weil Eindeutigkeit, Struktur und Verlässlichkeit in der Erziehung fehlten. Weil Kinder testen, wie weit sie gehen können. Und sie, wenn keiner stopp sagt, irgendwann überhaupt nicht mehr hören. »Ich denke nicht, dass alle

Kinder, die verhaltensauffällig sind, krank sind«, findet zum Beispiel auch Gudrun Hadrian, Lehrerin an einer Berliner Schule. »Vielleicht haben sie zu viel ferngesehen«, überlegt sie. »Und manche sind auch einfach schlecht erzogen.«

Unerzogen. Das hätte man früher wohl dazu gesagt. Der Begriff wird heute kaum mehr verwendet. »Aber es gibt sehr wohl noch Kinder, die unerzogen sind«, ist Kinderarzt Dr. Stephan Heinrich Nolte überzeugt. Aber das würde heute keiner mehr laut aussprechen. Seine Vermutung: »Für die Eltern ist es auch viel leichter zu sagen: ›mein Kind hat ADHS‹, als ›mein Kind ist unerzogen‹.« Warum? Nun, »unerzogen« trifft den Erzieher, »ADHS« dagegen ist eine Krankheit, quasi unverschuldet.

Wenn heute ein Kind einem anderen eins auf die Nase gebe, dann sei das nicht eine Unerzogenheit, sondern ein Problem der Kraftdosierung, der Wahrnehmung. Bei Kindern, die schlichtweg unerzogen seien, spreche man deshalb gerne von »Wahrnehmungsstörungen«, hat der Kinderarzt beobachtet. Noch so eine beliebte Diagnose. Doch was passiert, wenn man sie stellt? Kindliches Verhalten wird pathologisiert; ein Krankheitsbild wird definiert. Und Eltern nehmen sich damit aus der Verantwortung. Nolte sagt: »Wenn es ein Medikament gegen derartige ›Wahrnehmungsstörungen‹ gäbe, würde es bestimmt der absolute Blockbuster werden.« Der Punkt ist nur: Medikamente können Erziehung nicht ersetzen. Sie können Disziplin nicht ersetzen. Diese muss man lernen, man muss sie vorgelebt bekommen.

Sozialarbeiter, Psychotherapeut, Hausmeister – warum Lehrer überfordert sind

Entschärfung statt Erdkunde. Streitschlichten statt Sport: Wenn Lehrer immer häufiger damit zu kämpfen haben, die Kinder ruhig zu bekommen, leidet das eigentliche »Kerngeschäft« – der Unterricht. »Wir haben zwei Aufgaben: Erziehung und Bildung«, formuliert es der Schulleiter einer Hauptschule. Doch die Erziehung dominiere heute deutlich.[32] Viel zu deutlich für den Geschmack vieler Lehrer. Sie müssen ja nicht nur auf quengelige, brüllende oder mental abwesende Schüler eingehen. Sie müssen auch nebenbei noch als Hausmeister, Erzieher, Sozialarbeiter, Psycho- und Familientherapeut herhalten. Lehrer sind heute neben den Unterrichtsaufgaben unfreiwillig für immer mehr und ganz verschiedene Aufgaben verantwortlich, für die sie formal nicht zuständig sind und für die sie oft nicht die entsprechende Qualifikation haben. Zu diesem Ergebnis kommen die Autoren der Studie *Eltern – Lehrer – Schulerfolg*, die 2013 im Auftrag des Bundesfamilienministeriums und der Konrad-Adenauer-Stiftung von der Katholischen Stiftungsfachhochschule Benediktbeuren vorgelegt wurde.[33]

Um ein Stimmungsbild von den Zuständen in deutschen Klassenzimmern zu bekommen, führten die Forscher 255 mehrstündige Interviews mit Lehrerinnen und Lehrern sowie mit Müttern und Vätern aus verschiedenen sozialen Milieus. Dabei kam heraus: Lehrer fühlen sich im Stich gelassen. »Der gesellschaftliche Prozess der Individualisierung bedeutet hier, dass Lehrerinnen und Lehrer mit den Risiken der Verantwortung, die sie aufgrund ihrer Erfahrung im Schulalltag übernehmen, alleingelassen sind«, so die Autoren der Studie.

Angesichts der Zustände sieht BLLV-Präsident Klaus Wenzel die Politik maßgeblich im Zugzwang. »Jedes Problem, das in der Gesellschaft entsteht und das von der Politik nicht bewältigt wird, wird an die Schulen delegiert. Mit dem Auftrag: Kümmert euch darum und löst das Problem. Und das geht nicht. Jedenfalls nicht unter den jetzigen Bedingungen. Ich will mal ein paar Beispiele nennen. Wenn immer mehr Kinder fettleibig oder dick sind, dann kommt der Auftrag an die Schule: Macht Ernährungserziehung. Kümmert euch drum. Macht Bewegungserziehung. Kümmert euch drum. Das sind die sogenannten Bindestrich-Erziehungen, um die wir uns immer noch zusätzlich kümmern sollen. Und natürlich machen wir das als Lehrerinnen und Lehrer, spüren aber nahezu täglich die Überforderung, weil wir die Ressourcen nicht haben.«

Bereits der Lehrernachwuchs läuft Gefahr, direkt nach dem Abschluss ins Burnout zu rutschen. Das jedenfalls befürchten laut der Befragung viele ältere Kollegen.[34] Sie bemängeln, dass die Ausbildung der Lehramtsstudenten nicht auf die Herausforderungen des Berufsalltags und die Ausweitung der Lehrerrollen und -aufgaben reagiere. Die jungen Lehrer seien unvorbereitet und würden so fast zwangsläufig in eine Überforderungssituation hineingeraten, wenn sie mit den Realitäten des Unterrichts- und Schulalltags konfrontiert würden, ist in der Studie zu lesen.

Realitäten, die für die Pädagogen übrigens nicht nur von den gesellschaftlichen Veränderungen herrühren, sondern auch durch die von den Schulbehörden in immer engeren Intervallen erfolgenden Verordnungen und Zusatzanforderungen wie mehr Bürokratie, Leistungstests und Evaluationen.

Und so bedeutet Lehreralltag in Zeiten von Pisa, G8 und Bildungsoffensiven offenbar vor allem Zeitdruck. Bereits an den Grundschulen geht die Post ab. Helga Kraft erklärt: »Es bleiben im Grunde nur dreieinhalb Jahre, um den Lehrstoff durchzubekommen, denn dann müssen die Empfehlungen, welche weiterführenden Schulen die Kinder besuchen sollen, schon ausgesprochen sein.« Die Lehrerin erinnert sich: »Früher, bevor in unserem Bundesland die Orientierungsstufe abgeschafft wurde, war das leichter. Da gab es auch mal einen lockeren Tag. Zum Beispiel, wenn eine Lehrerin oder ein Lehrer an der Dorfschule Geburtstag hatte. Da haben wir gesagt, wir machen mal zwei Stunden, in denen wir Kuchen austeilen und einfach mal Spiele spielen.« Kraft ist überzeugt: »Das kann man sich heute eigentlich gar nicht mehr leisten.«

Wenn Lehrer derart überfordert sind, wie sollen sie dann überforderten Kindern ein Vorbild sein?

Mit dem Rechtsanwalt in die Schule – Eltern haben und machen Stress

»Wir fühlen uns nicht wertgeschätzt. Bekommen keinen Respekt. Hören nur Kritik. Statt darüber zu reden, werden harte Geschütze aufgefahren.« Originalton vieler Eltern, wenn man sie fragt, wie sie den Umgang der Lehrer mit ihnen empfinden. Schon komisch. Lehrer sagen häufig genau das Gleiche. Über die Eltern.

Umfragen zeigen denn auch, der Umgang mit den Erziehungsberechtigten ist für Lehrer ein weiterer erheblicher Stressfaktor. Sie benennen zwei Extreme, die ihnen Probleme bereiten: die »abwesenden« und die »überengagierten Eltern«.[35]

Die »abwesenden Eltern« würden wenig Interesse am eigenen Kind zeigen und es vernachlässigen. Sagen die Lehrer. Solche Eltern wären »in der Schule unsichtbar« und nur schwer zu erreichen – im praktischen Kontakt sowie im Bewusstsein. Und zwar quer durch alle Schichten, durch alle gesellschaftlichen Milieus. Oft seien es gerade die Kinder dieser Eltern, die im Unterricht erhebliche Probleme hätten und im Sozialverhalten auffällig seien. In der Folge zeige sich häufig ein hoher Aufmerksamkeitsbedarf dieser Kinder; die Lehrer übernähmen die Rolle der Vertrauensperson.

Das andere Extrem, das Lehrer heute immer öfter beobachten, sind die aus ihrer Sicht »überengagierten Eltern«, die sich als »Home-Powertrainer« ihrer Kinder verstünden und massiven Einfluss auf Lehrer und Schule nehmen. Viele Eltern hätten heute hohe Bildungserwartungen und monierten deshalb die aus ihrer Sicht mangelnde Qualität des Unterrichts und mehr und mehr die Arbeit der Lehrer. Vor allem um die Notengebung werden regelrechte Kämpfe zwischen Eltern und Lehrer ausgefochten und massive Geschütze aufgefahren. BLLV-Präsident Klaus Wenzel beschreibt die Situation so: »Es kommt heute immer häufiger vor, dass Eltern mit dem Rechtsanwalt zur Schule kommen und sich Punkte und Noten erstreiten, damit der Übertritt ihrer Kinder aufs Gymnasium garantiert wird.«

Für die Lehrer ist das eine große Belastung. »Können Sie sich vorstellen, was das mit einem macht? Wenn sich ständig im Kopf die Bedrohung meldet, pass auf, dass du niemanden bevormundest. Pass auf, dass du korrekt und objektiv bewertest. Pass auf, dass du nicht zu wenige Punkte gibst. Das macht den Lehrer unfrei, und das führt auch dazu, dass viele Lehrerinnen und Lehrer die Freude in ihrem Beruf verlieren.«

»Das ist Krieg« – Respekt muss man vorleben

Eltern haben Druck und machen Druck. Und zwar den Lehrern. Lehrer haben Druck und machen Druck. Und zwar den Eltern. »Das ist Krieg«, formuliert es eine Mutter. Man kann ihr nur zustimmen. Vielerorts ist das Klima zwischen Eltern und Schulen so vergiftet, dass jede Vertrauensbasis zerstört wurde. Statt sich gegenseitig Respekt zu zollen und sich zum Wohl des Kindes gegenseitig zu unterstützen und zu ergänzen, bestimmt oft eine unausgesprochene Vorwurfshaltung den Umgang. Zwischen Eltern und Lehrern hat sich eine regelrechte Misstrauenskultur entwickelt, stellt Schulpsychologin Rosemarie Straub mit Bedauern fest.

Beide Seiten belauern sich und werfen sich wechselseitig vor, Verantwortung abzuschieben. Zwangsläufig werden die Meinungsverschiedenheiten über die Kinder ausgetragen. Da gibt es Einträge ins Hausaufgabenheft, Strafmaßnahmen im Klassenzimmer, da äußern sich Eltern vor ihren Kindern negativ über die Lehrer, da kritisieren die Lehrer im Gespräch mit dem Kind die Eltern.

Von Kindern wird dagegen Respekt erwartet und dass sie sich ihren Eltern und ihren Lehrern gegenüber benehmen. Was aber, wenn die sich keinen Respekt zollen? Welches Signal bekommt damit das Kind? Warum soll es sich benehmen, wenn die Erwachsenen das nicht vorleben? Die vergiftete Atmosphäre ist für Kinder eine große Belastung. Und eine der Ursachen für ihr zunehmend auffälliges Verhalten. »Kinder möchten vor allem eines, sie möchten, dass sich die Erwachsenen in ihrem Umfeld vertragen«, sagt Klaus Wenzel. »Sie möchten, dass sie sich gemeinsam darum bemühen, dass der Bildungs- und Erziehungsauftrag gut erfüllt werden kann. Wenn Kinder aber beobachten, mein Papa oder meine Mama verträgt sich nicht mit der Lehrerin, dann leidet das Kind darunter.«

Pillen statt Pestalozzi

Klaus Wenzel sieht die Entwicklung mit großer Sorge. Bereits Anfang 2013 warnte er als Präsident des Bayerischen Lehrer- und Lehrerinnenverbandes vor steigendem Medikamentenmissbrauch bei Schülern. Und brachte damit sowohl das bayerische Kultusministerium als auch Eltern gegen sich auf. Jedes fünfte Grundschulkind sei therapiebedürftig, viele nähmen Medikamente zur Beruhigung und zur Leistungssteigerung, kritisierte Wenzel und forderte vom Kultusministerium Maßnahmen, um den Leistungsdruck an Schulen abzubauen. Unterricht bedeute für Kinder puren Stress. Sie seien überfordert und hätten Angst vor schlechten Noten. Damit sie diesem Druck standhalten könnten, würden sie regelrecht gedopt.

Wie sieht er das heute? »Noch schlimmer«, sagt er. Der Trend sei ja leider so, dass die Zahl der verhaltensauffälligen und immer häufiger auch der verhaltensgestörten Kinder zunehme. Für ihn eine gefährliche gesellschaftliche Entwicklung. Denn die Kinder von heute sind die Erwachsenen von morgen. Die Eltern von morgen. Wie werden sie mit ihren Kindern und deren Verhalten umgehen? Werden sie Verantwortung übernehmen? Oder diese gleich an ein Medikament abgeben? Schließlich haben sie die Pillen ja auch bekommen. »Nehmen wir einen heute zehnjährigen Bub am Ende der vierten Klasse«, sagt Wenzel. »Der wird in 20, 30 Jahren Verantwortung tragen für unsere Gesellschaft. Und wenn immer mehr junge Menschen in unsere Gesellschaft hineinwachsen, die schon als Kind und Jugendliche erlebt haben, dass diese Gesellschaft nicht für sie zur Verfügung steht, dass es mehr Belastungen gibt als angenehme Erfahrungen, dann frage ich mich, wo wird das hinführen? Was für eine Generation an Verantwortungsträgern bekommen wir dann, wenn die heute 10- bis 15-Jährigen immer mehr in ihrem Verhalten gestört sind? Und damit auch schwer als Modelle zur Verfügung stehen können, wenn sie selbst Erwachsene sind?«

Was tun? Zunächst heißt es zu erkennen, wo wir als Gesellschaft stehen und wo wir anpacken müssen. Das sei zum einen in den Familien, sagt der Pädagoge. Jungen Eltern müsse vermittelt werden, was für eine gute Erziehung wichtig sei. Zum anderen sieht er großen Handlungs- und Entwicklungsbedarf in den Schulen: »Wir haben in unserem Schulsystem deutschlandweit einen sehr, sehr verengten und auch erbärmlichen Bildungsbegriff.« Im Wesentlichen gehe es in der Schule des 21. Jahrhunderts lediglich darum, dass junge Menschen nachwiesen, wie gut ihr Kurzzeitgedächtnis funktioniere. Die Fähigkeit, sich Wissen aneignen zu können, sei im Bildungsprozess aber erst der Anfang. Viel wichtiger seien Dinge wie Persönlichkeits- und Herzensbildung.

Im Grunde geht es um einen Bildungsbegriff, wie ihn erstmals Johann Heinrich Pestalozzi (1746–1827) postulierte: nämlich bei der Erziehung etwas zu tun, was »Kopf, Herz und Hand« berücksichtigt, wie der Schweizer Pädagoge es nannte. Das bedeutet auch, nicht nur den Verstand der Kinder anzusprechen, sondern neben praktischen Fähigkeiten ebenso Werte und ethische Fähigkeiten zu vermitteln, diese gar zur Grundlage für die Inhaltsvermittlung zu machen. Liebe hat die größte transformative Kraft, heißt es. Herzensbildung meint deshalb vor allem, Kinder mit Liebe, Zuneigung, Aufmerksamkeit zu erziehen. Ihnen Werte vorzuleben, um diese Fähigkeiten in ihnen zu wecken. Schließlich ist ein Beispiel besser als eine Vorschrift.

Statt einer rein auf den Intellekt bezogenen Bildung, bei der es nur darum gehe, dass bestimmte Fakten auswendig gelernt würden, die nach kurzer Zeit wieder reproduziert werden müssten, ohne dass die Schüler erkennen könnten, wofür sie das bräuchten, plädiert Wenzel für einen ganzheitlichen Bildungsbegriff. »Wenn wir wieder den Anspruch hätten, dass Schule eine Bildungseinrichtung ist, dann müssten wir die Gesamtpersönlichkeit des jungen Menschen in den Blick nehmen, dann müssten wir mehr Zeit haben, um über bestimmte Prozesse gemeinsam zu diskutieren, zu reflektieren. Zu fragen: ›Warum geht es dir heute nicht gut?‹ Oder auch: ›Warum bist du so fröhlich?‹ Wann habe ich denn heute Zeit, mich als Lehrer um solche Dinge zu kümmern? Mit Schülern zu sprechen über deren Befinden und Befindlichkeit?«

4. Eine überforderte Gesellschaft schafft überforderte Kinder

Im Grunde weiß es jeder: Kinder sind Spiegel ihrer Umgebung und der jeweiligen Situation, in der sie sich befinden. Wenn wir ihnen also Unaufmerksamkeit vorwerfen, dann sollten wir uns zuallererst fragen, wie es um unsere eigene Aufmerksamkeit bestellt ist. Wie oft sind wir ganz Ohr? Ganz Auge? Ganz Hand? Wie oft läuft der Fernseher, während wir essen, bügeln, kochen oder sonst was machen? Wie oft tippen wir auf unseren Smartphones herum – bei der Arbeit, beim Einkauf, während wir Freunde treffen, in der Straßenbahn oder gar beim Autofahren –, um mal eben die Mails abzurufen, eine SMS zu verschicken oder die neuesten Nachrichten zu lesen? Fakt ist doch: Wir leben in einer unaufmerksamen Gesellschaft. Mehr noch, wir sind eine unaufmerksame Gesellschaft, und die Kinder sind das »Produkt«.

»Den Kindern wird nicht zugehört«, kritisiert Schulpsychologin Rosemarie Straub. Viele sind so ziemlich sich selbst überlassen.

Andere stehen unter »Dauerbeschuss«. Ja, es wird sich zwar permanent mit ihnen beschäftigt, sie werden von einem Tagesordnungspunkt zum nächsten gekarrt, aber es wird sich nicht die Zeit genommen, wirklich herauszufinden, wie es ihnen geht.

»Kinder haben ja nicht die Möglichkeit zur Reflexion«, erklärt die Schulpsychologin. Sie können nicht verbalisieren, was sie umtreibt. Und so würden sie sich fehlende Zuwendung und Aufmerksamkeit mitunter unbewusst durch Stören holen. Oder indem sie auf andere Weise nicht so funktionieren, wie die Erwachsenen es gerne hätten. Indem sie sich aus der bedrückenden Realität wegträumen, indem sie sich ritzen oder anderes autoaggressives Verhalten an den Tag legen. So bitter es klingt: Negative Aufmerksamkeit ist zumindest Aufmerksamkeit. Im negativen Licht gesehen zu werden bedeutet zumindest, gesehen zu werden.

Doch statt ihnen dann nun endlich Aufmerksamkeit zu schenken, um die Ursachen zu entdecken, wird das störende Verhalten mithilfe von Pillen ausgeschaltet, und die Kinder werden stillgelegt.

Bekommen heute deshalb so viele Kinder die Diagnose Aufmerksamkeitsdefizitsyndrom? Weil wir, unsere Gesellschaft, selbst ein Aufmerksamkeitsdefizitsyndrom haben? Ja, sagt Kinderarzt Dr. Stephan Heinrich Nolte. Die Managerkrankheit sei ja nichts anderes.

Managerkrankheit? In einem *SPIEGEL*-Artikel von 1954 sind die Symptome beschrieben: Mattigkeit, Lustlosigkeit, depressive Verstimmung, schlechte Konzentrationsfähigkeit. Die Ursachen? Der Manager habe die Verantwortung, aber nicht die Kontrolle, heißt es in dem Artikel über den damals neuen Typus in der Arbeitswelt. Denn anders als der »Herr« könne der »Manager« jederzeit entlassen werden. Das stresst. Und weil sich deshalb das Selbstbewusstsein der Unersetzbarkeit mit der Furcht abwechsle, einfach abgesägt zu werden, und das eine innere Konfliktsituation und Unruhe schaffe, arbeite der Manager wie verrückt, missachte die innere Uhr, wolle um jeden Preis funktionieren. Gleichzeitig gebe es kein Ventil, um den Druck abzubauen.[36]

Ach. Kommt uns das nicht bekannt vor? Und sind wir nicht sogar schon einen Schritt weiter? »Manager sein« beschränkt sich längst nicht mehr auf eine Funktion in einem Betrieb. Heute »managen« wir unser gesamtes modernes, fragmentiertes, beschleunigtes Leben. Wir versuchen, gleichzeitig den Job, den Haushalt, die Kinder, die Freizeit, unsere Beziehungen zu schmeißen. Wir »managen« auch unsere körperliche Fitness, unsere berufliche Weiterbildung, unsere ganze große, kleine Welt. Selbstmanagement ist das Schlagwort der Stunde.

Aber irgendwie werden wir bei all dem »Selbstmanagement« die Furcht nicht los, nie so richtig »Herr« der Lage zu sein. Und die Furcht, abgesägt zu werden, haben längst nicht mehr nur die Entscheidungsträger in den höheren Etagen. Überhaupt gibt es heute von vorneherein sowieso immer öfter nur mehr befristete Verträge oder Projektarbeit. Und unsere Kinder? Sie fangen schon früh damit an. Sie managen den Kindergarten, die Schule, die Freizeit.

Die Manager von einst griffen zu Stimulanzien wie Koffein, Nikotin, Alkohol, um besser und weiter funktionieren zu können.[37] Wir greifen heute auch noch zu härteren Sachen. »Gerade das *Ritalin* oder die Psychostimulanzien werden von immer mehr Erwachsenen zur eigenen Leistungssteigerung eingesetzt«, erklärt Hirnforscher Gerald Hüther.

Doch was passiert, wenn sich erst einmal die Vorstellung verbreitet und festgesetzt hat, dass es für jedes Problem irgendeine Tablette gibt, die das behebt?

Was wir Kindern vorleben

Es gibt eine Geschichte über Mahatma Gandhi. Einmal sei eine Mutter mit ihrem Kind zu ihm gekommen. Sie bat Gandhi, ihrem Kind zu sagen, es solle keinen Zucker mehr essen, weil dieser schädlich sei. »Komm in zwei Wochen wieder«, soll Gandhi daraufhin zu der Frau gesagt haben. Nach zwei Wochen kam sie wieder zu ihm, an der Hand ihr Kind. »Iss keinen Zucker mehr«, riet Gandhi ihm. Die Mutter fragte: »Warum hast du das nicht schon vor zwei Wochen gesagt?«

»Vor zwei Wochen habe ich selbst noch Zucker gegessen. Jetzt habe ich damit aufgehört«, antwortete Gandhi.

Kinder sind scharfe Beobachter, ihnen entgeht so gut wie keine unserer Handlungen. Und Kinder sind heute sehr aufnahmebereit. Sie haben ein natürliches Gespür dafür, ob stimmig ist, was wir tun.

Was beobachten unsere Kinder bei uns? Decken sich unsere Handlungen mit dem, was wir postulieren? Sodass sie Vertrauen aufbauen und bereitwillig von uns lernen? Oder verbieten wir ihnen, Zucker zu essen, und stopfen uns selbst ein Törtchen nach dem anderen hinein? Zwingen wir sie zum Stillsein und zappen selbst durchs Leben – ständig angespannt und genervt?

Was geben wir durch unser Beispiel weiter? Was vermitteln wir ihnen? Durch zahlreiche Forschungen, vor allem aus der Lernpsychologie, ist nachgewiesen, dass Kinder vor allem über Imitation lernen. »Viele Verhaltensweisen, die bereits Kleinkinder zeigen, stammen davon, dass sie die Eltern, die Großeltern, die Erwachsenen in ihrem Umfeld gut beobachtet und dann das Gleiche getan haben«, erklärt Klaus Wenzel. Das passiere im Positiven, aber leider auch ganz stark im Negativen. »Wenn Kinder wahrnehmen, aha, immer wenn es der Mama schlecht geht, dann holt sie ein Röhrchen, da sind so kleine weiße Pillen drin und die schluckt sie und nachher geht es ihr wieder besser. Wenn sie diese Verhaltensweisen beobachten, empfinden sie dies als normal und bekommen den Eindruck, mit Problemen kann ich ganz einfach umgehen. Ich muss nur irgendetwas zu mir nehmen, und schon ist alles gelöst.«

Aber gelöst ist natürlich gar nichts. Im Gegenteil. Es kommt zu einer Negativspirale, die sich immer schneller dreht. Der Pädagoge warnt: Irgendwann sei der junge Mensch und auch der Erwachsene nicht mehr in der Lage, sich zu kontrollieren. »Wir wissen, dass es viel zu viele Drogentote gibt, wir wissen, dass es viel zu viele Suizide gibt. Wir wissen, dass es viel zu viele Menschen gibt, die an Alkoholmissbrauch zugrunde gehen. Dies hat zum Teil die Ursache darin, dass Kinder bei den Erwachsenen bereits beobachten, mit Problemen kann ich so umgehen, dass ich sie weniger belastend empfinde, indem ich Medikamente oder irgendwelche Drogen zu mir nehme.«

Die Pille, die liebenswert macht

Statt Kindern die Möglichkeit zu geben, in ihrem kindlichen Umfeld Herausforderungen anzugehen und sie zu meistern, werden sie mit Pillen ruhiggestellt. Rosemarie Straub sieht darin gar eine Menschenrechtsverletzung. »Kinder haben ein Recht auf Selbstbestimmung«, erklärt sie. »*Ritalin* ist jedoch Fremdbestimmung. Die Kinder sind ja nicht mehr sie selbst.« Und sie haben keine Möglichkeit herauszufinden, wer sie wirklich sind. Sie erfahren nicht, dass sie um ihrer selbst willen geliebt werden. Mit allem, was zu ihnen gehört. »Was wird den Kindern mit der Pillengabe signalisiert? Du bist nur liebenswert, wenn du sie nimmst?« Straub warnt: »Hier werden lebenslänglich Abhängige herangezogen.«

Wir möchten, dass unsere Kinder ein gutes Leben haben, dass sie unseren eigenen Lebensstandard halten oder ihn sogar noch verbessern können. Dass sie einmal drogenabhängig und obdachlos werden, ist das Horrorszenario für jeden Vater und jede Mutter. Was, wenn wir genau diesen Geist erst wachrufen, indem wir ihnen Medikamente geben, die ihre Psyche und ihren Körper verändern?

James Bowen ist Mitte 30 und lebt in London in einer kleinen Wohnung gemeinsam mit seinem Kater Bob. Das Duo hat weltweit Berühmtheit erlangt. Denn James Bowen hat seine Geschichte aufgeschrieben. Es ist die anrührende Geschichte einer ungewöhnlichen Freundschaft zwischen einem Straßenmusiker und einer roten Katze. Und es ist die Geschichte von jemandem, der obdachlos und drogenabhängig war und sich aus diesem Sumpf herausgekämpft hat. Im Buch stellt sich Bowen auch die Frage, wie es so weit kommen konnte. Dass er als Obdachloser unter der Brücke landete. Eigentlich krame er nicht gern in der Erinnerungskiste, gibt er zu. Aber er habe sich dem Rückblick auf seine Kindheit gestellt und alles aus einem neuen Blickwinkel betrachtet. Als Kind wurde er als bipolar oder manisch-depressiv eingestuft, was seiner Meinung nach so ziemlich auf das Gleiche hinausläuft. Soweit er sich erinnert, kamen die Ärzte jede Woche mit einer anderen Diagnose, und er musste diverse Medikamente einnehmen.

Mit Schrecken denkt er an die wöchentlichen Bluttests im Krankenhaus. »Nur ein kleiner Piekser«, hört er den Arzt noch heute sagen, der überhaupt nicht weh tue.

»In der Zeit, als wir am Buch arbeiteten, sah ich eines Abends eine Dokumentation von Louis Theroux, die mich sehr nachdenklich machte. Es ging darum, dass immer mehr amerikanische Eltern Psychopharmaka einsetzen, um ihre Kinder mit ADHS [...] und Bipolaren Störungen zu behandeln. Erst da begriff ich, dass meine Mutter genau dasselbe mit mir gemacht hatte. Und ich hörte zum ersten Mal, dass diese Behandlung eine starke Persönlichkeitsveränderung bei den Jugendlichen bewirkt. Für mich stellte sich sofort die Frage, wie das wohl bei mir gewesen war. Ich kam nicht umhin, mir die Huhn-oder-Ei-Frage zu stellen: Bekam ich die Medikamente, weil ich ein anstrengendes Kind war? Oder wurde ich anstrengend wegen all der Medikamente und Arztbesuche, die mich davon überzeugten, dass mit mir etwas nicht stimmte? Die unheimlichste aller Fragen war allerdings: Welche Auswirkungen hatten all die Psychopharmaka, die ich damals schlucken musste, auf mich und meine sich gerade entwickelnde Persönlichkeit?«[38]

Zum Wohl der Kinder?

Es gibt immer mehr Eltern, die verzweifelt sind, weil ihr Kind sich wie wild gebärdet und sie die guten Noten in immer weitere Ferne rücken sehen. Und erleichtert, wenn es ein Medikament gibt, das das Kind beruhigt.

Es gibt immer mehr Lehrer, die entnervt sind, weil sie durch die vielen »Störer« ihren Unterrichtsstoff nicht durchbekommen. Und froh, wenn es nicht mehr fünf, sondern nur noch zwei sind, die sie beruhigen müssen. Weil bei den drei anderen das eine Tablette für sie erledigt hat.

Und es gibt immer mehr Ärzte, die am Rande ihrer Kapazitäten sind, weil immer mehr besorgte Eltern mit ihren zappeligen Kindern in ihren Wartezimmern sitzen. Die erleichtert sind, wenn sie schnell eine Behandlung empfehlen können, bei der das Ergebnis in so kurzer Zeit deutlich erkennbar ist, statt Stunden mit Diagnostik verbringen zu müssen.

Eltern, Lehrer, Ärzte sind unter Druck. Und vielfach überfordert. Eine überforderte Gesellschaft »schafft« überforderte Kinder. Überforderte Kinder »schaffen« eine überforderte Gesellschaft: Es ist eine schwierige Gemengelage, die dazu führt, dass kindliches Verhalten heute immer mehr für krank erklärt wird und dass schon Achtjährige Medikamente bekommen, die ihre Psyche manipulieren. Medikamente, die eigentlich für Erwachsene gedacht sind und die erhebliche Nebenwirkungen und Spätfolgen haben. (Näheres dazu in Kapitel III und IV.) Nein, das geschieht nicht aus bösem Willen. Alle Beteiligten haben gute Gründe: das Wohl des Kindes! Und ihre eigenen Interessen. »Wir haben hier eine sehr ungünstige Situation«, sagt Gerald Hüther. »Es sitzen gewissermaßen lauter Frösche im Teich, und wenn man diesen Teich trockenlegen will, dann quaken die alle. Und jeder auf seine Weise. Und das macht die ganze Veränderung, die nötig wäre, sehr, sehr schwer.«

Nein, unsere Kinder sind nicht kränker als früher. Aber wir, die Gesellschaft, erklären sie für krank. Und mit dem, was wir dann gegen die vermeintlichen Krankheiten tun, machen wir sie krank. Und die Pharmaindustrie reich. Wie? Indem sie sich die Situation zunutze macht und aus unseren Ängsten, Wünschen und Hoffnungen Kapital schlägt. Der Markt »Kind« bringt Milliardenumsätze.

Es gibt Kinder, die wälzen sich auf dem Boden und brüllen wie am Spieß, wenn ihnen Erwachsene sagen, sie sollen mal eben ihre Jacke aufhängen, ihre Hände waschen und sich dann zum Abendessen an den Tisch setzen.

Und es gibt Kinder, die gehen zum Kleiderhaken und hängen ihre Jacke auf, wenn ihnen Erwachsene sagen, sie sollen ihre Jacke aufhängen. Dann waschen sie ihre Hände und setzen sich an den Tisch. Dazwischen liegt immer häufiger eine Pille. Sie macht aus auffälligen Kindern bequeme Kinder. Aber ist sie tatsächlich auch die bequeme Lösung, die die Pharmaindustrie verspricht?

KAPITEL II

Pillen für den Zappelphilipp, Kohle für die Pharmaindustrie – die unglaubliche Karriere einer Verhaltensstörung

Stellen Sie sich vor, ein Pharmamitarbeiter sagt: »Och, wir forschen nicht an einem Wirkstoff gegen die südamerikanische Tropenkrankheit ›Chagas‹. Das rechnet sich nicht. Denn diejenigen, die maßgeblich davon betroffen sind, leben in armen Ländern und besitzen wenig Kaufkraft. Stattdessen bringen wir ein neues Mittel gegen Kopfschmerzen auf den Markt. Die Zusammensetzung ist zwar nahezu identisch mit den herkömmlichen Medikamenten, aber Mittel gegen Kopfweh verkaufen sich halt gerade besonders gut. Neue Verpackung drum, eine starke Werbeanzeige, und dann läuft die Geschichte.« Was denken Sie? Ja, okay, ist halt Marktwirtschaft? So funktioniert das nun mal?

Für die Pharmaindustrie zählen maßgeblich Marktinteressen. Die Rechnung ist denkbar einfach: Je mehr Pillen geschluckt werden, umso mehr Geld verdienen die Medikamentenhersteller. Nur, die Pharmafirmen präsentieren sich so, als wären sie Teil des Gesundheitssystems. Und wir? Wir kaufen ihnen das ab. Obwohl wir es ja eigentlich besser wissen.

Und so stehen die vier Buchstaben ADHS nicht allein für die Aufmerksamkeitsdefizit-/Hyperaktivitätsstörung, sondern auch und vor allem für eine handfeste finanzielle Erfolgsgeschichte der Medikamentenhersteller.

Wie gesagt, das Verschreiben von Medikamenten gegen ADHS hat sich in den vergangenen 20 Jahren erheblich erhöht – um mehr als das 40-Fache! Die Verordnungszahlen zeigen beispielsweise, dass im Jahr 1995 1,3 Millionen Tagesdosen des Wirkstoffes Methylphenidat verschrieben wurden. 2012 waren es 58 Millionen Tagesdosen![39] Ein Milliardengeschäft mit den unruhigen Kindern – verdienen tut die Pharmaindustrie. Allein mit *Ritalin* hat die Firma Novartis

2010 rund 464 Millionen Dollar umgesetzt.[40] In den USA ist *Ritalin* schon lange ein Verkaufsschlager. Jeder zehnte High-School-Schüler bekommt das Medikament verabreicht, das unter das Betäubungsmittelgesetz fällt.

Wie erklärt sich dieser Anstieg der Verschreibungen? Zappelige Kinder gab es schon immer. Die Krankheit ADHS ist ein Phänomen der Neuzeit. Bereits vor 20 Jahren gab es ADHS-Fälle; aber nur sehr wenige. Etwa 5.000 waren es 1995 in ganz Deutschland. Das Zappelphilipp-Syndrom galt deshalb als sogenannte Orchideenkrankheit, eine Krankheit, die sehr selten vorkommt. Warum bekommen heute so viele Kinder die Diagnose? Circa 700.000 Kinder sind es in Deutschland, sagt uns der Bremer Gesundheitsökonom Gerd Glaeske im Interview – etwa die Hälfte von ihnen bekommt *Ritalin* oder vergleichbare Medikamente. Eine geradezu epidemische Ausbreitung!

Liegt es an den Genen?

Der neue Trend der Arzneimittelverfechter lautet: Die Gene haben Schuld. Da helfe dann, na logisch, nur eine Tablette. Ist ADHS erblich? Es gibt einige Befürworter dieser These. Sie führen verschiedene wissenschaftliche Untersuchungen ins Feld, nach denen mittlerweile »recht sicher belegt« sei, dass ererbte biologische Faktoren als Ursache der Störung eine große Rolle spielen.

Andere Wissenschaftler widersprechen dem nachdrücklich. »Ich als Neurobiologe muss sagen, es gibt dafür keinen Beweis«, sagt etwa Dr. François Gonnon. »Wenn es so wäre, könnte man biologische, genetische oder medizinische Tests durchführen, es gäbe eine Bilddiagnostik, um es zu beweisen, aber solche Tests gibt es nicht.«

Eine weitere verbreitete These ist, dass bei Kindern mit ADHS ein genetisch bedingtes Defizit des Botenstoffs Dopamin im Gehirn vorliegt. Gibt es ernsthafte Beweise für diese Behauptung? Gonnon, der seit 30 Jahren im Bereich Dopamin forscht, sieht auch das skeptisch: »Nachdem ich die Fachliteratur studiert habe, kann ich sagen: ›Nein!‹ Dafür habe ich ein ganzes Arbeitsjahr gebraucht. Welcher Arzt hat denn diese Zeit?«[41]

Auch die US-amerikanische Wissenschaftlerin Lisa Coscrove zweifelt an den genetischen Ursachen für die Krankheit. Sie sagt, es gebe keine biologischen oder genetischen Marker, die definitiv für ADHS identifiziert worden sind. Zum Verständnis: Biomarker sind Produkte von Organismen, die als Indikatoren für Gesundheit oder Krankheit herangezogen werden können.[42] Das können zum Beispiel Zellen sein oder Gene, bestimmte Enzyme oder auch Hormone. Zeigen Messungen einen Anstieg bestimmter Marker, dann kann das ein Hinweis auf einen krankhaften Prozess im Körper sein. »Es ist nicht wie bei der Zuckerkrankheit, wo man sagen kann, da ist ein erhöhter Blutzuckerwert, das Insulin muss entsprechend ersetzt oder substituiert werden«, erklärt Kinderarzt Dr. Stephan Heinrich Nolte. »Sondern bei ADHS ist der viel beschriebene Stoffwechseleffekt noch gar nicht gefunden worden. Man kann also nicht sagen: ADHS ist eine Stoffwechselerkrankung, die hat den und den Stoffwechselmangel im Gehirn.«

Der international renommierte Psychiater Allen Frances beobachtet die Entwicklung mit großer Sorge. Seine Erklärung für das Phänomen: »Die Pharmakonzerne haben etwas sehr Wichtiges begriffen. Am besten verkauft man Pillen, indem man Krankheiten verkauft.«

Sehen wir bei ADHS, beziehungsweise am florierenden Markt von Medikamenten gegen die Aufmerksamkeitsstörung, dass diese Strategie erfolgreich war? Wenn ja, wie genau konnte es gelingen, die Krankheit derart gewinnbringend zu verkaufen? Und wer hat dabei mitgeholfen?

Diese Fragen sind der Faden, dem wir bei unseren Recherchen folgen. Die Karriere von ADHS, so stellen wir bald fest, ist einem ganzen Netzwerk von »Helfern« zu verdanken und einer Marketingstrategie, die es äußerst geschickt versteht, die Interessen dieser freiwilligen und teils auch unfreiwilligen »Helfer« aufzugreifen, zu bedienen und für sich nutzbar zu machen. Genauso wie die Ängste der Betroffenen und ihren verständlichen Wunsch nach Linderung des Leidens. ADHS – so geht Verkaufen!

1. Ein Pharmainsider packt aus

Kunde als »Patient«. Das Problem ist, er kann von der Pharmaindustrie kaum direkt umworben werden. Denn Werbung für rezeptpflichtige Medikamente in Publikumszeitschriften und überhaupt in Deutschlands Öffentlichkeit ist laut Gesetz tabu, so steht es im Heilmittelwerberecht.

Also müssen die ins Boot geholt werden, die zwischen dem Patienten und den Unternehmen stehen. Alle, die Rezepte ausfüllen – die Mediziner. In ihren Fachzeitschriften darf hemmungslos geworben werden, bei ihren Veranstaltungen dürfen Firmen ungeniert Präsenz zeigen. Und so ist auch das eine einfache Rechnung: Jede Packung, die ein Arzt verschreibt, bringt Geld auf das Konto der Medikamentenindustrie.

Der hochrangige Marketingchef eines großen Pharmaunternehmens beschreibt exklusiv für dieses Buch, welcher Methoden sich Pharmafirmen bedienen, um Mediziner, Wissenschaftler und andere sogenannte Meinungsbildner von ihren Produkten zu »überzeugen«. Er erklärt, wie es gelingt, sie möglichst dauerhaft an sich zu binden und auch mehr oder weniger direkt als »Verkaufsmitarbeiter« einzuspannen. Ein seltener Einblick in eine Branche, die meist im Verborgenen agiert. Er muss unerkannt bleiben, denn seine Aussagen sind brisant. Könnten sie mit seinem Namen in Verbindung gebracht werden, würde ihn das den Job kosten. Die Pharmaindustrie tue für die

Menschheit viel Gutes, sagt er. Aber es gibt ein paar unschöne Auswüchse. Egal, ob es um den Markt für Kinder geht oder für Erwachsene. Die Tricks sind dieselben. Weil man bei den Kindern mit Masern, Mumps und Co. wohl nicht mehr viel Geld verdienen kann, müssen eben neue Krankheiten her. Lukrative Krankheiten. Das sollten Patienten wissen, bevor sie das nächste Mal eine Pille schlucken, findet er. Und wir auch.

Wie man die Ärzte gewinnt

Eigentlich ein Traumberuf – hohes Ansehen, sinnstiftende Tätigkeit, ordentliches Einkommen. So sieht die Öffentlichkeit gemeinhin die Ärzte. Umfragen belegen: Sie haben einen ordentlichen Vertrauensbonus bei uns – trotz immer neuer bekanntgewordener Skandale zu Ärztekorruption und Behandlungsfehlern. Mediziner führen regelmäßig die »Berufsprestige-Skala« des Allensbach-Instituts an. Auch wenn sie heute nicht mehr unbedingt als »Halbgötter« gelten, die Frauen und Männer in Weiß sind für uns nach wie vor eine Instanz.

Wie also sollte es der Industrie gelingen, in diese honorige Gesellschaft einzudringen, einige ihrer Mitglieder für sich zu gewinnen, ja, sie gar für ihre eigenen kommerziellen Interessen systematisch einzuspannen?

Nichts leichter als das, sagt unser Informant:

»Es gibt seltener als früher direkte Zuwendungen. Aber es gibt viele Möglichkeiten, wie man ganz legal mit Ärzten kooperieren kann: Preise bekommen Ärzte gern, Vorträge halten sie gern und Geld verdienen tun sie natürlich alle gern. Das ist ein Geben und Nehmen zum beiderseitigen Nutzen: Die Firma hat etwas davon, wenn sie einen berühmten Meinungsbildner zum Beispiel als Referenten für einen Vortrag auf einem Symposium gewinnt. Das ist für uns doch viel besser als einen, den keiner kennt. Eine graue Maus, Lieschen Müller interessiert uns doch nicht. Wir wollen doch, dass man sagt: ›Guck mal, der Herr Professor‹ oder ›der bekannte Arzt hat das gesagt‹. Dem glaubt man doch. Und der Arzt hat auch etwas davon. Der kriegt viel Renommee. Viel Aufmerksamkeit in der Öffentlichkeit. Und das wollen die Ärzte doch. Die sind ja oft sehr eitel. An ihrer Eitelkeit, da packen wir sie.«

Wie man sich mit den Universitäten vernetzt und Einfluss auf die Forschung nimmt

Und wie sie sie packen. Auch die Universitäts-Professoren. Laut Artikel 5 des Grundgesetzes sind Forschung und Lehre frei. Auch frei von Skrupel? Unser Insider erklärt, wie das mit den Professoren und den Geschenken funktioniert:

»Man nimmt Kontakt mit einem Professor auf und verspricht ihm Geld für einen ›Forschungs-Grant‹ an seiner Uni. Das Geld ist nicht zweckgebunden. Aber der, der es einwirbt, wird natürlich dafür sorgen, dass es auch in seiner Abteilung verwendet wird. Derjenige, mit dem man das vereinbart, hat dann den Zugriff auf das Drittmittelkonto. Dadurch hat er mehr Geld und kann zum Beispiel eine Drittmittelstelle bezahlen. Er kann mehr forschen und bekommt mehr Renommee. Da freut der sich doch. Der Kontakt zu ihm wird dann natürlich viel einfacher für uns. Wenn ich ein ›Geschenk‹ mache, dann bin ich doch in viel besserer Erinnerung. Aber ich erwarte natürlich auch etwas dafür, als Gegenleistung. Ich erwarte dann, dass er meine Produkte bewirbt. Und das funktioniert auch. Manche schreiben Artikel über meine Therapien und Produkte. Oder sie erwähnen das Produkt in einem Vortrag, und natürlich stellen sie das dann positiv dar. Das ist doch selbstverständlich. Sonst wäre ich schon sehr irritiert. Ich suche doch keinen, der schlecht über mein Produkt spricht. So blöd bin ich nicht.«

Berufsehre. Alles klar. Und wenn doch einmal jemand etwas zu bemängeln hat? »Ich will keine Negativwerbung!«, sagt unser Informant entschieden. Deshalb gibt er seinen Referenten auch immer sofort ein Feedback, wenn die tatsächlich mal bei einem öffentlichen Vortrag etwas an einem Präparat kritisieren. Er sorgt dafür, dass sie das beim nächsten Mal dann nicht mehr machen.

Warum es sich lohnt, in den Nachwuchs zu investieren

Wer sich als Prominenter mit den Boulevardmedien einmal eingelassen hat, also in »guten Zeiten« Intimes im Interview preisgegeben oder gar für eine »Homestory« die Türen zu den eigenen vier Wänden geöffnet hat, der wird sie später auch in schlechten Zeiten nicht mehr los. Einmal nah, immer nah, so sagt man. Bei den Nachwuchswissenschaftlern ist das offenbar ähnlich: Einmal gefördert, für immer im »Dienst«.

»Wir rekrutieren auch schon junge Leute an den Unis mit speziellen Förderprogrammen. Sie können mir glauben, da sind viele lange und gute Kontakte für uns entstanden. Viele bringen es doch zu Professuren, und die sind dann immer noch unsere Leute.«

Warum Studien gerne gefördert werden

Nichts ist so wahr wie Zahlen und Fakten, die nach intensiver Forschung schwarz auf weiß vor uns liegen. Oder?
»Manche Forscher haben eine Idee zu einer Studie. Das finanzieren wir auch gern. Da haben wir dann den Zugriff auf die Daten. Das ist für uns viel einfacher, als eine aufwendige klinische Studie zu organisieren und durchzuführen.«

Warum sich Kongresse rechnen

»Unsere Leute« nennt der Insider die Ärzte. Klingt nach: »Wir sind doch alle eine eingeschworene Gemeinschaft.« Und die trifft sich wo? Auf Kongressen. Und wer bezahlt?
»Wir finanzieren natürlich auch Kongresse. Ohne die Pharmaindustrie gäbe es keinen einzigen Kongress in Deutschland. Und da halten unsere Leute dann natürlich Vorträge. Sicher stehen die zu uns in Abhängigkeit. Egal, was die Ärzte für uns machen, es entsteht eine Bringschuld. Aber das ist okay so. Das ist ganz legal. Ich kann ja auch erwarten, dass ich von der Erbtante was erbe, wenn ich die immer besuche.«

Über langfristige »Kundenbindung«

Und es gibt durchaus noch andere Möglichkeiten der Vernetzung:
»Man kann auch eine Stiftungsprofessur einrichten. Da fragen wir den Uni-Chef nach besonders emsigen Mitarbei-

tern. Die Firma macht dann den Vertrag mit der Uni für das Vorhaben und die Dauer. Und der Mitarbeiter kann forschen. Da schaffen wir uns Freunde fürs Leben.«

Freunde fürs Leben. Na, darauf lässt sich doch bauen. Der Marketingchef ist sich seiner Sache jedenfalls sicher. »Eines steht fest«, sagt er zum Abschluss. »Egal, welche Maßnahmen wir ergreifen, sie steigern den Umsatz.«

Ärzte als wohldotierte Redner bei Fachkongressen oder Ärztefortbildungen, hofiert und umworben. Opulent ausstaffierte Tagungen. Großzügig geförderte Studien und eine sanfte, aber wirksame Kontrolle. Einerseits. Und andererseits? Gefällige Ergebnisse, steigende Verschreibungszahlen und florierende Umsätze? Läuft das so? Verbirgt sich hinter so mancher ADHS-Diagnose ein gutes Geschäft für die mit Pharmafirmen verbandelten Mediziner? Wird ADHS deshalb so schnell und so häufig diagnostiziert? Weil es der Pharmaindustrie nutzt? »Von der Behandlung des ADHS-Syndroms mit Arzneimitteln profitiert die Pharmaindustrie«, stellt auch Peter Schönhöfer klar. Der Pharmakologe erklärt: »Je mehr Kinder krank sind, desto mehr wird ihnen verordnet. Das kranke Kind ist ein Umsatzträger. Die Verordnung ist in den Händen der Ärzte. Die müssen auch mitspielen. Die werden finanziert und entlohnt. Das heißt, Ärzte und Pharmaindustrie profitieren.«

2. »Geben und Nehmen« – der tiefreichende Einfluss der Pharmaindustrie

So ist mit dem Krankheitsbild ADHS ein großer, neuer Markt entstanden, von dem viele profitieren. Bestes Beispiel ist Würzburg in Unterfranken. Die beschauliche Residenzstadt am Main gilt als ADHS-Hochburg.

Das haben Statistiker herausgefunden, als sie für die gesetzliche Krankenkasse Barmer GEK Rezepte und Diagnosen aus ganz Deutschland auswerteten. Während die ADHS-Diagnoseraten bei Jungen im Alter von 11 Jahren in anderen Regionen Deutschlands laut Barmer GEK 2011 durchschnittlich bei knapp zwölf Prozent lagen, waren es in der Region Unterfranken mehr als 18 Prozent. Ähnlich bei den Mädchen. Bei ihnen bekamen in den übrigen Regionen Deutschlands durchschnittlich etwa vier Prozent die Diagnose ADHS, in Unterfranken waren es mit ca. 8,5 Prozent mehr als doppelt so viele.[43]

Auch griffen die Kinder- und Jugendpsychiater in Würzburg und Umgebung offenbar deutlich öfter zum Rezeptblock, um ADHS-Medikamente zu verschreiben, als im Rest von Deutschland. Laut Barmer GEK erhielten in anderen Regionen Jungen im Alter von 12 Jahren innerhalb des Jahres 2011 zu circa 6,5 Prozent Methylphenidat. In Unterfranken waren es mit mehr als 13 Prozent doppelt so viele. Bei den Mädchen waren es in anderen Regionen zwei Prozent, in Unterfranken dagegen 5,5 Prozent. Für die Wissenschaftler, die die Zahlen ermittelt haben, ist die Sache eindeutig. In der Region um Würzburg wird ADHS überdurchschnittlich oft diagnostiziert und medikamentös behandelt.

In der Stadt am Main gibt es einen Lehrstuhl, an dem seit vielen Jahren genau zu diesem Thema geforscht wird. Hier setzt man auf die Gabe von Medikamenten gegen die Symptome, die zusammengenommen als ADHS bezeichnet werden. Bereits vor 20 Jahren, als man damit anderswo noch skeptisch war, bekamen unruhige Kinder hier schon Medikamente. Das hält bis heute an.

»Es wurde sofort medikamentiert« – ein Vater verliert das Vertrauen

In Würzburg lebt Tobias Grimm mit seiner Familie.[44] Für unser Treffen hat er das Restaurant ausgewählt, mitten im Zentrum, neben der altehrwürdigen Residenz. Der studierte Jurist und Dolmetscher wirkt gediegen, trägt ein Jackett aus feinem Stoff, aus dessen Tasche ein gelbes Einstecktuch hervorlugt. Den Kellner begrüßt er mit Handschlag. Man kennt sich. Tobias Grimm kommt oft her, wie er bei der Begrüßung erklärt, um zu essen, zu reden, zu entspannen. Zum Entspannen ist ihm heute allerdings nicht zumute. Zum Reden schon. Eigentlich hört er gar nicht mehr auf zu reden, so verärgert ist er. Verärgert und geschockt über das, was seinem Sohn widerfahren ist. Zudem macht er sich Vorwürfe, weil er glaubt, der Auslöser dafür gewesen zu sein, dass sein Sohn Medikamente gegen seine Beschwerden bekam. Medikamente, die den Jungen dann erst recht krank gemacht haben.

Die Geschichte ist eine typische ADHS-Geschichte. Beim Wechsel aufs Gymnasium hatten sich die Noten des damals Zehnjährigen plötzlich verschlechtert. »Seine Konzentrationsfähigkeit hatte nachgelassen und er äußerte selbst Bedenken, sagte immer wieder, dass er Schwierigkeiten habe.« Die besorgten Eltern wollen abklären, welche Ursachen die Beschwerden haben können, und suchen einen Psychiater in Würzburg auf. »Wir sind in die Praxis gekommen und sollten schildern, was die Probleme sind, dann gab es ziemlich unbestimmt formulierte Fragebögen, ein kurzes Vier-Augen-Gespräch mit meinem Sohn und sofort danach bereits die Diagnose ›ADHS‹ und die Empfehlung, dem Jungen regelmäßig Medikamente zu verabreichen.«

Dem Ehepaar geht das zu schnell. »Es wurde überhaupt nicht über andere Möglichkeiten gesprochen, es wurde sofort medikamentiert. Wir gingen quasi in die Praxis hinein und kamen mit einer Packung Medikamente heraus. Das halte ich für verwerflich«, ärgert sich der Vater. Erst später hätten sie erfahren, dass es in anderen Einrichtungen bei Psychotherapeuten, Logopäden oder Ergotherapeuten die Möglichkeiten gegeben hätte, die Beschwerden auf andere Weise zu lindern – etwa durch Aufmerksamkeitstraining. Diese Alternativen wurden der Familie in der psychiatrischen Praxis nicht vorgeschlagen. Bereits während des Gesprächs mit dem Arzt sei er stutzig geworden, gibt Tobias Grimm zu. Aber weil sie den Psychiater ja von sich aus aufgesucht hätten, wollten sie eben auch kooperieren. Außerdem hätten sie ihm »als Arzt« durchaus ein gewisses Vertrauen entgegengebracht. »Wir sagten uns, wir können ja mal zuerst beobachten, ob sich eine Besserung einstellt.«

Die Besserung stellt sich nicht ein. Im Gegenteil. Als der Junge die Medikamente mit Methylphenidat bekommt, geht es ihm immer schlechter. Der Vater beschreibt die Beschwerden: »Der Appetit hat abgenommen, er hatte Herzrasen, war unruhiger als vorher. Scheinbar wacher, allerdings ängstlicher. Und er war in sich gekehrt. Ein extrovertierter Junge war plötzlich introvertiert.« Den Eltern werden das Verhalten ihres Sohnes und die offensichtlich negativen Auswirkungen des Medikaments unheimlich. Sie setzen die Pillen ab. Seitdem geht es dem Jungen besser.

Der Vater erhebt schwere Vorwürfe gegen den Arzt. Er habe es mit der Diagnose sehr eilig gehabt und sei voreingenommen gewesen, hätte quasi »die Symptome mit der ADHS-Brille betrachtet«. Sein Vertrauen ist tief erschüttert. Bei der Verabschiedung bittet er noch einmal darum, dass seine Familie im Buch unerkannt bleibt. Er fürchtet, dass die Diagnose ADHS seinem Sohn als Makel anhaften könnte. Deshalb hat er auch lange gezögert, ob er mit seiner Geschichte an die Öffentlichkeit gehen soll, hat sich dann aber dazu entschlossen, weil er andere Eltern warnen möchte. Warnen vor Ärzten, bei denen wirtschaftliche Interessen im Vordergrund stünden und deshalb »das Kindeswohl nicht mehr beachtet wird«.

Korruption in der Medizin

Eine zu schnelle Medikamentierung? Was der Vater nach seiner Erfahrung in der psychiatrischen Praxis vermutet, belegen Forscher der Ruhr-Universität Bochum und der Universität Basel erstmals in einer repräsentativen bundesweiten Studie. Die zentralen Ergebnisse: »ADHS wird zu häufig von Experten diagnostiziert. Psychotherapeuten und Psychiater für Kinder und Jugendliche fällen ihr Urteil offensichtlich eher anhand von Faustregeln, sogenannten Heuristiken, statt sich eng an die gültigen Diagnosekriterien zu halten. Insbesondere bei Jungen stellen sie deutlich mehr Fehldiagnosen als bei Mädchen.« Offensichtlich wird hier nach »prototypischen Symptomen« entschieden, haben die Forscher herausgefunden. »Der Prototyp ist männlich und zeigt Symptome von motorischer Unruhe, mangelnder Konzentration und Impulsivität. Die Nennung dieser Symptome löst bei den Diagnostikern in Abhängigkeit vom Geschlecht unterschiedliche Diagnosen aus. Treten diese Symptome bei einem Jungen auf, bekommt er die Diagnose ADHS, die identischen Symptome bei einem Mädchen führen jedoch zu keiner ADHS-Diagnose.«[45]

Auch Mediziner kritisieren: Viele Diagnosen seien schlichtweg falsch. »Bei bis zu einem Drittel der Fälle, halten die Diagnosen der Überprüfung nicht stand«, bemängelt etwa Rüdiger Stier, Chefarzt für Kinder- und Jugendpsychiatrie und Psychotherapie in Berlin-Buch. Ein Problem bestehe schon, aber es sei eben nicht ADHS. Oft, so Stier, handele es sich »um Symptome, die aufgrund von Überforderungen aufträten, oder auch um Folgen erzieherischer Defizite«. Die hohe Anzahl von Fehldiagnosen hätten eine Reihe von Ursachen: »Zu wenig Zeit, die Kinder- oder Allgemeinärzte für ihre Patienten aufbringen könnten, fehlende Kompetenz beim Krankheitsbild ADHS, aber auch Eltern, die schon mit Frage ›mein Kind hat doch ADHS, oder?‹ in die Praxis kommen.«[46]

Das Internet ist inzwischen voll von »Online-Tests für ADHS bei Kindern«, wie der »ADHS-Selbstbeurteilungsskala«, oder Schnelltests zur Frage »Hat mein Kind ADHS?«. Immer mehr Menschen erscheinen mit solch einem ausgefüllten Schnelltest in der Hand, der ihnen oder ihrem Kind ADHS bescheinigt, in den Arztpraxen. Was ist der Grund? Rüdiger Stier glaubt, dass viele Familien zunehmend verunsichert sind, unter Druck stehen: Es werde nach schnellen Lösungen gesucht. Doch manche Dinge bräuchten einfach Zeit.[47]

Auch Schulpsychologin Rosemarie Straub hat nach jahrelanger Erfahrung im Umgang mit zappeligen Kindern ihre Vorbehalte. Wie viele Experten kritisiert sie die unsicheren Diagnosestandards.[48] Das »Krankheitsbild« ADHS sei völlig unspezifisch und nicht objektivierbar. »Objektivierbar ist etwas ja immer dann, wenn es beobachtbar und messbar ist«, erläutert Straub im Interview mit uns. »Wenn ich Fieber habe und das Thermometer zeigt 39 Grad Celsius, dann bedeutet das ›Alarm‹. Wenn ich 37,6 habe, dann ist das lediglich erhöhte Temperatur.« Bei ADHS sei das leider nicht so eindeutig.

Wichtiger Gradmesser für die Diagnosen auch in Deutschland ist das amerikanische Handbuch *Diagnostic and Statistical Manual of Mental Disorders* (kurz *DSM*; auf Deutsch: *Diagnostischer und statistischer Leitfaden psychischer Störungen*). Darin wird festgelegt, welche psychischen Krankheiten es gibt. Peter Schönhöfer sieht in dem amerikanischen Diagnosehandbuch den eigentlichen Ursprung für den ADHS-Boom. »Zwar ist die kindliche Verhaltensstörung ›Zappelphilipp‹ schon vor über 150 Jahren erstmals als pädagogisches Problem beschrieben worden«, erklärt der Professor. Aber ein profitables Geschäft für Pharmaindustrie und Ärzte sei erst daraus entstanden, als 1995 mittels der vierten Revision des *DSM* die Verhaltensstörung zu einer für Ärzte abrechenbaren Krankheit umdefiniert wurde.[49]

Ab dem Moment sei das Zappelphilipp-Syndrom als Krankheit gewertet worden. Die Folge: Behandler können nun von der Diagnose profitieren, weil sie dafür eine definierte Abrechnungsziffer haben. Deshalb nehme automatisch die Zahl der Diagnosen zu.

Offenbar kein seltenes Phänomen. »Das sehen wir häufig in der Medizin. Wenn ein Entgelt möglich ist, Boni gezahlt werden, dann nehmen die entsprechenden Erkrankungen zu.« Schönhöfers Urteil ist eindeutig: »Das ist Korruption in der Medizin.« (Mehr zum *DSM* und wie es die Diagnostik beeinflusst in Kapitel III.)

Ein selbstverständliches Miteinander

Zurück in Würzburg. Wir wollen wissen, wie der Arzt zu den Vorwürfen des Vaters steht, er habe ADHS vorschnell diagnostiziert. Der Versuch, den Psychiater in der riesigen Gemeinschaftspraxis zu besuchen, die er zusammen mit anderen Ärzten und Psychologen betreibt, bleibt erfolglos. Wir fragen noch einmal schriftlich nach. Auf eineinhalb Seiten bestreitet er die Vorwürfe und beschreibt ausführlich, welche Alternativen zur Medikamententherapie angeboten und durchgeführt worden seien. Von Nebenwirkungen wisse er nichts.[50] Der Vater bleibt bei seiner Darstellung, kann sie aber nicht beweisen.

Im Internet entdecken wir den Arzt als Referenten auf dem ADHS-Gipfel in Hamburg, der dort immer wieder stattfindet. Die Veranstaltungen wurden gesponsert von der Pharmafirma Janssen-Cilag, einem der führenden Hersteller von ADHS-Präparaten!

Wie ist das zu bewerten? Ein Arzt, spezialisiert auf ADHS-Therapie, mit einer riesigen Praxis, der fleißig Medikamente gegen das Zappelphilipp-Syndrom verschreibt und als Referent auf einer Veranstaltung spricht, die von einer Pharmafirma finanziert wird? Einer Firma, die dick im Geschäft mit ADHS-Medikamenten ist?

Ausgerechnet in der ADHS-Hochburg Würzburg sitzt Deutschlands einziger Wirtschaftskriminalist, der sich auf die Korruption im Gesundheitswesen spezialisiert hat, Uwe Dolata. Er sieht die Teilnahme des Arztes kritisch: »Wenn man als Pharmafirma eine Tagung ausrichtet und ein niedergelassener Arzt als Referent da auftritt, der später diese Mittel verordnet und verabreicht, dann ist das ein unglücklicher Zustand, eine Nähe, die fast schon in die Richtung legalisierte Korruption geht. Es ist nicht strafbewährt, das zu tun, aber es ist etwas, was man einfach nicht macht.« Hinzu kommt, dass der Vortrag keine einmalige Angelegenheit war. Der Arzt spricht dort offenbar regelmäßig. »Ach so?«, fragt der Kriminalist. Er gehöre damit ja sozusagen zur Stammmannschaft. Dann sei die Sache umso verwerflicher, erklärt er, weil eine derartige Nähe zu einer Pharmafirma wirklich tunlichst vermieden werden soll.

Etwas, das man einfach nicht macht? Eine Nähe, die tunlichst vermieden werden soll? Wir befragen den Arzt auch dazu. Er ist sich offensichtlich keines Fehlverhaltens bewusst, denn er betont, dass fast alle medizinischen Kongresse von der Pharmaindustrie unterstützt würden. Er stünde nicht in Abhängigkeit zu den Herstellern.

Das selbstverständliche Miteinander von Firmen, die Medikamente zur Behandlung von ADHS herstellen, und Medizinern, die den Verkauf quasi über ihren Rezeptblock ankurbeln. Ein regelmäßiges Zusammentreffen auf Veranstaltungen, bei denen es auch um aktuelle und künftige Diagnose- und Behandlungsverfahren bei ADHS geht. Ein unglücklicher Zustand, wie Kriminologe Uwe Dolata es nannte, oder einfach nur ein unglücklicher Zufall? Eine Ausnahme? Oder die Regel?

Die Pharmaindustrie als Geldgeber

Ebenfalls in Würzburg, nicht weit entfernt von der »ADHS-Praxis«, fällt ein langgestrecktes Gebäude ins Auge. Der wuchtige Bau, der zwischen Weinreben und Gärten in den Hang zementiert wurde, gehört zur Universitätsklinik Würzburg. In dem Gebäude ist unter anderem die »Klinik und Poliklinik für Kinder- und Jugendpsychiatrie, Psychosomatik und Psychotherapie« untergebracht. Das angeschlossene Institut gilt als »Mekka der ADHS-Forschung«[51] und hat viel zum Aufstieg Würzburgs zur ADHS-Hochburg beigetragen. Mancher Absolvent, der sich hier zum Facharzt ausbilden ließ, blieb der Region treu. Als sogenannte Meinungsbildner verbreiten sie in ihren Praxen die Lehre des Instituts. Demnach ist ADHS maßgeblich genetisch bedingt und lässt sich am besten mit Medikamenten behandeln. Das sagt auch Prof. Dr. Marcel Romanos in der *Main-Post*: »Bei Kindern, bei denen keine Medikation notwendig ist, wird sie auch nicht verabreicht. Die Medikation hat jedoch die stärksten Effekte auf die zentralen Kernsymptome der ADHS.«[52]

Marcel Romanos ist Kinderpsychiater, hat an der Universität Würzburg studiert und zu ADHS geforscht. Anfang April 2012 hat der damals 37-Jährige als Direktor die Leitung der Klinik und Poliklinik für Kinder- und Jugendpsychiatrie, Psychosomatik und Psychotherapie übernommen. 1.500 Kinder und Jugendliche mit ADHS werden laut Romanos im Jahr allein im ambulanten und stationären Bereich der Uniklinik behandelt. In den umliegenden Praxen sind es noch mehr. Auf der Kinderstation gibt es 16 Betten, auf der Jugendstation auch. Bei vielen der jungen Patienten wurde ADHS diagnostiziert. Insgesamt hat die Klinik mehr als 70 Behandlungsplätze und bietet stationäre, tagesklinische und intensivpsychiatrische Bereiche.[53]

Der Klinikleiter legt Wert darauf, dass man hier unabhängig von der Industrie arbeite. Früher hatte er mehrfach Kontakte zur Pharmaindustrie, hielt bezahlte Vorträge. Doch das sei längst vorbei. »Seit 2009, Februar 2009, habe ich konsequent alle Vorträge abgelehnt«, führt er aus. »Das heißt, ab dem Zeitpunkt, wo ich auch in leitende Verantwortung gekommen bin.«[54]

Im Internet entdecken wir: 2010, ein Jahr später, bekommt Marcel Romanos zusammen mit einem Kollegen einen Preis. Dotiert mit 10.000 Euro, gestiftet vom Pharmahersteller Janssen-Cilag. Doch das erwähnt er nicht.[55] 2012 sponsern Pharmafirmen eine Tagung für Ärzte und Lehrer. Titel der Veranstaltung: »ADHS in Klinik und Schule«. Wissenschaftlicher Leiter ist laut Werbebroschüre Marcel Romanos.[56] »Mit der Veranstaltung sollen Lehrer, Dipl.-Soz.-Pädagogen, Eltern sowie Mitarbeiter von Jugendeinrichtungen angesprochen werden«, heißt es darin. Teilnahmegebühr: 50 Euro. Angekündigt ist außerdem ein 40-minütiger Vortrag von Marcel Romanos zum Thema: »Was sind die Ursachen von ADHS?«[57]

Wir fragen nach. Zunächst weiß der Professor nicht, welche Schulung gemeint ist. Doch wir haben die Unterlagen dabei, zeigen sie ihm. Der Klinikleiter guckt verblüfft. Nun erinnert er sich offenbar. »Das ist ein Kongress, den wir veranstalten, in dem wir niedergelassene Ärzte und

Lehrer zusammenbringen und verschiedene Themen bearbeiten. Und im Jahr 2012 war das Thema ADHS. Das bedeutet, wir machen Fortbildungen, keine Schulungen. Und diese ist unterstützt worden offensichtlich von Lilly Deutschland.«

Wie die Unterlagen zeigen, nicht nur von Lilly Deutschland. Auch die Pharmafirmen Novartis und Medice-Pütter haben die Arzt-Lehrer-Tagung 2012 unterstützt.

Professor Romanos ist offenbar unangenehm überrascht. Die Fortbildung habe damals noch sein Vorgänger geplant, erklärt er. Er müsse mit der Kongressorganisation dann noch mal Rücksprache halten, sagt Romanos. Dann könnte er auch die genauen Beträge erfragen, die von den Firmen gezahlt wurden. Später teilt er schriftlich mit, die Tagung sei mit 3.000 Euro von vier Pharmafirmen gesponsert worden. Davon habe er nichts gewusst.[58]

Die Pharmaindustrie als Geldgeber? Der Klinikleiter versichert uns, er lehne das inzwischen ab. Im Gegensatz zu vielen seiner Kollegen. Für die sei das ganz normal: »Das ist auch natürlich etwas, was – sag ich mal – weit verbreitet ist und auch notwendig ist, dahingehend, dass, wenn man Fortbildungen, Veranstaltungen, wissenschaftliche Kongresse macht, die Unkosten so hoch sind, die auch in irgendeiner Weise finanziert werden sollen.«

Diese Art von »Finanzierung« kritisieren unabhängige Mediziner wie Wolf-Dieter Ludwig, Vorsitzender der Arzneimittelkommission deutsche Ärzteschaft. »Wenn sie Kontakte zur pharmazeutischen Industrie haben, werden diese Kontakte zwangsläufig dazu führen, dass ihre Meinung und ihr Urteil geprägt sind. Sie haben einen Interessenkonflikt, sie wären für mich als Kollegen keine glaubwürdigen Informanten über diese neuen Arzneimittel.«[59]

Eine Studie aus den USA belegt: Wenn amerikanische Ärzte Geld von Pharmafirmen bekommen, verschreiben sie auch deren Medikamente. Je mehr Geld fließt, desto öfter verschreiben sie die Mittel.[60]

»ADHS, ja oder nein?« – wie Lehrer in den Dienst der Pharmaindustrie geraten

In Würzburg zeigt sich noch etwas anderes: Wenn es um die Erschließung neuer Zielgruppen und die Kundengewinnung geht, spielen sogar manche Lehrer den Pharmafirmen in die Hände. Das Würzburger Schulamt beispielsweise lud im Februar 2014 zu einer Fortbildung für Lehrer. Der Titel der Veranstaltung lautete »ADHS – Herausforderung für Lehrkräfte in allen Schularten«. Der Name des Referenten: Marcel Romanos. »Professor Romanos ist *die* Größe hier in Würzburg. Er ist *der* Fachmann«, begründet Schulamtsdirektorin und Veranstaltungsorganisatorin Gabriele Rube die Einladung des Klinikleiters. Veranstaltungen wie diese gebe es regelmäßig, erklärte sie, nicht nur unter Federführung des Schulamtes. Der Bedarf bei den Lehrern nach Aufklärung und Information sei groß. Der Druck hoch. Die Verunsicherung auch. Und so erhoffen sich ihre Kollegen vom Professor Antworten auf die Frage, warum immer mehr Kinder verhaltensauffällig sind, wie sie damit umgehen sollen, und vor allem wünschen sie sich Ratschläge, die ihnen bei der Einschätzung helfen, was bei den Schülern vorliegt: »ADHS, ja oder nein?«

Ihre Hoffnung wird nicht enttäuscht. In seinem Vortrag spricht der Professor über die langjährige ADHS-Forschung an seiner Klinik und deren Ergebnis. Er erläutert ausführlich das Krankheitsbild, wirft via PowerPoint die entsprechenden Studienergebnisse an die Wand. Sein Fazit: In vielen Fällen sei der beste Erfolg bei einer Behandlung mit Medikamenten zu beobachten. Seine Zuhörer scheinen erleichtert:

»Ich war immer so zwiegespalten, soll man Medikamente geben oder nicht«, berichtet eine der Teilnehmerinnen nach dem Vortrag. »Wenn jetzt hier klar gesagt wurde, eine reine ADHS kann mit Medikamenten gut behandelt werden, gibt das für mich Beratungssicherheit für die Eltern-Gespräche. Dass ich denen sagen kann, gehen Sie zum Arzt, lassen Sie das abklären, denn für die Kinder ist es wirklich eine Hilfe, wenn sie Medikamente bekommen.«

Ist es für sie persönlich auch eine Hilfe? »Ja«, sagt die Lehrerin. Sie habe nun klar erklärt bekommen, dass man ADHS mit Medikamenten wirklich gut behandeln könne. Sie war unsicher, weil sie gehört hatte, im Grunde leiste das eine Verhaltenstherapie auch.

Fällt es ihr nun leichter, den Eltern Medikamente zu empfehlen? »Zumindest leichter, ihnen zu einem Arztbesuch zu raten«, sagt sie. Weil man dort dann ja eine Behandlung mit Medikamenten machen könne.

Eine andere Kollegin ergänzt: »Ich sehe das genauso. Die Informationen, die gegeben wurden, unterstützen die Elternarbeit.« Viele Eltern würden sich ja wehren, ihren Kindern Medikamente zu verabreichen. »Und wenn man jetzt gesagt bekommt, am besten ist Verhaltenstherapie in Kombination mit Medikamenten, und ich jetzt weiß, dass das wissenschaftlich nachgewiesen ist, dann habe ich eine Sicherheit.« Und diese Sicherheit, die könne sie Eltern mitgeben und sie dahingehend besser beraten.

Auch eine dritte Lehrerin, die wir befragen, zeigt sich erleichtert. Sie hat ihre Überlegung bestätigt bekommen, dass die Beurteilung, ob ein Kind ADHS hat oder nicht, etwas ist, das sie »auf den Arzt verschieben muss«. Wo sie sich und den Eltern sagen kann: »Da braucht das Kind erst mal eine ganz klare, klassifizierende Untersuchung.«

Der Arztbesuch als Rettungsanker. Wenn ihnen wieder Kinder verhaltensauffällig erscheinen, dann werden wohl einige der Teilnehmer künftig nachdrücklich dazu raten. Und zwar den Eltern, die wegen ihrer zappeligen Kinder vor ihnen sitzen.

Und hier schließt sich der Würzburger Kreis. Sie alle sind ein Teil davon: Die Wissenschaftler, die ihr Geld und ihre Reputation mit der Erforschung von ADHS verdienen, beraten die Lehrer. Die Lehrer verlassen sich auf die Ärzte. Wenn sie vom Fachmann hören, dass gegen das auffällige Verhalten vielleicht ein Medikamente helfe, beraten sie dementsprechend die Eltern. Und »helfen« der Pharmaindustrie in diesem Augenblick – ohne es zu wissen – womöglich, ihren Kundenstamm zu erweitern. Denn wenn die Eltern dem Rat folgen und zum Arzt gehen, dann lautet die Diagnose, wie wir gehört haben, immer häufiger: ADHS. Und auf dem Rezeptblock steht immer häufiger ein Medikament dagegen. Zu beiden – Diagnosen und Medikamenten – kann dann wieder geforscht werden. Das freut die Wissenschaftler. Und alles zusammen freut die Pharmafirmen, denn auf diese Weise wird ihr Umsatz angekurbelt.

3. Die Rolle der Wissenschaft

Wissenschaft im Zeichen der Pharmaindustrie?

Wenn es um die Einflussnahme auf Mediziner und Patienten geht, kann der Stellenwert von Studien und wissenschaftlichen Publikationen gar nicht hoch genug eingeschätzt werden. Dem Wissenschaftler, der an seinen Veröffentlichungen »gemessen« wird, verschaffen sie Aufmerksamkeit und Reputation. Dem Arzt geben sie Sicherheit für die Behandlung. Beim Patienten erhöhen sie die Bereitschaft, sich auf die Medikamenteneinnahme oder auf die Therapiemaßnahmen einzulassen. Denn das, was errechnet werden kann und dann schwarz auf weiß auf dem Papier steht, gilt in unserer zahlenaffinen Welt als vertrauenswürdig und »wahr«. Egal, ob es sich um Forschungsergebnisse handelt, die die Wirksamkeit eines Medikaments bestätigen, oder um Untersuchungen zu den Ursachen von Krankheiten.

Kritiker mahnen jedoch zur Vorsicht. Gerade im medizinischen Bereich gebe es kaum unabhängige Studien. »Das Problem ist, dass Studien grundsätzlich durch Institutionen finanziert werden, die Interesse daran haben, eben genau diese Studien zu finanzieren«, erklärt uns Kinderarzt Stephan Heinrich Nolte: Er gehört der »Initiative unbestechlicher Ärztinnen und Ärzte«, kurz MEZIS, an. MEZIS steht für »Mein Essen zahl ich selbst«. »Das heißt, es gibt kaum eine Studie, die nicht von einer Pharmafirma gesponsert wurde.« Unabhängige Studien seien viel zu teuer und viel zu aufwendig. Und es gebe ja auch niemanden, der dahinterstehe. Gerade Studien, die sich mit einem Medikament beschäftigen, hätten immer einen Sponsor.

Es geht also auch hier mal wieder ums Geld. Wissenschaftler müssen und wollen forschen. Das ist ihr Kerngeschäft. Darüber bekommen sie ihre Reputation in Fachkreisen. Je mehr sie veröffentlichen, desto anerkannter sind sie. Was also bedeutet es für die Themenwahl, den Inhalt und die Ausrichtung der Forschungsarbeiten, wenn sie durch einen Pharmahersteller unterstützt oder gar finanziert werden? Besteht da die Gefahr, dass die Betrachtung mitunter einseitig ausfallen kann? »Selbst wenn ein Expertengremium, das eine Studie [zu einem Medikament, Anm. d. Autoren] macht, völlig integer wäre, würde durch das Sponsoring der Schwerpunkt auf der medikamentösen Achse liegen«, erklärt Nolte. Das bedeutet für ihn im Umkehrschluss: Ergebnisse, die zeigen würden, dass andere Therapiemaßnahmen sinnvoll, wenn nicht gar sinnvoller sind, werden nicht in dem Maße publiziert. ADHS ist da für den pharmakritischen Arzt ein besonders gutes Beispiel. Hier sei in den vergangenen Jahren besonders intensiv geforscht worden. Es gebe unzählige Publikationen, quasi täglich kämen neue hinzu. Es gebe Sonderprojekte und jede Menge Forschungsmittel. Kein Wunder. AD(H)S sei eines der »Reizthemen unserer Zeit«, für das bereitwillig Mittel bereitgestellt würden.

Auffällig viele Studien zu AD(H)S beschäftigen sich nun offenbar ausgerechnet mit der sogenannten Pharmakotherapie, also der Behandlung der Aufmerksamkeitsdefizitstörungen mit Arzneimitteln. Die sind »in der Regel pharmagesponsert«, stellt Nolte klar. »Ein unabhängiges Gremium, kontrolliert durch ethische Komitees, entwirft zwar diese Studien, aber bezahlt werden sie letztlich von der Pharmaindustrie.« Wer zahlt, bestimmt, wo es langgeht.

Es ist außerdem auffällig, dass zu ADHS hauptsächlich auf der organischen Ebene geforscht wird. Laut Nolte befassen sich bislang auffallend wenige Studien mit den psychosozialen Bedingungen, also mit dem Umfeld, in dem die zappeligen Kinder aufwachsen. Warum wird dieser wichtige Bereich vernachlässigt? »Da will man politisch nicht ran«, sagt Nolte. »Denn dann muss man sich ja an die eigene Nase fassen und sich mit der Frage auseinandersetzen, ob und inwieweit wir als Gesellschaft dazu beitragen, dass immer mehr Kinder Verhaltensweisen an den Tag legen, die als krank bezeichnet werden. Dass wir uns sogar fragen müssen: ›Sind wir diejenigen, die die Kinder zu ADHS-lern machen?‹«

Sogar die Einflussnahme der Pharmaindustrie auf die Forschung reicht noch weiter: Offenbar ist es gängige Praxis, dass Studien, die für die Pharmafirmen ein eher ungünstiges Ergebnis ergeben, nicht so prominent oder gar nicht publiziert werden. Dadurch sehe das Ergebnis insgesamt häufig sehr viel positiver aus, als es eigentlich ist, sagt Nolte. Positiv für das Unternehmen wohlgemerkt. Das habe sich trotz vieler Beteuerungen der Pharmaindustrie in den letzten 20 Jahren überhaupt nicht gebessert. »Nach wie vor werden Negativstudien sehr viel niederrangiger publiziert als positive Studien.« Publikationsbias nennt sich das Phänomen, dass Negativstudien einfach unterschlagen werden. Dem spielt unsere Gesetzgebung in die Hände. In Deutschland gibt es keine Veröffentlichungspflicht für wissenschaftliche Studien. Wissenschaftsbetrug durch Datenmanipulation ist in Deutschland nicht strafbar. Die Verantwortung liegt also in den Händen der Wissenschaftler. Oder des Geldgebers.

Anwendungsbeobachtungen – Forschung oder Werbung?

Und es geht offenbar sogar ganz ohne Wissenschaftler. Kinderarzt Nolte berichtet von der gängigen Praxis von Pharmafirmen, Maßnahmen als Forschung zu deklarieren, die im Grunde nichts anderes seien als Marketingmaßnahmen. Er beschreibt, wie diese »Anwendungsbeobachtungen« ablaufen: »Da werden Ärzte aufgefordert, ein Medikament als Beobachtungsstudie einzusetzen. Dann werden irgendwelche fragwürdigen Bögen ausgeteilt, wo der Arzt dann den Verlauf der Behandlung dokumentiert und wo dann am Ende ein Ergebnis herauskommt.« Diese Anwendungsbeobachtungen gälten in der Wissenschaft als absolut wertlos, sagt er. Aber sie würden natürlich Geld kosten, das Präparat bewerben und dann auch noch als Forschungsausgabe der Pharmafirma deklariert werden. Meist würden auch die Ärzte für das Ausfüllen Geld bekommen. »Und das ist eine ganz legale Zuwendung«, erklärt Nolte. Und die Patienten? Die würden auf die neuen Präparate schon mal eingestellt.

Damit schlagen die Unternehmen gleich mehrere Fliegen mit einer Klappe: Erstens erhöhen sie ihren Einfluss auf die Ärzte. Zweitens können sie eine Marketingmaßnahme als Forschung verbuchen. Und drittens können sie sogar in der Öffentlichkeit damit punkten. Denn man darf eines nicht unterschätzen: Ein Unternehmen, das forscht, kommt gut an bei der Bevölkerung. Das gibt Bonuspunkte in Sachen Glaubwürdigkeit.

4. Legal, illegal ... – kann die Pharmaindustrie eigentlich machen, was sie will?

Ich war's nicht – die Sache mit den Interessenkonflikten

Das Netzwerk funktioniert nicht nur in Würzburg. Wie eng die Verbindung zwischen Ärzten und Pharmaindustrie deutschland- und sogar weltweit ist, lässt sich im Internationalen Congress Centrum (ICC) in Berlin beobachten. Einmal im Jahr treffen sich dort Ärzte, Wissenschaftler und Therapeuten zum Kongress der »Deutschen Gesellschaft für Psychiatrie, Psychotherapie, Psychosomatik und Nervenheilkunde«, kurz DGPPN. Die Tagung gilt innerhalb Europas als größte wissenschaftliche Veranstaltung im Bereich der psychischen Erkrankungen. An vier Tagen findet ein reger Austausch statt, wird über Neuigkeiten aus Forschung und Lehre informiert. Mehr als 10.000 Teilnehmer waren es beim Kongress im November 2013 – ein »neuer Besucherrekord«, jubelte die DGPPN.

Auch die Pharmafirmen sind mit großem Aufgebot vertreten, die Industrieausstellung erstreckt sich über zwei Hallen. Novartis, Shire, Medice, Lilly und und und – alle werben sie hier für ihre Produkte. Die Ausstellung ist bestens besucht, Kongressteilnehmer flanieren durch die Hallen, decken sich an den Ständen mit Material ein, viele sind ins Gespräch mit den Vertretern der Unternehmen vertieft.

Was häufig an den Ständen der Hersteller ausliegt, ist Werbematerial für Medikamente gegen ADS und ADHS. Dazu jede Menge Infobroschüren rund um die Aufmerksamkeitsstörung: Unterstützungshilfen für die Ärzte, Ratgeber für Eltern, Broschüren für die Schule – gesponsert oder komplett finanziert von der Medikamentenindustrie.

Novartis plakatiert Poster von »Kids«, die trotz ADHS »ganz einfach cool bleiben«, wirbt in Broschüren mit »Top-Tipps« für Eltern. Und es liegen auch Ratgeber für die ganze Familie aus. Das Pharmaunternehmen Lilly gibt gar eine eigene ADHS-Zeitschrift heraus – passend zu ihrem Slogan »Antworten, auf die es ankommt«. Am Stand von Medice stapeln sich die *Medikinet-adult*-Tablettenpackungen. Im Fokus sind Erwachsene mit ADHS. Die gibt es nämlich inzwischen auch.

Können angesichts solch einer Präsenz der Pharmaindustrie die Fachärzte und Wissenschaftler unabhängig bleiben? Sie selbst behaupten das gerne, und die DGPPN legt großen Wert darauf, dass eventuell bestehende Interessenkonflikte zwischen Pharmaindustrie und Ärzten transparent gemacht werden. Deshalb sollen Mediziner und Wissenschaftler, die beim Kongress Vorträge halten, zu Beginn mögliche Verbindungen zur Pharmaindustrie offenlegen. Die »Conflict-of-Interest«-Liste. Wie sieht so was genau aus? Funktioniert das?

Auch einer der führenden Kinderpsychiater Deutschlands ist unter den Rednern. Er hat sich auf die Behandlung von ADHS spezialisiert, gehört zur Riege deutscher Experten, die eine Therapie befürworten, die auch die Behandlung mit Psychopharmaka beinhaltet. Der Professor ist in verschiedener Funktion auch für eine Reihe von

Pharmafirmen tätig, für so ziemlich alle, die viel Geld mit Psychopillen gegen das Zappelphilipp-Syndrom verdienen. Ordnungsgemäß gibt er das bei Publikationen an. Aber wie geht er bei dem Kongress damit um? Ist das überhaupt ein Thema bei der Veranstaltung? Nein.

Zu Beginn seines Vortrags leuchtet bei seiner Power-Point-Präsentation die »Conflict-of-Interest«-Liste auf. Sie zeigt, für welche Pharmaunternehmen der Wissenschaftler tätig ist. Das ist inzwischen Pflicht bei der DGPPN und deren Beleg dafür, dass hier auf Transparenz Wert gelegt wird. Nur bleibt leider keine Zeit zum Lesen. Nach wenigen Sekunden ist die Liste schon wieder verschwunden.

Wir fragen den Professor später zu möglichen Interessenkonflikten. Seine Antwort: »Also ich arbeite mit fast allen Firmen zusammen, die im ADHS-Bereich tätig sind. Ich habe zum Beispiel eine Studie durchgeführt – eine große europäische Zulassungsstudie. Dahinter stand die Firma Shire. Ich habe auch früher mit der Firma Lilly Studien durchgeführt, mit der Firma Novartis eine Studie, das ist aber jetzt schon fünf Jahre her. Ich habe verschiedene Firmen beraten.«

Der Wirtschaftskriminologe Uwe Dolata beobachtet seit Jahren das Zusammenspiel von Pharmaindustrie und Ärzten. Wie ordnet er das ein? »Es ist kein Straftatbestand an und für sich, aber es ist ein gewolltes Geben und Nehmen. Der Arzt wird schon sagen, was die Pharmaindustrie vertritt. In dem Fall würde er als ›Mietmaul‹ missbraucht.«

Ein Mietmaul? Unser Professor auf dem Kongress zählt sich nicht dazu. Er ist mit sich im Reinen. »Also die Pharmaindustrie zahlt uns nicht solch hohe Summen, als dass irgendein Mensch, der noch einigermaßen – Entschuldigung, das ist meine persönliche Meinung – bei Trost ist, sich davon korrumpieren lassen würde. Aber ich will nicht ausschließen, dass es so was gibt.« Merkwürdige Sicht der Dinge. Wie lautet sein Vorschlag für den Umgang mit Interessenkonflikten? »Ich muss an die Redlichkeit des Wissenschaftlers appellieren, dass er sich im Zweifelsfall richtig entscheidet.« Fragt sich nur, was das für ihn heißt: »Richtig.«

Kontrolle? Fehlanzeige!

Eine Studie unter 300 Medizinern zum Einfluss von Pharmavertretern kam zu folgendem Ergebnis: »In den meisten Fällen glaubten die im Rahmen der Studie befragten Ärzte nicht, dass Pharmavertreter objektive Informationen liefern.« Nur sechs Prozent gingen aber davon aus, dass ihre eigene Verschreibungspraxis von solchen Pharmavertretern beeinflusst war. Während 21 Prozent glaubten, dass ihre Kollegen beeinflusst wurden.[61]

Die Kollegen lassen sich manipulieren, man selbst aber nicht. Kommt Ihnen das bekannt vor? Das haben wir doch bereits in ähnlicher Form gehört? Nach dem Motto: Bestechung gibt es, aber ich bin nicht bestechlich. Pharmafirmen üben Einfluss aus, aber nicht auf mich. Freiwillige Offenlegung ist wichtig. Aber ziemlich wirkungslos. Warum? Weil für den »Straftatbestand Korruption im Gesundheitswesen« die Gesetzeslage hierzulande bislang ziemlich unklar war. So stellte der Bundesgerichtshof (BGH) im März 2012 fest, »dass niedergelassene Vertragsärzte nach der gegenwärtigen Gesetzeslage bei korruptivem Verhalten wie der Annahme von Bestechungsgeldern strafrechtlich nicht verfolgt werden können«.[62] Im Gegensatz zu angestellten Ärzten, die in diesen Fällen strafrechtlich belangt werden könnten. Ebenso bleiben Pharmaunternehmen bei Bestechung von freiberuflichen Ärzten oder Apothekern straffrei.[63]

Kein Gesetz, kein Straftatbestand, keine Verurteilung? Heißt das, die Pharmaindustrie kann machen, was sie will? Der Antikorruptions-Experte Uwe Dolata nickt. »Es gibt nichts, was die Pharmaindustrie irgendwie in die Schranken weisen könnte. Weil wir im Moment eine Gesetzgebung haben, die für einen großen Teil der Ärzteschaft nicht gilt.« Und die Pharmaindustrie? Die lächelt über die Strafen, die angedacht sind, sagt der Wirtschaftskriminalist.

Unter den Fittichen der Pharmaindustrie? Die Rolle der Politik

Und was macht da die Politik? Die Pharma-Lobby sei so stark, erklärt Uwe Dolata, dass kein Politiker es bis jetzt geschafft habe, eine Gesundheitsreform an den Tag zu legen, die den Namen auch verdiene. Politik und Pharmaindustrie. Ein Geben und Nehmen auch hier? Der Wirtschaftskriminologe sagt: »Die Pharmaindustrie hat Interesse daran, dass sie zum einen die Ärzteschaft unter ihre Fittiche nimmt und zum anderen natürlich auch die Politik. Weil hier die Entscheidungen getroffen werden, zum Beispiel, was Zulassungen von Arzneimitteln angeht, sodass durchaus bedeutende Politiker, die in dem Metier unter Umständen jahrelang zu Hause waren, ein ›Austragshäusl‹ bekommen, also sprich, in die Pharmaindustrie aufgenommen werden.«

Politiker, die in die Industrie wechseln, und umgekehrt Lobbyisten, die in die Politik wechseln, gibt es tatsächlich einige – quer durch alle Parteien.

Kurt Beck (SPD), der ehemalige Ministerpräsident von Rheinland-Pfalz (1994–2013), ist seit 2013 Berater von Boehringer Ingelheim.

Horst Teltschik (CDU) war von 1983 bis 1990 Berater Helmut Kohls und Vize-Kanzleramtschef, danach Leiter der Münchener Sicherheitskonferenz und dann von 2002 bis 2010 Mitglied im Verwaltungsrat von Roche.

Norbert Schellberg (Grüne) hatte zwischen 1999 und 2007 verschiedene Funktionen in der Grünen-Bundestagsfraktion, unter anderem war er Vorstandsreferent, ist immer noch aktiver Politiker als Kreisvorsitzender der Grünen im Kreis Berlin/Steglitz-Zehlendorf. Seit 2007 Lobbyist beim Verband Forschender Arzneimittelhersteller (vfa), dem führenden Verband der Pharmaindustrie. Dort ist er als Mitarbeiter der Hauptgeschäftsführung im Bereich Wirtschaft tätig.

Cornelia Yzer (CDU) wechselte sogar mehrmals die Seiten: Von 1994 bis 1997 war sie Parlamentarische Staatssekretärin beim Bundesminister für Bildung, Wissenschaft, Forschung und Technologie, dann bis 2011 Hauptgeschäftsführerin des Verbandes Forschender Arzneimittelhersteller (vfa). Dann ging es zurück in die Politik: Seit 2012 ist sie Wirtschaftssenatorin in Berlin.

Birgit Fischer (SPD), 1998 bis 2005 Gesundheitsministerin in NRW, 2007 bis 2009 stellvertretende Vorstandsvorsitzende der Barmer Ersatzkassen und 2010 bis 2011 Vorstandsvorsitzende der Barmer GEK. Fischer löste im Mai 2011 Cornelia Yzer beim vfa als Hauptgeschäftsführerin ab.

Christian Weber (FDP), Abteilungsleiter für Grundsatzfragen im Bundesgesundheitsministerium (2010–2014), war von 2007 bis 2010 Direktor des Verbandes der Privaten Krankenversicherungen.

Daniel Bahr (FDP), 2011 bis 2013 Bundesgesundheitsminister, wechselte im November 2014 als Generalbevollmächtigter zu Allianz Private Krankenversicherung. Er hatte zuvor den »Pflege-Bahr«, eine staatlich geförderte private Pflegezusatzversicherung, erfunden.

Und auch sehr aktiv: Bahrs Vorgängerin **Andrea Fischer** (Grüne), von 1998 bis 2001 Bundesgesundheitsministerin. Sie leitet heute das Dezernat Finanzen, Gebäudewirtschaft und Krankenhäuser der Region Hannover. Bis 2012 war sie selbstständige Beraterin für Unternehmen der Gesundheitswirtschaft und Vortragende zu Themen der Gesundheitspolitik und -wirtschaft und Ethik der Medizin. Von 2006 bis 2009 war sie Partnerin in der europäischen Kommunikationsberatung Pleon, die auch im Pharmabereich tätig ist.

Sehr aufschlussreich ist darüber hinaus die Internetplattform Lobbypedia. Finanziert wird sie vom Verein LobbyControl. Dort findet sich eine Zusammenstellung für einzelne Ministerien und Branchen, in der der umgekehrte Fall beleuchtet und dargelegt wird, dass Lobbyisten in Ministerien arbeiten. Allerdings werden keine Namen genannt. Demnach gab es unter anderem im Wirtschaftsministerium Vertreter von Bayer und dem Verband Forschender Arzneimittelhersteller.[64]

Die gute Nachricht: Es sieht momentan ganz danach aus, als ob ein Anti-Korruptionsgesetz für das Gesundheitswesen nun doch Realität wird. Die nur auf den ersten Blick gute Nachricht: Ende November 2013 hatte die »Freiwillige Selbstkontrolle für die Arzneimittelindustrie« (FSA) verkündet, künftig keine Werbegeschenke mehr an Ärzte zu verteilen und ab 2016 Beratungshonorare, Spenden oder das Sponsoring von Fortbildungsveranstaltungen offenzulegen.[65]

Vertreter von CDU/CSU und SPD hatten während der Koalitionsverhandlungen beschlossen, ein Gesetz gegen Korruption im Gesundheitswesen nun doch im Strafgesetzbuch zu verankern und eben nicht nur im Sozialgesetzbuch –, was sehr viel weniger wirksungsvoll gewesen wäre. Bevor die erfolgten Zahlungen an die Ärzte allerdings offengelegt werden, wollen die Firmen »aus Datenschutzgründen« das Einverständnis der betroffenen Ärzte einholen. Der Knackpunkt ist geradezu offensichtlich: Gibt der Arzt das Einverständnis nicht, gibt es auch keine Veröffentlichung! Man kann sich ausmalen, wie Ärzte reagieren werden.

Was ist die »Freiwillige Selbstkontrolle für die Arzneimittelindustrie« also? Ein Schachzug der Pharmaindustrie, dem geplanten Anti-Korruptionsgesetz zuvorzukommen? Es quasi als überflüssig darzustellen, weil man sich ja schon freiwillig zu Transparenz verpflichtet hat? Genau das vermuten die Mitglieder von MEZIS. »Eine freiwillige Selbstkontrolle ist gerade dadurch gekennzeichnet, dass sie freiwillig ist, dass also weder Unternehmen noch Ärzte und Ärztinnen mitmachen müssen«, erklärt Dr. Christiane Fischer, die ärztliche Geschäftsführerin von MEZIS.[66]

Die Macht der Pharmaindustrie reicht offenbar sehr, sehr weit. Und funktioniert eine Methode nicht mehr, dann müssen eben neue gefunden werden. Wie wäre es zum Beispiel mit einem schicken Dinner? »Einmal befressen ist wie zehnmal besucht«, so steht es jedenfalls im Handbuch für Pharmavertreter.[67] Na, das ist doch was. Wie anfangs gesagt, es geht nur ums Verkaufen. Jede Pille, die geschluckt wird, steigert den Umsatz. Und wie verkauft man Pillen? Indem man Krankheiten verkauft.

5. Fluch oder Segen? – Pillen für den Zappelphilipp

Dem Mittel sei Dank! – Werbung im Zeichen der Pharmaindustrie

Und wie verkauft man Krankheiten? Indem man störendes Verhalten, Ängste und Probleme für krank erklärt und Medikamente dagegen anbietet. »Disease mongering« nennt sich dieses Erfinden von Krankheiten.

Und das geht so: »Konzentrieren ist schwer, wenn so viel los ist«; »Mal läuft's, mal nicht, ich weiß nie, was kommt«; »Viele nennen mich den Klassenclown«; »Freunde, Spielen, Sportclub – meistens ohne mich«; »Immer wieder Streit und Ärger zu Hause«.

Gefühle und Erleben eines Kindes, wie es in einer Werbung für ein ADHS-Medikament in Fachzeitschriften dargestellt wird. Angesprochen sind damit Probleme, wie sie Kinderärzte heute häufig geschildert bekommen, wenn Kinder mit ihren Eltern in der Praxis sitzen. Und für die Probleme hat die Pharmaindustrie prompt die passenden Pillen. »Jetzt neu!«, wirbt beispielsweise die Broschüre. Und nennt den Namen des Medikaments, das eine »signifikante Verbesserung der ADHS-Kernsymptomatik« erzielen soll. Was ist die Kernsymptomatik von ADHS? Na eben die Probleme des Kindes, die davor geschildert wurden. Gegen sie, so das Versprechen des Herstellers, wirkt das Medikament, und zwar 13 Stunden lang nach Einnahme um sieben Uhr morgens. Das Ergebnis: Der Junge spielt nicht mehr den Klassenclown, kann sich in der Schule gut konzentrieren, mit den Freunden läuft es auch, und abends zu Hause gibt es auch keinen Streit mehr mit den Eltern, sondern traute Heimeligkeit. Das Kind leidet nicht mehr und die Eltern auch nicht. (Verhaltens-)Problem gelöst, »Krankheit« kuriert. Dem Mittel sei Dank!

Zu Risiken und Nebenwirkungen ...

Aus störenden Kindern werden brave Kinder. Und der Arzt, der das Medikament auf seinem Rezeptblock notiert hat, kann das Gefühl haben: Ich habe effizient geholfen.

Aber stimmt das? Sind die Probleme damit wirklich gelöst? Die Firma Novartis hat zum Beispiel nie zeigen können, dass das amphetaminartige Stimulans Lernfähigkeit, Schulleistungen, Sozialverhalten bei betroffenen Kindern nachhaltig bessere, sagt Prof. Schönhöfer. Methylphenidat dämpfe aber kurzfristig Bewegungsdrang, Erregungszustände und Wutanfälle bei den Zappelphilipp-Kindern. »Daraus konstruierte die Werbung dann eine generelle Besserung bei ADHS und propagierte so die während der Schulzeit bei 70 Prozent der Betroffenen beobachtbare spontane Besserung der Symptome als Heilwirkung des Medikaments.«[68]

Von der kann aber keine Rede sein. Die Medikamente unterdrücken lediglich die Symptome, also das auffällige Verhalten. Das bringt zwar kurzfristig Entlastung, weil zum Beispiel Wutanfälle aufhören. Aber die währt nur so lange, wie das Medikament wirkt.

Die Krux ist zudem: Der Wirkstoff Methylphenidat wirkt eigentlich anregend. Bei Erwachsenen. Dass ihn nun Kinder verabreicht bekommen, die unruhig sind, klingt zunächst bizarr. Nun ist es aber so, dass die Substanzen ganz offensichtlich bei unreifen Gehirnen nicht erregend, sondern dämpfend wirken. Deshalb wurden überaktive Kinder unter der Wirkung ruhiger, »Schreikinder« verstummten. »Und deshalb meinte man, das würde bei der ADHS die Unruhe, den Bewegungsdrang, die Konzentrationsschwäche der Kinder bessern«, erklärt Schönhöfer. Das ist aber nicht der Fall. Es unterdrückt die motorischen Erregungszustände, aber dämpft die Hirnleistung insgesamt. Deshalb könnten Kinder, die das Medikament über lange Zeit regelmäßig einnehmen, nicht lernen, besser mit ihrer Tagesbelastung umzugehen. Die mögliche Gefahr: Ihre Entwicklung wird nachhaltig gehemmt. Die Spätfolgen sind bislang noch unbekannt.

Dazu kommen andere nicht unerhebliche Nebenwirkungen: Unruhe, Agitiertheit, Appetitlosigkeit, Herzrhythmusstörungen.

Zwar gibt es das Betäubungsmittelgesetz in Deutschland, da es aber keine wirklichen Kontrollmechanismen gebe, sieht der Bremer Gesundheitsökonom Prof. Gerd Glaeske die Krankenkassen in der Pflicht. Diese sollten sehr viel stärker kontrollieren, welcher Arzt diese Mittel verordnet. »Letzten Endes geht es um die Risiken und die Sicherheit der Verordnungen für die Kinder. Das sollte hoch anstehen.«

Beunruhigend ist in diesem Zusammenhang weiterhin, dass mittlerweile auch immer mehr Kinder unter sechs Jahren mit Methylphenidat behandelt werden. »Das nennt man Off-Label-Use, eine Anwendung außerhalb der

Zulassung«, erklärt Gerd Glaeske. Und warnt: »Das müssen die Ärztinnen und Ärzte vertreten. Die Hersteller werden keine Haftung übernehmen, wenn es zu Risiken kommt.«

Seit Mai 2013, mit dem Erscheinen des neuen amerikanischen Diagnosekatalogs *DSM-5*, sind die Diagnosen noch weiter gefasst: Zur Diagnose der verbreiteten Aufmerksamkeitsdefizit-/Hyperaktivitätsstörung genügt es in Zukunft, dass die Symptome bis zum zwölften Lebensjahr das erste Mal auftreten. Im vorherigen Diagnosekatalog *DSM-IV* musste dies bereits bis zum siebten Geburtstag geschehen sein. (Mehr dazu in Kapitel III.) Betont wird nun auch, dass ADHS bis ins Erwachsenenalter anhalten kann.

ADHS bei Erwachsenen

Immer jünger? Immer früher? Es gibt noch einen anderen Trend: Auch Erwachsene bekommen jetzt häufiger die Diagnose ADHS bescheinigt und erhalten dementsprechend Medikamente. Ist das Kind auffällig, wird die Mutter gleich mit getestet.

Wie im Fall von Martina Hansen.[69] Ihr Sohn David fiel schon im Kindergarten auf. Er war unruhig, unkonzentriert, rastete manchmal aus. Sie habe viel ausprobiert, erzählt die Mutter, sie waren bei der Familienhilfe und David bei einem Therapeuten. Dann habe sie das Kind auf ADHS testen lassen und auch selbst den Test gemacht. Beide waren positiv. Seitdem fühlt sich die Mutter ein Stück weit erleichtert. Schließlich könne sie sich nun erklären, warum sie selbst oft Schwierigkeiten gehabt habe, früher in der Schule und später im Job. Auch in Bezug auf Davids Verhalten sehe sie nun einiges klarer. Jetzt schlucken Mutter und Kind Pillen, das Leben fühlt sich leichter an.

Die Pharmafirma Medice hat für Erwachsene wie Martina Hansen *Medikinet adult* auf den Markt gebracht. Große Chance, noch mehr Geld zu machen. Für jeden in der Familie die passende Dosierung.

Die Verschreibung an die Erwachsenen ist möglich, seit die Zulassung der Medikamente auf über 18-Jährige im Jahr 2011 erweitert wurde. Nun steigen die Diagnosen rasant an. Warum? Wie wir gehört haben, kann durch die langfristige Einnahme von Methylphenidat die kindliche Entwicklung gehemmt werden. Was passiert also, wenn Kinder mit ADHS, die mit Methylphenidat behandelt wurden, das Mittel im Erwachsenenalter absetzen? Es könne sein, dass dieselben Störungen wieder auftreten, glaubt Schönhöfer. »Und dann kriegen sie wieder Methylphenidat.«

»Das schafft doch kein Mensch einfach so« – warum ein Erwachsener *Ritalin* nimmt

Aus *Ritalin*-Kindern werden *Ritalin*-Erwachsene. Verschieben wir die Krankheit aus dem Jugend- ins Erwachsenenalter, weil wir verhindern, dass sie ausheilt? Oder nutzen Erwachsene die Mittel einfach weiter, weil sie wissen, wie sie wirken, und weil sie möglicherweise abhängig geworden sind?

Jan Meinrad[70] nimmt *Ritalin*, obwohl er schon 22 Jahre alt ist. Warum? Bis vor Kurzem habe er studiert, erzählt er uns. BWL und Jura. »Da hatten wir 18 bis 22 Stunden pro Tag zu arbeiten«, sagt er. »Das schafft doch kein Mensch einfach so. Das ist Knochenarbeit.« Die Studienzeit sei viel zu kurz und es sei unheimlich viel Stoff. Und da kam er irgendwann auf die Idee mit dem *Ritalin*.

Als Kind hat er das schon mal genommen, nachdem eine Lehrerin ihm eine Aufmerksamkeitsstörung bescheinigt und empfohlen hatte, er solle Medikamente dagegen nehmen. »Meine Mutter ist Ärztin und hatte damit überhaupt kein Problem. Dann habe ich es halt eine Zeit lang genommen. Aber man darf es ja nur bis man volljährig ist verschrieben bekommen.«

Jan Meinrad beginnt sein Studium. Als der Stress dann nicht mehr auszuhalten ist, geht er zum Arzt und bittet ihn darum, ihm das Medikament zu verschreiben. Dieser weigert sich – es handele sich ja um Arzneien, die unter das Betäubungsmittelgesetz fallen. Meinrad versucht es beim nächsten Arzt – bei ihm klappt es. Auch er habe zwar durchschaut, was der Student wollte, aber dazu lediglich augenzwinkernd gesagt: »Sie haben vermutlich gerade viel um die Ohren. Das ist es OK, wenn Sie mal ADHS-Präparate nehmen.« Dann hat er ihm pro Semester ein Rezept aufgeschrieben. Meinrad ist selbst erstaunt, wie einfach das ging. »Irre, oder? Jedes Semester bekam ich einfach so meine Packung.« Sich mit Amphetaminen zum Durchhalten zu bringen, sei an der Uni ganz normal, erzählt er weiter. »Darüber regt sich keiner auf. Entweder findet man einen Arzt, der es einem verschreibt, oder man verschafft sich die Pillen auf anderen Wegen. Viele Studenten verticken Tabletten für fünf bis zehn Euro das Stück.«

Mittlerweile hat Jan Meinrad einen Job. Ganz auf die Arzneien verzichten will und kann er auch nicht: »Es gibt immer wieder Situationen, zum Beispiel, wenn ich eine dringende Abgabe habe und nachts durcharbeiten muss oder wenn ich vor einer Präsentation nervös bin, da schluck ich halt eine Pille. Das kann doch nicht gefährlich sein. Schließlich nehmen es ja schon die Kinder.«

Schöne Aussichten?

Der Markt mit Medikamenten gegen das Zappelphilipp-Syndrom ist groß. Immerhin: Er stagniert derzeit. 2012 haben Apotheken erstmals zwei Prozent weniger Arzneimittel mit dem Wirkstoff Methylphenidat bestellt. Ein gutes Zeichen?

Der »wissenschaftliche Vater« von ADHS, Leon Eisenberg, würde das womöglich bejahen. Kurz vor seinem Tod 2009 distanzierte sich Eisenberg von seiner eigenen Entdeckung. Der frühere Leiter der Psychiatrie am renommierten Massachusetts General Hospital in Boston hatte zuvor die Explosion der Verschreibungen mit wachsendem Entsetzen verfolgt. »ADHS ist ein Paradebeispiel für eine fabrizierte Erkrankung«, sagte Eisenberg. Niemals hätte er gedacht, erzählte er in einem seiner letzten Interviews, dass seine »Erfindung« einmal derart populär würde. Statt schnell zur Pille zu greifen, sollten Kinderpsychiater viel gründlicher die psychosozialen Gründe, die zu Verhaltensauffälligkeiten führen können, ermitteln, lautet Eisenbergs Fazit.[71]

Schön wär's. Stattdessen arbeitet die Pharmaindustrie bereits am nächsten Verkaufsschlager für Kinder. Den sogenannten Neuroleptika, entwickelt für Erwachsene zur Dämpfung schwerer Psychosen. Experten wie Prof. Schönhöfer warnen: »Die neueste Gefahr für Kinder ist die Behandlung mit Neuroleptika. Das sind Arzneimittel, die ursprünglich zur Behandlung der Schizophrenie gedacht waren, die jetzt aber im Rahmen einer Marktverbreiterung auch für Kinder empfohlen werden, die unruhig sind, die Wutanfälle haben.«

KAPITEL III

Nur für Erwachsene!? – alte Pillen, neue Kinderkrankheiten

Zu wild? Zu wütend? Zu traurig? Zu ängstlich? Welche Gefühlsintensitäten tolerieren wir bei Kindern und Jugendlichen? Immer weniger offenbar. Wie sich zeigt, hat sich die Schwelle zwischen dem, was wir als »in Ordnung« empfinden, und dem, was in unseren Augen bereits »gestört« ist, erheblich gesenkt. Mit anderen Worten: Was früher noch »normal« war, ist heute oft schon grenzwertig und behandlungsbedürftig, wird also als krankhaft bezeichnet. Das eröffnet neue Marktfelder für die Medikamentenindustrie. Wie die zu bestellen sind, hat der Siegeszug von ADHS gezeigt. »ADHS hat den Firmen quasi die Blaupause für das Erfinden von Krankheiten geliefert«, sagt Prof. Peter Schönhöfer. Und hat das Kind erst einmal einen Namen beziehungsweise eine Störung, dann schnellen die Diagnosen in die Höhe. Auch das hat die Geschichte von ADHS gezeigt. Dann wird immer öfter zum Rezeptblock gegriffen. Auf dem stehen dann keineswegs nur neue Medikamente, die eigens gegen die »neuen Störungen« entwickelt wurden, sondern auch Psychopharmaka, die schon lange auf dem Markt sind – als Medikamente für Erwachsene. Eine Warnung in drei Kapiteln:

1. Neuroleptika: »Gehirnweichmacher« für Trotzköpfe und Angsthasen

Erst ADHS und nun noch Asperger – Sven kann einfach nicht »normal« sein

Sven ist ein trotziger Junge. Einer, der schnell mal ausrastet, wenn ihm jemand querkommt. Elf Jahre ist er alt und heißt eigentlich nicht Sven. Doch wie so oft, wenn es um verhaltensauffällige Kinder geht, wollen die Familien ihre Geschichte erzählen, aber bitte anonym bleiben. Denn da ist immer auch Scham – darüber, dass es bei ihnen nicht »normal« läuft, dass das Kind sich nicht »normal«, das heißt unauffällig verhält. Sie scheuen die neugierigen oder abschätzigen Blicke, die latenten oder offenen Konfrontationen nach dem Motto: »Können Sie Ihr Kind nicht richtig erziehen?« Das verletzt. Und so treibt das Leid in den sozialen Rückzug. Verhaltensauffälligkeiten isolieren. Das Kind. Und die Familie.

Seit ein paar Tagen geht es Sven sehr schlecht. Er will morgens nicht aufstehen, nicht mehr in die Schule gehen. Er hat es schwer in der Klasse. Eckt überall an. Trotz guter Noten muss er womöglich bald auf die Förderschule. Dabei nimmt er bereits jede Menge Medikamente, wie seine besorgte Mutter erklärt.

Die Familie lebt in einem Vorort, nahe einer 250.000-Einwohner-Stadt im Norden Deutschlands. Die Straße, die an ihrem Haus vorbeiführt, ist sauber gekehrt. Die alten

Klinkerhäuschen in der Nachbarschaft sind alle schön saniert. Es gibt eine kleine Bäckerei mit Fensterverkauf. Der Duft nach Selbstgebackenem liegt in der Luft. Alles gut in Schuss. Alles auf der Reihe.

Sven nicht. Warum nur? Diese Frage stellt sich seine Mutter jeden Tag aufs Neue. Die Probleme fingen an, da war der Junge gerade mal drei Jahre alt. Die Familie pflegt zu dieser Zeit den krebskranken Vater, da wird Sven verhaltensauffällig, ist ständig unruhig, zappelig. Die Diagnose des Arztes lautet: ADHS. Seit er sechs ist, bekommt Sven Medikamente dagegen. Zunächst das Medikament *Strattera*, dann *Medikinet*. »Ich habe mich damit schwergetan, ihm die Präparate zu geben«, erzählt seine Mutter. »In der Grundschule wurden die Probleme dann aber massiver. Immer wieder gab es Streit mit anderen Kindern.« Sven wird von der Klassenfahrt ausgeschlossen. Ständig beschweren sich andere Eltern über ihn. Der Junge wird zum Buhmann, weil er immer ausrastet, seine Reaktionen nicht unter Kontrolle hat. Svens Mutter bekommt jedes Mal einen Schreck, wenn das Telefon klingelt. »Ich habe immer Angst, es gibt schon wieder Ärger mit Sven.« Deswegen fährt sie ihn auch mit dem Auto zur Schule und holt ihn wieder ab. Jeden Tag. »Ich würde gern wieder arbeiten«, gibt sie zu. Aber das sei nicht möglich, denn Sven könne nicht mit dem Schulbus fahren. »Wenn andere Kinder ihn nur mal anrempeln, dann versteht er das gleich als Affront.«

In unserer Gesellschaft sei es schwer, ein auffälliges Kind zu haben, sagt sie. Wer kein »normales Kind« habe, werde ausgegrenzt. Sie sei eigentlich ein geselliger Typ und hilfsbereit. »Wenn irgendwo ein Kuchen gebacken werden muss, bin ich die Erste, die den Finger hebt. Aber wenn

Sie so ein Kind haben, dann werden Sie von allem ausgeschlossen. Da lädt Sie keiner mehr ein, Sie geraten ins Abseits.« Sie würde sich wünschen, dass Anderssein akzeptiert wird. Das sei aber nicht der Fall. »Also geben wir unseren Kindern Pillen, damit sie funktionieren.«

Svens Mutter besucht regelmäßig eine ADHS-Selbsthilfegruppe. Dort hört sie zum ersten Mal von der Autismus-Spektrum-Störung und dem sogenannten Asperger-Syndrom. »Ich wusste sofort, dass er das hat«, erzählt sie. In einer Tagesklinik wird Sven untersucht, ihr Verdacht bestätigt sich. Sven bekommt die Diagnose »Asperger-Syndrom«. Seitdem nimmt er zusätzlich zu *Medikinet* noch ein weiteres Medikament: *Risperdal*. Ein Neuroleptikum. Er bekommt die Höchstdosis. Das Medikament hemmt seine Impulsivität. »Er ist endlich ruhiger«, sagt seine Mutter. »Für uns ist das ein Segen.«

Sven hat durch *Risperdal* auch wieder Appetit bekommen. Vorher hat er kaum etwas gegessen. Denn *Medikinet* – mit dem Wirkstoff Methylphenidat – zügelt den Appetit, *Risperdal* regt ihn an.

»Wenn er draußen ist und wir Urlaub auf dem Bauernhof machen, wenn er sich richtig austoben kann, dann geht es ihm gut.« Svens Mutter schweigt. Dafür hätten sie aber kein Geld mehr, fügt sie dann hinzu. Dabei würde sie Sven gern einmal in eine ADHS-Ferienmaßnahme schicken. Aber das sei nicht drin.

In der Schule gibt es inzwischen wieder Schwierigkeiten. Svens Mutter fragt sich, ob die Psychopharmaka doch nicht so wirken, wie sie es sich erhofft hat. »An der Schule haben sie allmählich keine Geduld mehr.« Sie macht sich große Sorgen um ihr Kind, das einfach nicht »normal sein kann« – trotz all der Medikamente. Sie habe jeden Tag

Angst, ihre Gedanken kreisen ständig um ihren Sohn. Jeden Morgen wacht sie mit der bangen Frage auf: »Wie viel Zeit bleibt Sven noch, bis er in die Förderschule muss?«

»Darf man das?« – Neuroleptika gegen Autismus, Asperger & Co.

Autismus-Spektrum-Störung? Asperger? Kindern, die nicht eindeutig in das ADHS-Raster passen, die aber dennoch als auffällig gelten, werden jetzt vermehrt Störungen attestiert, deren Namen man früher kaum kannte. Dabei kann es sich um sehr zurückhaltende, schüchterne Kinder handeln oder aber um besonders auffällige Kinder, die plötzlich Wutanfälle bekommen, aggressiv werden und wie Sven leicht »ausrasten« und um sich hauen. Sie bekommen die Diagnose: Autismus-Spektrum-Erkrankung. Diese Diagnose gibt es erst seit Mitte der 1990er-Jahre.

Behandelt wird diese ebenso wie andere »Störungen des Sozialverhaltens« bei Kindern immer häufiger mit Neuroleptika. »Darf man das?«, fragt der renommierte Psychiater und Nervenarzt Prof. Asmus Finzen in seinem Aufsatz für die Fachzeitschrift *Soziale Psychiatrie*.[72] Denn Neuroleptika, auch als Antipsychotika bezeichnet, sind Psychopharmaka mit einer sedierenden Wirkung. Sie stellen Kinder, die aggressiv oder trotzig sind oder sozial auffallen, einfach ruhig. Der Kinderarzt Stephan Heinrich Nolte warnt vor den Folgen: »Neuroleptikum heißt auf Deutsch ›Gehirnweichmacher‹. Das heißt, ›die Patienten gefügiger machend‹! Diese Medikamente haben alle sehr tiefgreifende Nebenwirkungen und sind grundsätzlich als sehr gefährlich einzustufen.«[73]

Ursprünglich waren Neuroleptika dazu gedacht, Psychosen und Schizophrenie bei Erwachsenen zu bekämpfen. Psychotisch Erkrankte glauben zum Beispiel, sie würden verfolgt. Oder ihre Wohnung sei verwanzt. Sie leiden je nach Ausprägung unter Wahnvorstellungen und sind der Realität weit entrückt. Sie werden tätlich aggressiv gegen andere oder gegen sich selbst. Akutpatienten mit Psychosen agieren so verstörend anders und außerhalb des gewohnten Sozialverhaltens, dass Laien dies als bedrohliche Geisteskrankheit wahrnehmen. Im geduldigen, zeitintensiven therapeutischen Dialog und Austausch sind solche Patienten kaum mehr erreichbar. Psychopharmaka sind bei diesen Patienten dann angebracht, nicht zuletzt, um sie in einer akuten Phase ihrer Erkrankung vor sich selbst zu schützen. Und andere vor ihnen.

Diese Psychopharmaka werden aber inzwischen immer häufiger auch Kindern und Jugendlichen gegeben. Die Barmer GEK hat die Daten von mehr als 1,5 Millionen Kindern und Jugendlichen in Deutschland ausgewertet und festgestellt, dass die Zahl der mit Neuroleptika Behandelten im Zeitraum von 2005 bis 2012 von 3.611 auf 4.518 anstieg. Bei den 10- bis 14-Jährigen verdoppelte sich die Zahl der Verordnungen in dieser Stichprobe nahezu. Unter den Kindern und Jugendlichen, die Antipsychotika bekommen, sind übrigens wesentlich mehr Jungen als Mädchen – ein ähnlicher Trend wie bei den Verschreibungen gegen ADHS.[74]

Was steckt hinter dem Anstieg der Verordnungen? Der Bremer Gesundheitsökonom und Sozialforscher Gerd Glaeske hat einen Verdacht, der beunruhigt: »Wahrscheinlich sind die Neuroleptika die neuen Ersatz- oder Ergänzungsmittel für *Ritalin* und Co.«, sagt er. »Mich beunruhigt die Zunahme der Neuroleptika-Verordnungen sehr, denn offensichtlich wird das Spektrum der Medikamente, mit denen Kinder angepasst werden sollen, jetzt auch auf diese stark wirksamen Substanzen ausgeweitet«, so Glaeske. Besonders fragwürdig findet er, dass die Gründe für die Verordnungen in der Studie selten nachvollziehbar waren. Gerd Glaeske hat zusammen mit Kinder- und Jugendpsychiatern aus Marburg und Frankfurt untersucht, wie viel Neuroleptika Kinder in Deutschland verordnet bekommen und warum das so ist. Das Ergebnis: Meistens wurden Kindern und Jugendlichen die Mittel »off-label« gegeben, das heißt ohne für die Behandlung des Leidens zugelassen zu sein. Häufigste Indikation in der Studie war mit großem Abstand ADHS, gefolgt von Störungen des Sozialverhaltens, Intelligenzminderung, Angststörungen und Depressionen.[75] »Nur weniger als zehn Prozent der Verschreibungen waren medizinisch indiziert«, sprich wirklich notwendig, so Glaeske.[76]

Asmus Finzen spricht von einem Skandal. Eine solche explosionsartige Steigerung der Verordnungszahlen bei Kindern und Jugendlichen dürfe nicht sein. Bereits 2009 warnte er in einem Fachartikel vor den Folgen. Denn schon in der Zeit von 2001 bis 2006 ermittelte die AOK einen Anstieg um das 36-Fache (!) bei den Verordnungen für 10- bis 15-Jährige. Finzen schreibt: »Die einzige wirkliche Indikation für Neuroleptika bei Kindern besteht bei einer Psychose. Aber kindliche Psychosen sind selten, und niemand kann uns weismachen, dass die Häufigkeit kindlicher Psychosen in nur fünf Jahren um das 36-Fache zugenommen haben soll.«[77]

Die Zahlen wecken den Verdacht: Sind Neuroleptika am Ende einfach eine gute Gelegenheit für Pharmafirmen,

Kinder von klein auf als Patienten zu gewinnen? Gerd Glaeske vermutet genau das. Er sei »zu der Erkenntnis gekommen, dass in den letzten Jahren die psychischen Erkrankungen, bei denen Neuroleptika bei Kindern eingesetzt werden, nicht angestiegen sind. Das heißt, man könnte vermuten, dass auf der einen Seite vielleicht Ärzte einen Trend nutzen, den es auch in den USA gibt, dort werden Neuroleptika häufig bei Kindern eingesetzt. Aber dass zum Zweiten dieser Trend auch von den Neuroleptika-Herstellern, von den Firmen den Ärzten vermittelt wird, und dass diese Werbung in Anführungsstrichen bei den Ärzten auch zieht.«[78]

Blicken wir in die USA. Wie kam dieser »Trend« dort zustande? Warum? Was sind die Folgen? Und: Kann das auch in Deutschland passieren?

»Sie haben ihm seine Kindheit geraubt« – Warum einem Jungen Brüste wuchsen

USA, Bundesstaat Pennsylvania: Josh ist sechs Jahre alt, als seine Eltern 2004 Hilfe bei einem Neurologen suchen. Der Junge macht immer wieder unkontrollierte Bewegungen, stößt sich ständig, verletzt sich dabei. Der Facharzt diagnostiziert eine sogenannte Tic-Störung – das Tourette-Syndrom – und empfiehlt dem Jungen das Neuroleptikum *Risperdal*.

Risperdal mit dem Wirkstoff Risperidon gehört zu den am häufigsten verordneten Neuroleptika. Der Hersteller, das amerikanische Pharmaunternehmen Johnson & Johnson, betont auf Anfrage schriftlich, das Mittel sei in Deutschland nur eingeschränkt für Kinder zugelassen. In den USA wird *Risperdal* schon seit Jahren an verhaltensauffällige Kinder verschrieben, obwohl es erst 2006 dafür zugelassen wurde. Die möglichen Folgen dieser Behandlung wurden lange verharmlost.

Auch der Facharzt versichert Joshs Eltern, dass das Mittel unbedenklich sei. Cynthia S., die Mutter, erinnert sich: Er habe beteuert, *Risperdal* sei das sicherste Medikament, das es gebe. »Wir sollten der Pharmafirma vertrauen, dass sie nichts empfehlen würde, was Kindern schaden könnte«, erzählt sie. Was die Eltern damals nicht erfahren: Das Neuroleptikum ist zu diesem Zeitpunkt für Kinder nicht zugelassen. Sie glauben den Versicherungen des Arztes. Ihr Sohn nimmt das Medikament vorschriftsmäßig ein. Zunächst scheint das Psychopharmakon gut zu wirken, die Tics hören auf, der Junge wirkt gedämpft. Doch dann kommen erste Anzeichen einer körperlichen Veränderung. Josh ist zehn, als ihm Brüste wachsen. Was ihrem Sohn widerfuhr, hätte niemals passieren dürfen, sagt Cynthia S. heute.

Joshs Familie wohnt in einer kleinen Stadt, in einem kleinen Haus mit Garten. Hier kennt jeder jeden. Es sei ihm damals furchtbar peinlich gewesen, berichtet Josh über seinen Leidensweg. »Ich hatte Angst, weil ich dachte, das kann doch nicht normal sein.« Zunächst seien es nur kleine Knoten in der Brust gewesen, die allerdings sehr schmerzhaft waren. Der Arzt, den sie immer wieder aufsuchen, habe versucht zu beruhigen. Das sei ganz normal, so was könne in der Pubertät vorkommen und würde nach sechs Monaten wieder verschwinden, habe der Mediziner versichert. Doch die Knoten und die Schmerzen verschwinden nicht. Cynthia S. hat schon damals den Verdacht, dass der Zustand ihres Kindes mit *Risperdal* zusammenhängt und besteht deshalb darauf, dass ihr Sohn das Medikament nach und nach absetzt. Doch auch danach wachsen die Brüste weiter. Josh ist verzweifelt. »Ich hatte richtige Brüste, wie ein Mädchen«, erzählt er. »In der Schule haben sie sich über mich lustig gemacht, ich habe mich geschämt, es war schrecklich.« Josh zieht sich immer mehr zurück, will keinen Sport mehr machen, um zu vermeiden, dass er im Umkleideraum das T-Shirt vor anderen wechseln muss. Auch im Urlaub mit der Familie versteckt er seinen Körper. Nur ein paar wenige Fotos aus der Zeit zeigen einen sportlichen Jungen, im Schwimmbad auf den Schultern des Bruders mit nacktem Oberkörper. Und mit weiblichen Brüsten.

Brustwachstum bei Jungen? David Kessler, der ehemalige Chef der amerikanischen Gesundheitsbehörde »Food and Drug Administration« (FDA), erhebt deshalb schwere Vorwürfe gegen den Hersteller von *Risperdal*. Schon in einer 2003 veröffentlichten Studie habe der Hersteller Johnson & Johnson mögliche Nebenwirkungen des Medikaments verharmlost und nur deshalb die Zulassung von *Risperdal* erst für Erwachsene und dann 2006 für Kinder erhalten. So wurde laut Kessler in der Studie nicht hinreichend darauf hingewiesen, dass durch das Medikament der Hormonspiegel von Prolaktin steigen kann. Ein erhöhter Prolaktinwert kann Brustwachstum bei Jungen auslösen, eine sogenannte Gynäkomastie.

Die Pharmafirma habe schon damals nicht deutlich genug auf mögliche Nebenwirkungen des Medikaments bei heranwachsenden Jungen hingewiesen und Ärzte nicht ausreichend über die Risiken einer Gynäkomastie aufgeklärt, kritisiert Kessler in einem eidesstattlichen Bericht.[79]

Bis heute quält Joshs Mutter die Frage, wie viel ihr Arzt damals über die Risiken von *Risperdal* wusste: »Ich möchte diesem Neurologen vertrauen, dass er nichts über diese Nebenwirkungen wusste. Ich will einfach nicht glauben, dass er sonst so ein Medikament an Kinder verschrieben hätte. Ich hoffe, er wurde genauso von der Pharmafirma ausgetrickst wie wir.«

Mit 13 Jahren entschließt sich Josh, seine Brüste amputieren zu lassen. Er hofft, so ein Stück Normalität in sein Leben zurückholen zu können. Niemand soll von der Operation erfahren, es ist Josh zu peinlich. Kurz vor Weihnachten wird der chirurgische Eingriff vorgenommen. Auf Fotos sieht man den 13-Jährigen im Krankenbett mit dickem Verband um den Oberkörper, Wundschläuche ragen rechts und links aus dem Mull heraus.

Auch am Handgelenk trägt der Junge einen Verband. Er hat sich dort zeitgleich zu seiner Brust-OP eine Zyste entfernen lassen. Es ist sein Alibi für die Schule und die Freunde, warum er überhaupt ins Krankenhaus musste. »Kein Kind sollte solche Operationen durchmachen müssen«, sagt seine Mutter. »Sie haben ihm seine Kindheit geraubt, und auch als Heranwachsender konnte er all das nicht machen, was andere machen.«

Nach der Operation versucht die Familie, nach vorne zu blicken. Josh geht es zunehmend besser, die Wunden verheilen, geblieben sind zwei dunkle, dünne Narben quer über jeder Brust. Erst Anfang 2013, rund vier Jahre nach dem Eingriff, erfährt er, dass er sein Schicksal mit vielen anderen Jungen in den USA teilt. Es war reiner Zufall, erzählt Josh: »Meine Mutter hat zufällig den Werbespot einer Anwaltskanzlei im Fernsehen gesehen, der sich an Betroffene wendet. An Jungen, die *Risperdal* genommen haben und an einer Gynäkomastie leiden. Wie ich.«

Cynthia S. recherchiert im Internet und wird schnell fündig. »Uns war überhaupt nicht klar, wie viele dieser Fälle es gibt«, sagt sie. »Nach der Operation hatte ich versucht, damit abzuschließen, weil mir kein Arzt zuhörte und mein Verdacht von niemandem bestätigt wurde.«

Die Familie will jetzt gegen Johnson & Johnson klagen. Die Eltern vermuten, dass *Risperdal* das Brustwachstum verursacht hat. »Wir wollen, dass der Konzern für das, was er uns angetan hat, die Verantwortung übernehmen muss.«

In den USA gibt es inzwischen mehr als 1.000 Klagen von Familien gegen Johnson & Johnson.

Bipolare Störungen – oder: Wie *Risperdal* zum Milliardengeschäft in den USA wurde

Aber warum wurde ein Mittel, das für die Behandlung von Kindern weder erdacht noch erforscht wurde, überhaupt so plötzlich von Ärzten im ganzen Land den jungen Patienten empfohlen? Tausende Kinder und Jugendliche in den USA haben seit Beginn der 2000er-Jahre *Risperdal* geschluckt.

Die fragwürdige Erfolgsgeschichte in den USA zeigt, wie leicht es offenbar ist, mit offensiven Vermarktungsstrategien und gekauften Wissenschaftlern erst eine Krankheit zu erfinden und dann mit dem passenden Medikament den Markt zu erobern.

Eine entscheidende Rolle dabei spielt der vielbeschäftigte, anerkannte Kinderpsychiater und Harvard-Professor Joseph Biederman. Er empfahl kurz nach der Jahrtausendwende, das Medikament auch bei Kindern einzusetzen. *Risperdal* helfe bei Kindern mit einer sogenannten Bipolaren Störung, erklärte er immer wieder vor Fachpublikum. Seine

Untersuchungen hätten das belegt. Was Prof. Biederman verschwieg: Seine wissenschaftlichen Arbeiten wurden teilweise gesponsert vom Hersteller des Neuroleptikums, der Pharmafirma Johnson & Johnson.

Im Rahmen einer Untersuchungskommission des US-Senats fand der Senator Chuck Grassley 2008 heraus, dass Joseph Biederman rund 1,6 Millionen Dollar von Pharmafirmen kassiert hatte. Dies hatte Biederman bei der Harvard University nicht angegeben, obwohl er eigentlich zur Offenlegung verpflichtet gewesen wäre. 2009 wurden Gerichtsdokumente öffentlich, die Aufschluss über die Zusammenarbeit zwischen dem Harvard-Professor und dem *Risperdal*-Hersteller geben. Darin versichert Joseph Biederman schon vor Beginn seiner Studien, er werde nachweisen, dass der Wirkstoff Risperidon auch bei Vorschulkindern wirksam sei.[80]

Joseph Biederman gilt schon zu diesem Zeitpunkt als einer der einflussreichsten Forscher auf dem Gebiet der Kinderpsychiatrie, genießt große internationale Anerkennung dafür, dass er seine Arbeit auf Kinder mit schweren psychischen Störungen konzentriert. Seine Studien erzielen große Wirkung. Denn Biederman ist nicht nur Professor an der Elite-Uni, sondern auch Leiter der Kinderpsychiatrie am renommierten Massachussetts General Hospital. In seinen Studien kommt er zu dem Ergebnis, dass es sich bei Kindern mit extremen Gemütsschwankungen um eine »Bipolare Störungen« handele. *Risperdal* sei ein geeignetes Mittel dagegen.

Eine neue Kinderkrankheit war geschaffen: Allein zwischen 1994 und 2003 ist in den USA die Zahl der Jugendlichen mit der Diagnose »Bipolare Störung« um das 40-Fache gestiegen.[81]

»Sagten Sie Gott?« – wie ein Kinderpsychiater eine Krankheit erschuf

Der Anwalt Fletch Tramell hat die Rolle Biedermans bei der Vermarktung von *Risperdal* untersucht. Seine Kanzlei in Houston hat bereits mit Erfolg zahlreiche Klagen gegen den Hersteller Johnson & Johnson geführt. Ohne den Kinderpsychiater wäre eine so erfolgreiche Verbreitung des Mittels nicht möglich gewesen, davon ist der Anwalt überzeugt. Dr. Biederman habe den Pharmakonzern dabei unterstützt, ein zu der Zeit nicht zugelassenes Medikament anzupreisen, und dabei den Schaden, den das Mittel bei Kindern anrichten kann, schlicht verschwiegen, so lautet der Hauptvorwurf des Anwalts.[82]

Mehr noch: Joseph Biederman habe sich dafür starkgemacht, *Risperdal* auch verhaltensauffälligen Kindern zu verschreiben, obwohl es dafür nicht zugelassen war. Fletch Tramell fasst es so zusammen: »Dr. Biederman hat eine enorme Rolle dabei gespielt, die Diagnose zu definieren und diese mit einer antipsychotischen Behandlung, insbesondere mit *Risperdal*, zu verbinden. Der Pharmakonzern Janssen [eine Tochterfirma von Johnson & Johnson, Anm. d. Autoren] wusste genau, wie nützlich Dr. Biederman für sie war, und das war der Grund für die Geldlawine, die nach Harvard floss und in die Taschen von Dr. Biederman.«

Der Anwalt zeigt Dokumente, die das belegen. Er erklärt das Prinzip so: »Dr. Biederman hat keine wirklichen Studien gemacht. Die angeblich wissenschaftlichen Papiere wurden von der Marketingabteilung von Johnson & Johnson erstellt, und Dr. Biederman bekam Geld dafür, dass er seinen Namen darunter setzte. Diese Papiere wurden an Arztpraxen im ganzen Land verteilt. Dr. Biederman bekam

Geld dafür, weil er als berühmter Fürsprecher auftrat. Johnson & Johnson richtete ihm sogar ein Forschungszentrum in Harvard ein.«[83]

Anwalt Tramell hat Joseph Biederman zu den Vorwürfen in einer eidesstattlichen Anhörung befragt. Der Professor habe keinerlei Unrechtsbewusstsein gezeigt. »Dr. Biederman ist sehr von sich überzeugt. Er bestreitet die Nebenwirkungen von *Risperdal* und beruft sich dabei auf seine Erfahrungen. Er behauptet nach wie vor, die Vorteile des Mittels würden überwiegen. Wissenschaftliche Belege hat er nicht. Biederman findet, wenn er sagt, das ist so, reicht das.«

Fletch Tramell zeigt uns einen Video-Ausschnitt aus der Befragung Biedermans vor Gericht. Darin fragt er Biederman nach dessen exaktem beruflichen Status:

»Welche Professur haben Sie inne?«

Joseph Biederman antwortet knapp: »Ordentlicher Professor.«

»Was kommt danach?«, fragt Tramell.

»Gott«, antwortet Biederman mit unbeweglicher Miene.

»Sagten Sie Gott?«, hakt Tramell leicht irritiert nach.

Biederman trinkt einen Schluck Wasser und antwortet ungerührt: »Ja.«

Ein Kinderpsychiater, der sich nur eine Stufe unter Gott sieht – ist Biederman allein mit seiner, vorsichtig ausgedrückt, »selbstbewussten« Haltung? »Nein«, sagt Fletch Tramell. »Biederman ist das, was die meisten Ärzte in unserem Land gerne wären. Er hat unglaublich viel Geld gemacht aufgrund seines guten Rufes. Er ist selbst davon überzeugt, dass seine Erfahrung, sein Wort gelten und er keine Wissenschaft braucht, um das zu belegen.« Leider scheine es in der Psychiatrie so zu sein, dass die meisten

Ärzte ihre Arbeit eher als Kunst und nicht als Wissenschaft verstehen würden, sagt der Anwalt. Es gebe nicht viele wissenschaftliche Informationen, die den Gebrauch von antipsychotischen Medikamenten unterstützen, also würden sich die Ärzte auf statistische Annahmen verlassen. Tramell erklärt: »Biederman ist ein extremes Beispiel dafür, und ich finde es höchst alarmierend, weil es um Kinder geht und seinen Glauben, ihnen die Mittel verschreiben zu müssen. Aber er ist keineswegs außergewöhnlich. Nur die Summe, die er damit verdient hat, ist außergewöhnlich hoch.«

Weder die Gefälligkeitsgutachten noch der verschwiegene Millionenbetrag haben dem Ruf des Harvard-Professors geschadet. Strafrechtliche Konsequenzen gab es keine. Anfragen zu den Vorwürfen beantwortet Joseph Biederman nicht. Er lehrt weiterhin als Professor in Harvard und ist Leiter der Kinderpsychopharmakologie im Massachusetts General Hospital in Boston.

Risperdal wird dennoch gesellschaftsfähig: Im Oktober 2006 wird das Mittel durch die amerikanische Gesundheitsbehörde FDA auch für Kinder und Jugendliche zugelassen. Das Medikament dürfe bei Kindern mit autistischen Störungen verordnet werden, aber auch in Fällen von Aggressionen, Selbstverletzungen und Stimmungsschwankungen, heißt es von Seiten der Behörde.[84]

Im Beipackzettel wird seitdem auf die möglichen Nebenwirkungen bei Kindern und Jugendlichen hingewiesen, darunter das Risiko einer Gewichtszunahme oder einer Hyperprolaktämie. Wie beschrieben gilt Hyperprolaktämie, also ein erhöhter Prolaktinspiegel, als Ursache für das Brustwachstum beziehungsweise für die Gynäkomastie bei Jungen.

Milliarden-Strafen

Inzwischen ist Johnson & Johnson mit seinen Verkaufspraktiken in den öffentlichen Fokus geraten. 2,2 Milliarden US-Dollar musste das Unternehmen 2013 an das US-Justizministerium und private Kläger zahlen, eine der höchsten Strafzahlungen in der US-Pharmageschichte.[85] Der US-Pharmariese zahlte die Strafe, damit Ermittlungen wegen Korruption und unerlaubter Werbung eingestellt werden. Der Vorwurf: Der Konzern habe durch Falschinformationen und Zahlung von Schmiergeldern an Ärzte und Apotheker erreicht, dass seine Medikamente zweckentfremdet verschrieben wurden.

Johnson & Johnson räumte ein, hinter den Kulissen für die Verschreibung von Medikamenten auch an Kinder und ältere Menschen gesorgt zu haben. In allen Fällen sollte die Arznei als Beruhigungsmittel genommen werden. Doch die zuständige Arzneimittelkontrollbehörde hatte *Risperdal* nie für diese Art der Anwendung zugelassen, sondern lediglich als anti-psychotisches Medikament.[86]

US-Justizminister Eric Holder feiert die Milliardenstrafe als Erfolg: »Das Verhalten in diesem Fall hat die Gesundheit und Sicherheit der Patienten aufs Spiel gesetzt«, erklärte Holder. Die Strafe gegen Johnson & Johnson zeige, dass der Staat bereit sei, gegen Unternehmen vorzugehen, »die gegen das Gesetz verstoßen und sich zum Schaden des amerikanischen Volkes bereichern«.[87]

Stephen Sheller, ein Anwalt aus Philadelphia, sieht den Vergleich, den der Pharmakonzern akzeptiert hat, weitaus kritischer. All die Belege, die Dokumente, die Aufschluss über die Verkaufspraktiken des Unternehmens geben könnten, seien noch immer unter Verschluss. Sheller war einer der Ersten, der Familien mit Kindern und Jugendlichen vertreten hat, die mit *Risperdal* medikamentiert wurden. Vor allem Jungen, die wie Josh unter einer Gynäkomastie leiden. Auch seinen Fall vertritt Shellers Kanzlei, die inzwischen zahlreiche Klagen gegen den Hersteller führte. Sie endeten stets im Vergleich. Der Pharmakonzern muss mit weiteren Milliardenkosten rechnen. »Sie müssen ihre Anwälte bezahlen und für die einzelnen Fälle zahlen. Sie müssen sich nicht nur in meinen Fällen verteidigen, sondern gegen Hunderte solcher Fälle in den USA«, erklärt Sheller. »Es wird sie Milliarden kosten. So lange, bis sie vielleicht aufhören, das Medikament Kindern zu geben.«

Stephen Sheller will jetzt gemeinsam mit Kollegen in einer Sammelklage 350 Fälle vor Gericht bringen, 200 weitere Fälle sollen hinzukommen. Einer seiner wichtigsten Zeugen bei diesem Verfahren gegen Johnson & Johnson wird der ehemalige FDA-Chef David Kessler sein. Laut Kessler verschwieg der Hersteller kritische Studienergebnisse, um die Zulassung des Medikaments zu erreichen. Sheller hat vor Gericht den Antrag gestellt, dass die belastenden Dokumente gegen Johnson & Johnson als Beweismaterial zugelassen werden. Es gehe um Informationen, die Ärzten und der Öffentlichkeit noch immer vorenthalten würden.

Warum will Johnson & Johnson mit der Vermarktung von *Risperdal* an Kinder und Jugendliche nicht aufhören? »Weil sie Geld damit machen, mit Sicherheit sehr viel Geld«, sagt Stephen Sheller. Er schätzt, mehr als 20 Milliarden Dollar im Jahr. Und fügt hinzu: »Erst wenn einer von den Verantwortlichen ins Gefängnis muss – und zwar für eine ganze Weile –, wird das aufhören.«[88]

»Hopplahopp eine Fehldiagnose« – der Fall Bastian S.

In Deutschland setzt sich die Patientenanwältin Maia Steinert für junge Patienten ein, die unter den Folgeschäden von Medikamenten leiden. Einer ihrer Klienten ist Bastian S. Der junge Mann hat viele Jahre lang verschiedene Neuroleptika bekommen – aufgrund einer zweifelhaften Diagnose. Mit Hilfe von Maia Steinert klagt er auf Schmerzensgeld und Schadensersatz.

Als Teenager wird Bastian S. von einer Bande jugendlicher Krimineller erpresst, hat panische Angst vor ihnen. Sie lauern ihm vor seiner Haustür auf, drohen auch Martina E., seiner Mutter. Schließlich geht er zur Polizei. Die beginnt zu ermitteln. Doch Bastian S. kann nicht aufhören, »an die Sache« zu denken. Er fühlt sich hilflos. Die Angst ist sein ständiger Begleiter.

Schließlich suchen er und seine Mutter ärztlichen Rat. Wie Bastian S. erzählt, wünscht er sich Gespräche, die ihm helfen, seine Erlebnisse aufzuarbeiten und dann vergessen zu können.

Doch solche intensiven therapeutischen Gespräche gibt es nicht. Dafür die Einweisung in die Psychiatrie und dort »hopplahopp eine Fehldiagnose« wie seine Mutter sagt. Bastian S. leide unter Schizophrenie, heißt es von ärztlicher Seite. Kriminelle, die ihn erpressen? Reine Einbildung! »Die haben gesagt, dass sich alles nur in meiner Phantasie abgespielt hat«, erzählt Bastian S. Er ist zutiefst erschüttert. Fühlt sich noch hilfloser als vor dem Arztbesuch.

Auch Martina E. ist schockiert über die Diagnose. Sie kenne ihren Sohn, sagt sie. »Er hat keine Wahnvorstellungen, er hat keinen ›neben sich herlaufen‹, wie man so sagt.

Keinen, mit dem er spricht. Oder etwa Halluzinationen! Das ist völlig aus der Luft gegriffen.« Doch zunächst schafft sie es nicht, sich gegen die Ärzte zur Wehr zu setzen.

Bastian S. bekommt in der Klinik Medikamente gegen die diagnostizierte Psychose. Weil die Pillen nicht so anschlagen, wie sie sollen, erhöhen die Ärzte stetig die Dosierung. Die gestellte Diagnose hinterfragen sie nicht. Bastians Mutter wehrt sich dagegen, dass ihr Sohn immer mehr Pillen verabreicht bekommt. Denn die Psychopharmaka haben gravierende Nebenwirkungen: Trägheit. Müdigkeit. Herzrasen. Stoffwechselerkrankungen und vor allem lebensbedrohliche Krampfanfälle. Und extrem zugenommen hat Bastian S. auch. Mehr als 40 Kilo. »Von den überdosierten Medikamenten«, erklärt seine Mutter. Er habe sich kaum noch bewegen können.

Ihr Sohn nickt. »Ich habe 75,5 Kilo gewogen und dann nach ein paar Monaten 120 Kilo.« Dazu kamen parkinsonähnliche Symptome, sagt Martina E. »Er hat sich wie ein alter Mann bewegt. Die Schultern hochgezogen, gebeugter Gang, total verlangsamt, ganz furchtbar. Dazu das Zittern und ständiger Speichelfluss.« Gegen all das gab es dann wieder Pillen.

Martina E. fällt es noch heute schwer, darüber zu reden. »Es war eine ganz, ganz schlimme Zeit. Wenn man als Mutter zusehen muss, wie es dem Sohn immer schlechter geht, wie er immer mehr verfällt in jungen Jahren.« Dabei sei er doch so sportlich gewesen, aktiv und gutaussehend.

Parkinsonähnliches Zittern und Zappeln kann eine Nebenwirkung bei der Behandlung mit dem Neuroleptikum *Risperdal* sein. »Das ist bei manchen Patienten so schlimm, dass sie mit einer Hand eine Tasse gar nicht heben können«, beschreibt Bastians Anwältin Maia Steinert die Symptome. Die Betroffenen müssten ihre andere Hand hinzunehmen und würden es trotzdem nicht schaffen, die Tasse wieder sicher auf der Untertasse abzustellen. Sie könnten auch keinen Bleistift halten, nicht schreiben. Das sei ganz fürchterlich, so die Anwältin. »An sich herunterzugucken und sich selbst nur mehr als zappelndes Stückchen Fleisch wahrzunehmen.«

Martina E. läuft von Arzt zu Arzt. Sie bittet darum, dass diese die Erstdiagnose »Schizophrenie« in Frage stellen und ihr Sohn erneut untersucht wird. Sie bittet darum, dass ein sogenannter Auslassversuch unternommen wird, also die Medikamente eine Zeitlang weggelassen werden. »Um zu sehen, ob der Patient ohne sie auskommt.« Vergeblich. »Nachdem man mitgekriegt hat, dass ich gegen die Medikamente bin, wurde ich ausgeschlossen, bekam Kontaktverbot zu meinem Sohn.«

Bastian S. und seine Mutter können sich nun nur mehr heimlich per SMS austauschen. Beiden ist klar: Er muss da raus. Unter Tränen erzählt Martina E. von einer SMS, die sie von ihrem Sohn erhalten hat: »›Ich habe meine Tasche gepackt‹, schrieb er. ›Hol mich jetzt hier ab.‹« Und da hat sie ihn abgeholt, ohne jemanden zu fragen, ist einfach hingefahren, sagt sie, und hat ihn »quasi gerettet«. Die SMS ist noch heute auf ihrem Handy gespeichert.

Mittlerweile lebt Bastian S. in einer eigenen Wohnung, versorgt sich dort selbst, gestaltet seinen Alltag eigenständig. Auch seinen Schulabschluss hat er inzwischen nachgeholt. Mit den Jobs allerdings ist es schwierig. Denn er hat Probleme mit der Konzentration, ist langsamer als andere und vergesslich. Dazu komme eine emotionale Verarmung, wie seine Mutter es nennt. Er könne seine Gefühle nicht mehr zeigen, sei wie versteinert. »Seit er in der Klinik war, ist das Leben nicht mehr normal«, sagt Martina E. »Nicht mehr wie bei Gleichaltrigen, die jetzt schon Frau und Kinder haben, einen Job, ein Studium. Das ist für ihn gar nicht möglich.«

Der schwierige Kampf für die Rechte junger Patienten

Die Verantwortung dafür gibt Bastian S. der jahrelangen Fehlbehandlung. Er klagt gegen einige der Kliniken, in denen er dieser Behandlung unterzogen wurde. Wir bitten diese Kliniken um Stellungnahme. Lediglich die Leitenden einer Klinik äußern sich inhaltlich: Die Diagnose sei abgesichert, entspreche den Richtlinien, die Medikamente seien notwendig gewesen.

Bastians Anwältin Maia Steinert vertritt viele solcher Fälle. Die Diagnosen in der Psychiatrie seien oft sehr schwammig. Manches Kind, wie auch Bastian, würde unnötig für krank erklärt. Für die Anwältin sei seine medikamentöse Behandlung eher ein Fischen im Trüben als eine sinnvolle Hilfe gewesen. »Man hat verschiedene Diagnosen aufgestellt, hat dann verschiedene Medikamente gegeben, hat sich dann gewundert, dass die nicht helfen, hat dann immer aufdosiert, aufdosiert, aufdosiert. Aber wenn es die Krankheit nicht ist, kann ein Medikament auch nicht helfen.«

Von Seiten der Ärzte sei behauptet worden, dass eine psychotische Erkrankung vorläge, führt die Anwältin aus. Dabei habe Bastian damals reale Ängste gehabt, die auch real begründet waren.

»Es hat deshalb auch staatsanwaltschaftliche Ermittlungen gegeben«, sagt sie. Doch diese seien dann seitens der Klinik gestoppt worden. »Indem man behauptete, das seien keine realen Ängste, sondern die seien von einer psychotischen Erkrankung hervorgerufen worden«. Für die Anwältin ist es völlig unverständlich, dass die Ermittlungen daraufhin tatsächlich fallengelassen wurden. »Es wurden keine Zeugen vernommen, Bastian wurde nicht mehr ernsthaft vernommen«, die Mutter auch nicht. »Weil es hieß, das war nicht real.«

Für Bastian sei das wie ein Vertrauensbruch gewesen. Der Teenager erlebt damit quasi ein doppeltes Trauma: erst durch die Erpressung, dann, weil ihm nicht geglaubt wurde. Der Psychiater habe ihn als krank abgestempelt und eingewiesen. Allein der Aufenthalt in einer Psychiatrie sei für Kinder und Jugendliche schwierig, gibt die Anwältin zu bedenken. Sie würden ja aus ihrem häuslichen Umfeld herausgerissen. Das könne hysterische, gewaltsame Reaktionen bei den Jugendlichen hervorrufen. »Wenn man da dann in die falschen Hände gerät, heißt es: ›Na ja, jetzt sieht man mal, wie krank der ist.‹ Das kann aber eine ganz normale Reaktion sein, auf ein weiteres Trauma, das man den Jugendlichen antut. Ein Jugendlicher, der sehr hilfsbedürftig ist und sich völlig verraten und verkauft fühlt, der dreht mitunter durch.«

Ist es deshalb generell schwierig, die Rechte von Jugendlichen durchzusetzen? Steinert nickt. »Jugendliche sind in der Regel sehr sensibel. Sie müssten eigentlich eine Lobby haben, die sie schützt.« Diese gebe es aber nicht. Zudem würden sie in einem sehr geschwächten Zustand in ein System – die »Maschinerie der Psychiatrie« – hineingeraten. Die Kritik der Anwältin: Dort werde häufig zu schnell zu Medikamenten gegriffen, nur damit die störrischen und sperrigen Jugendlichen irgendwie gehändelt werden könnten.

Zu kurz gegriffene Diagnosen, zu schnelle Medikamentengaben. Und wenn die Mittel nicht wirken, wird die Dosierung erhöht. Oder ein anderes Mittel ausprobiert. Der Markt mit Psychopharmaka sei ja groß. Das führt ihrer Meinung nach dazu, dass die Ärzte immer mehr ausprobieren und die Behandlungen immer länger werden. Klassisches »Learning by doing«. Und die Patienten sind die Versuchskaninchen. »Für die ist das teilweise ein Martyrium«, so die Anwältin.

Bastian S. hat ein solches Martyrium durchlebt. Nun hofft er auf eine Wiedergutmachung. Bis er sie erreichen wird, stehen ihm und seiner Anwältin noch ein langer Weg bevor. In Deutschland ist es schwierig, seine Patientenrechte einzuklagen. Denn anders als zum Beispiel in den USA sind hierzulande die Betroffenen beweispflichtig, dass wirklich ein Behandlungsfehler vorliegt.

Aber wie lassen sich Behandlungsfehler beweisen, wenn schon die Diagnosestellung schwammig ist? »Die meisten Gutachter schreiben dann genauso schwammig, wie auch die Ärzte behandeln«, kritisiert Steinert. In den Gutachten stünde dann: ›Ist gerade noch vertretbar. Ist gerade noch im Rahmen. Ist irgendwie noch nachvollziehbar.‹« Das heißt, das Ganze ist sehr, sehr grenzwertig, aber nach dem Motto gutachterlich noch tolerabel. Aus diesem diffusen Bereich müsse man rauskommen, um Behandlungsfehler beweisen zu können. Dazu braucht es Gutachter, die sich trauen, Klartext zu reden beziehungsweise zu schreiben.

Im Fall von Bastian S. gibt es einen solchen Gutachter. Er habe lange Gespräche mit ihm geführt, erzählt seine erleichterte Mutter, habe sich wirklich um seine Geschichte gekümmert und festgestellt, dass ihr Sohn durch viele Ereignisse, die sich vorher abgespielt hatten, traumatisiert war. »Er war niemals schizophren. Das Ganze hat der Gutachter ausgeräumt. Das haben wir schriftlich.« Ein erster, wichtiger Schritt, den Maia Steinert für die Klage gegen die Kliniken nutzen will. Ein erster, wichtiger Schritt, der Bastian S. und seine Mutter hoffen lässt.

2. Depressionen: Wenn Kinder schwermütig werden

Als Lena 14 Jahre alt ist, trennen sich ihre Eltern, die Mutter verlässt die Familie. Dem jungen Mädchen geht es daraufhin sehr schlecht. Sie fühlt sich alleingelassen, weiß nicht, was sie tun soll. »Da war immer so ein Ohnmachtsgefühl«, erzählt sie. Der Arzt, den sie aufsucht, stellt die Diagnose »Depression« und verschreibt Psychopharmaka dagegen: *Serotonin-Wiederaufnahmehemmer (SSRI)*. Sie sollen Hirnfunktionen aktivieren und so Depressionen bekämpfen. Diese sogenannten neueren Antidepressiva sind allerdings längst nicht mehr neu, das erste Mittel dieser Art kam bereits Anfang der 1980er-Jahre auf den Markt.[89] Als Medikament für Erwachsene. An Kinder und Jugendliche sollen *SSRI* eigentlich nur sehr eingeschränkt verschrieben werden. Eine Untersuchung der Krankenkasse Barmer GEK von 2013 zeigt das Gegenteil. Bei den Verordnungszahlen für Kinder und Jugendliche gibt es wie in Kapitel I beschrieben einen »eklatanten Anstieg« bis zu 60 Prozent binnen fünf Jahren, wie Kai Behrens von der Barmer erklärt – und das sowohl bei den verordneten Packungen als auch bei den verordneten Tagesdosierungen.[90] Behrens nennt das Ergebnis alarmierend. *SSRI*-Präparate seien für Kinder bis 18 Jahre eigentlich gar nicht vorgesehen, nur in extremen Ausnahmefällen.

Prof. Peter Schönhöfer warnt schon lange vor den Nebenwirkungen bei Antidepressiva der neueren Generation.

Er beobachtet den Anstieg der Verordnungen mit Sorge. Die Mittel würden den Kern der Persönlichkeit beeinflussen, sagt er, die Erregbarkeit und oft auch die Ängstlichkeit erhöhen. »Die Aggression kann gesteigert werden durch diese Medikamente, sie kann sich nach außen richten gegen andere, aber genauso nach innen, gegen sich selbst. Und deshalb haben wir eine erhöhte Suizidalität unter Antidepressiva, vor allem unter den modernen *SSRI*-Antidepressiva.«

Nebenwirkung – Suizid

Erhöhte Suizidalität. Also eine erhöhte Selbstmordgefahr durch Mittel, die doch eigentlich die Stimmung heben und dunkle Gedanken vertreiben sollen?

Auch Lena erzählt, dass sie während ihrer Behandlung häufig an Selbstmord gedacht hat. »Mir ging es sehr schlecht und ich hatte viele Gedanken daran, bin den Schritt aber nicht gegangen. Aber es hätte auch anders ausgehen können«, sagt das junge Mädchen.

»Was soll schon passieren?« – der Fall Candace

Es gibt Familien, die ihre Kinder durch solch einen Suizid verloren haben. In den USA kämpfen Eltern seit vielen Jahren darum, dass die Hersteller von Antidepressiva endlich angemessen auf die Risiken gerade für Kinder und Jugendliche hinweisen und Verantwortung übernehmen. Eltern wie Mathy D. und ihr Mann. Ihre Tochter Candace war zwölf Jahre alt, als sie sich in ihrem Kinderzimmer erhängte. Der Arzt hatte ihr das Antidepressivum *Zoloft* verschrieben. Ein harmloses Medikament, wie er der Mutter versicherte.

Fotos von Candace zeigen ein hübsches, sportliches Mädchen mit blitzenden Augen und offenem Blick. »Candace hatte immer ein Lächeln im Gesicht«, erinnert sich ihre ältere Schwester Caroline. Niemals hätte es Caroline für möglich gehalten, dass sie ihre kleine Schwester, zu der sie ein enges Verhältnis hatte, verlieren könnte – und noch dazu durch einen Selbstmord! Auch Mathy D., die Mutter, denkt oft an die Zeit zurück, als ihre Tochter noch am Leben war. »Candace gehörte dem Schwimmteam an«, erzählt sie. »Sie war nicht die größte Schwimmerin, niemals die stärkste, aber sie hat alles gegeben.« Ihre Augen hinter der schmalen Brille blicken liebevoll, wenn sie über ihre jüngste Tochter spricht. Candace war ihr wie aus dem Gesicht geschnitten. Das schmale Gesicht, das lange blonde Haar.

Die Familie lebt im Osten der USA, im Bundesstaat Maryland. Eine intakte Familie. Ein sorgenfreies Leben. Bis bei Candace der Wechsel auf die weiterführende Schule ansteht. Die damals Zehnjährige entwickelt Prüfungsangst, wie der Vater erzählt. Er ist größer als seine Frau, ein stattlicher Mann mit grauem Haar. Hinter ihm, auf der Anrichte, stehen weitere Familienfotos. Eines von ihnen zeigt ihn Arm in Arm mit Candace, die sich lächelnd an ihn schmiegt. Ein Bild aus glücklichen Zeiten.

»Wir spürten ihren Frust«, sagt seine Frau. »Wir wussten, sie hat intensiv gelernt für die Prüfungen. Wir wussten, sie kannte den Stoff.« Doch als es darum geht, ihr Wissen abzurufen, blockiert Candace, schreibt schlechte Noten, die nicht ihren wirklichen Kenntnisstand widerspiegeln – wie auch die Lehrer bestätigen.

Die Eltern möchten ihrer Tochter helfen und suchen Rat beim Hausarzt. Er verweist sie an einen Psychiater. Der empfiehlt das Antidepressivum *Zoloft*. Zunächst eine kleine Dosis. Die Eltern stimmen nach anfänglichem Zögern zu, denn der Arzt versichert, es handele sich um ein harmloses Medikament.

Nach den Sommerferien kommt Candace immer noch nicht mit dem Druck in der Schule klar, die Anforderungen steigen, das Medikament hilft nicht. Der Arzt verschreibt die doppelte Dosis. 25 Milligramm pro Tag. Ihr Mann und sie hätten das zunächst abgelehnt, berichtet Mathy D. Doch der Arzt habe ihre Bedenken weggewischt mit den Worten: »Was soll schon passieren? Das Mittel ist für Kinder sicher und wirksam.« Also haben sie zugestimmt.

Was soll schon passieren? Candace ist unter der höheren Dosierung seltsam aufgewühlt, dann zunehmend panisch und muss ins Krankenhaus. Dort gibt man ihr zusätzlich Beruhigungsmittel. Ihrer Tochter sei es sehr schlecht gegangen, erzählt die Mutter. Candace habe unter Halluzinationen gelitten, einem »terror spin«. Die Dosis von *Zoloft* wird zunächst weiter auf 100 Milligramm erhöht, kurz darauf im Krankenhaus ganz abgesetzt. Candace wird entlassen, soll zwei Wochen später zur Kontrolle wiederkommen.

Es scheint ihr besserzugehen. In der Schule wird sie freudig von ihren Klassenkameraden begrüßt, ihre Eltern sind froh, dass sie wieder da ist. Zwei Tage später ist ihre Tochter tot. Es habe keine Anzeichen gegeben, dass etwas nicht stimmt, erzählt ihre Mutter. Candace habe an dem Tag im Wohnzimmer gesessen, gemeinsam mit ihrer Schwester und ihrem Vater. Fröhlich und entspannt sei sie gewesen, hätte mit ihrem Dad herumgealbert. Doch dann sei sie aufgestanden, in ihr Zimmer gegangen und habe sich mit einer Kordel am Bettpfosten erhängt. Ihre Mutter findet sie. Jede Hilfe kommt zu spät.[91]

»Von dem Moment an, als sie starb, waren wir uns sicher, dass das Mittel sie umgebracht hat«, sagt Mathy D.

Solche Antidepressiva können eine besonders gefährliche Nebenwirkung entfalten, sagen Experten. Prof. Bruno Müller-Oerlinghausen, der lange für die Arzneimittelkommission der deutschen Ärzteschaft tätig war, hat schon früh gewarnt: »Eine, die uns hier besonders große Probleme und Sorgen bereitet hat, auch bei der Arzneimittelkommission, ist eine zwar seltene, aber dafür sehr gravierende und unter Umständen tödliche Nebenwirkung, und das ist die Erzeugung oder Verstärkung von Selbstmordtendenzen. Das kann tödlich ausgehen.«[92]

Die Eltern von Candace erfahren, dass es noch andere Suizide gegeben hat von Kindern und Erwachsenen, die wie ihre Tochter das Antidepressivum *Zoloft* eingenommen hatten. Vor allem das plötzliche Absetzen des Medikaments gilt als gefährlich. Doch davon steht zum Zeitpunkt von Candace' Tod im Januar 2004 noch nichts im Beipackzettel. Der Hersteller von *Zoloft*, der Pharmakonzern Pfizer, steht vielmehr in der Kritik, weil er Studien, die genau diesen Zusammenhang belegen, unterdrückt haben soll. Wenige Monate nach dem Tod von Candace nimmt Pfizer auf Druck der amerikanischen Gesundheitsbehörde FDA im Beipackzettel einen Warnhinweis über das erhöhte Suizidrisiko auf. Eine Verantwortung für den Suizid von Candace bestreitet das Unternehmen. Mathy D. und ihre Familie wollen das nicht hinnehmen. Es beginnt ein zermürbender Rechtsstreit.

Vier Jahre dauert es, bis der Pharmariese einlenkt. Bis dahin kämpft Pfizer mit einer Vielzahl von Anwälten gegen die Hinterbliebenen.«Sie haben versucht, auch noch den Rest von uns zu zerstören«, erzählt Mathy D. Sie seien einzeln befragt worden, auch ihre Tochter Caroline. Die eidesstattlichen Befragungen zogen sich mitunter über einen ganzen Tag.»Die Anwälte von Pfizer waren extrem feindselig, sie haben getestet, wie weit sie gehen können, wie lange wir den Druck aushalten«, sagt sie heute.»Ihre Fragen waren grausam. Sie wollten wissen, in welcher Position meine Tochter hing, als ich sie fand, welchen Knoten sie geknüpft hatte, in welche Richtung ihr Körper geschwungen ist. Die Fragen haben mir den Atem genommen.«

Ihr Anwalt Karl Protil bestätigt, dass Pfizer bei diesem Rechtsstreit außergewöhnlich hart vorging:»Sie waren nahezu bösartig, haben der Familie die Schuld am Tod ihrer Tochter gegeben. Sie haben ausgetestet, wie weit sie gehen können, und das Ganze von einem rein finanziellen Standpunkt aus betrachtet.«[93]

Prof. Schönhöfer verwundert dieses rigide Vorgehen nicht.»Die pharmazeutische Industrie ist daran interessiert, dass gefährliche, unerwünschte Wirkungen, die den Umsatz beeinträchtigen können, möglichst verschwiegen werden.« Er fügt hinzu:»Das scheint immer wieder der Stil von allein auf Profit ausgerichteten Unternehmen zu sein. Präparate wie *Zoloft* bescheren Pharmakonzernen weltweit einen Profit in Milliardenhöhe«.

Candace' Familie widersteht dem Druck durch die Anwälte von Pfizer; sie gibt nicht auf. Im Laufe der Ermittlungen erfahren sie, dass der Arzt, der Candace *Zoloft* verschrieb, Honorare von Pfizer erhielt. Der Rechtsstreit endet mit einem Vergleich.

Der Fall von Candace erregt öffentliches Aufsehen. Bis heute kämpft ihre Mutter dafür, dass die Risiken einer Behandlung mit Antidepressiva bei Kindern ausdrücklich benannt werden, Pharmakonzerne wie Pfizer und auch die Ärzte in die Verantwortung genommen werden. Immer wieder wenden sich betroffene Familien mit einem ähnlichen Schicksal an sie. »Warum bekomme ich immer noch Anrufe und E-Mails von Eltern, die mir mitteilen, ihr Kind ist durch dasselbe Medikament gestorben. Wir haben doch alle Informationen! Aber die Ärzte sagen den Eltern, sie sollen die Warnungen auf dem Beipackzettel nicht beachten. Sie behaupten, das wären Einzelfälle.«[94]

Candace' Schwester Caroline ist froh darüber, dass ihre Eltern andere Betroffene warnen konnten, indem sie vor Gericht gingen und der Fall öffentlich wurde. Auf Fotos sieht man die beiden im Gerichtssaal, wie sie große Fotos ihrer Tochter Candace hochhalten. Es ist ein Akt der Trauer, aber auch ein Zeichen des Widerstands und der Warnung an andere Eltern, ihren Kindern ein solches Schicksal zu ersparen. Caroline sieht es jedenfalls so: »Dank Candace konnte das Leben von so vielen Kindern gerettet werden.«[95] Mit diesem Gedanken versucht sich Caroline zu trösten.

Schneller Griff zum Rezeptblock

Von »gehäuftem suizidalem und feindseligem Verhalten«, das nach der Einnahme von Antidepressiva auftreten kann, stand auch in Deutschland lange nichts auf den Beipackzetteln. Mittlerweile sind diese Nebenwirkungen darin aufgelistet. Das Bundesinstitut für Arzneimittel und Medizinprodukte warnt bereits seit 2005 vor den Gefahren. Die Risiken und Nebenwirkungen sind also bekannt. Trotzdem werden die Medikamente verstärkt an unter 18-Jährige verschrieben. »Wir sind erstaunt über diesen ausgeweiteten Gebrauch«, sagt Kai Behrens von der Barmer GEK. Seine Schlussfolgerung: »In der Tat muss man sich fragen, ob hier und da nicht einfach allzu früh und allzu schnell der Rezeptblock gezückt und verordnet wird.«[96]

Auch Lenas Arzt hat nur zum Rezeptblock gegriffen, wie sie uns erzählt. »Man hat mir diese Medikamente verschrieben, und ich bin dann hingegangen und habe gesagt, es geht mir immer noch schlecht. Dann hat der Arzt gemeint, okay, dann passen wir mal die Dosierung an.« Sie kritisiert, ebenso wie Bastian S., dass zu wenig Gespräche mit ihr geführt wurden, dass sich der Arzt zu wenig mit dem Problem an sich auseinandergesetzt habe. Wir erinnern uns: Lena hatte ihn aufgesucht, weil sie über die Trennung ihrer Eltern traurig war und sie sich Unterstützung bei der Verarbeitung ihrer Trauer erhoffte!

Da es ihr auch mit der höheren Dosierung nicht besser geht, sondern eher schlechter, begibt sich Lena schließlich in stationäre Behandlung. Dort bekommt sie wieder Antidepressiva – von einem anderen Hersteller. »Das hat sich dann weiter gezogen, bis ich 17 geworden bin. Ich habe vier bis fünf unterschiedliche Medikamente bekommen.« Wirklich geholfen hat ihr keines von ihnen.

Sobald sie 18, also volljährig ist, besteht Lena darauf, die Psychopillen nach und nach abzusetzen, weil sie die Nebenwirkungen zu sehr beeinträchtigt hatten. »Ich habe gedacht, jetzt ist gut. Ich habe es auch irgendwo selbst in der Hand.« Es sei aber trotzdem eine schwierige Entscheidung gewesen, gibt sie zu, auch weil man sie gewarnt hatte, dass sie »in die Psychose« zurückrutschen könne.

Aber nichts dergleichen passiert. Im Gegenteil. Obwohl sie durch den Klinikaufenthalt die Hälfte des Schuljahres verpasst hat, schafft Lena die Klasse, schreibt sogar gute Noten. Seit fast einem Jahr nimmt Lena nun keine Medikamente mehr. Das ging nicht von heute auf morgen – sonst wäre es für sie möglicherweise gefährlich geworden. Sie hat sie unter ärztlicher Aufsicht und sehr langsam abgesetzt. Es gehe ihr inzwischen ziemlich gut, sagt sie, und Stolz schwingt in ihrer Stimme mit. Denn Lena hat ihren eigenen Weg gefunden, mit ihrer Traurigkeit fertigzuwerden. »Ich hab mir Hobbys gesucht, die ich verfolgt habe«, erzählt sie. »Und vor allem auch Menschen, die mir guttun.«

3. Neue Krankheiten: Traurigkeit, Wut und Prüfungsangst

Wie kommt es, dass so starke Erwachsenen-Medikamente wie Neuroleptika und Antidepressiva auch in Deutschland immer häufiger und offenbar immer schneller von Medizinern an Kinder und Jugendliche verordnet und sogar miteinander kombiniert werden? Und zwar von Medizinern aller Facharztgruppen?[97]

Das hat mit dem bereits erwähnten amerikanischen Handbuch *Diagnostic and Statistical Manual of Mental Disorders (DSM)* zu tun. Denn bei den Diagnosen und damit auch bei den Verordnungen von Medikamenten orientiert man sich auch in Deutschland am *DSM*. Das Handbuch wird von der American Psychiatric Association herausgegeben und von einem Komitee etwa alle zehn bis 15 Jahre überarbeitet. Kurz gesagt legen die Wissenschaftler darin fest, wer als psychisch krank gilt. Die Richtlinien des *DSM* werden fast immer in den Diagnosekatalog der Weltgesundheitsorganisation WHO, den *International Statistical Classification of Diseases (ICD)*, übernommen. Dieser steht für Abrechnungen von ärztlichen Leistungen stets griffbereit in den Sprechzimmern der Ärzte. Auf diesem Wege hat das amerikanische *DSM* unmittelbaren Einfluss auf den Diagnoseschlüssel *ICD* und die Diagnosen deutscher Ärzte. Und auch Krankenkassen, Gerichte und Versicherungen orientieren sich am *DSM* beziehungsweise *ICD*.

Der Amerikaner Allen Frances hat 1980 als junger Psychiater an der Erstellung des *DSM-III* mitgearbeitet, beim *DSM-IV* hatte er sogar den Vorsitz des Komitees inne, das alle Änderungen absegnete. Er erzählt, dass das Handbuch ursprünglich dafür gedacht war, der Psychiatrie Stabilität, Zuverlässigkeit und Genauigkeit zu geben. Aber in Sachen Stabilität geht das nach Frances' Geschmack heute zu weit. Jetzt werde das *DSM* wie eine Bibel behandelt. Dabei sollte es doch einfach ein Leitfaden sein.[98]

Frances, einst Befürworter des Handbuchs, sieht vor allem die Neuauflage, das *DSM-5* von Mai 2013, kritisch. Es ist weitaus ausführlicher als seine Vorgänger. Und weil sich Mediziner so sehr daran orientieren, kommt es nach Frances' Meinung zu einer Explosion der Diagnosen durch die Ärzte: »Wir hatten ja schon eine Inflation bei den Diagnosen. Besonders, was die Diagnosestellungen und Behandlungen mit Medikamenten bei Kindern angeht. Das *DSM-5* aber hat aus dieser Inflation eine Hyper-Inflation gemacht.« Der renommierte Psychiater befürchtet deshalb, dass mit dem neuen Diagnosehandbuch Menschen für psychisch krank erklärt werden, die es gar nicht sind. Und Medikamente bekommen, die mehr schaden als helfen.

Es ist schon auffällig, dass die Schwelle zwischen dem, was als normal, also gesund bezeichnet wird, und dem, was als krank gilt, sich seit der Erstellung des *DSM-III* im Jahr 1980 immer weiter nach unten verschoben hat. Ob Altersvergesslichkeit, kindlicher Wutanfall, Heißhungerattacken oder Trauer: Das, was vor 35 Jahren noch übliche menschliche Seelenzustände waren, ist heute laut *DSM-5* schon bedenklich und der Betroffene reif für die Psychocouch und Psychopille. Im Interview mit uns zählt Frances die Veränderungen auf: »Aus Trauer wurde eine schwere depressive Störung, aus der Sorge vor körperlichen Gebrechen wurde die ›Somatic symptom disorder‹ (Körpersymptomstörung).« Seine Altersvergesslichkeit beispielsweise sei jetzt eine »leichte Störung«, und die vorübergehenden Wutanfälles seiner Enkelkinder hießen jetzt »Disruptive mood disregulation disorder« (DMDD).

Der Verlust eines geliebten Menschen zum Beispiel kann Reaktionen hervorrufen, die von Traurigkeit, Antriebslosigkeit, Gewichtsverlust, Schlafstörungen bis hin zu Konzentrationsproblemen reichen. 1980 galt laut *DSM-III:* Als »Depression« durften solche Beeinträchtigungen der Gesundheit erst nach Ablauf von 12 Monaten bezeichnet werden.[99] Laut *DSM-IV* war man dann schon krank, wenn die beschriebenen Beschwerden länger als zwei Monate anhielten.[100] Im aktuellen Handbuch *DSM-5* ist es nun bereits bedenklich, wenn ein Mensch länger als zwei Wochen bei einem Todesfall trauert.[101] Kritiker wie Frances warnen, dass auf diese Weise bislang als normal geltende Zustände, die zum Leben eines jeden Menschen dazugehören und auch für den Entwicklungsprozess durchaus wichtige Funktionen haben, für krank erklärt werden. Zum Beispiel eben Trauerphasen. »Trauer ist ein gesunder Anpassungs- und Bewältigungsprozess«, erklärt Wolfgang Maier, Präsident der DGPPN (Deutsche Gesellschaft für Psychiatrie, Psychotherapie, Psychosomatik und Nervenheilkunde).[102] Sie hilft, kritische Lebensereignisse durchzustehen. Was passiert, wenn es statt der »seelischen Abhärtung«, statt hinreichender Trauerzeit, nun immer öfter eine Pille gibt?

Die passende Krankheit zur Pille

Wie gesagt, das Diagnose-Handbuch ist mit den Jahren immer dicker geworden. Das *DSM-5* umfasst 947 Seiten. Unter anderem, weil darin zahlreiche neue psychische Krankheiten definiert und beschrieben werden. Krankheiten, zu denen die Pharmaindustrie die passenden Pillen liefert.

In Boston treffen wir Lisa Coscrove. Die Amerikanerin forscht an der Universität von Massachusetts und hat das *DSM-5* wissenschaftlich untersucht. Coscrove ging den Fragen nach: Welche Ärzte haben am Diagnosehandbuch mitgearbeitet? Und: Hatten sie Verbindungen zur Pharmaindustrie? Sie fand heraus: »56 Prozent der *DSM*-Ausschussmitglieder haben Verbindungen zur Pharmaindustrie.« Als besonders problematisch beurteilt sie die Rolle der Arbeitsgruppe »task force«. Die hat einen besonders großen Einfluss auf die Inhalte des Diagnosekatalogs. Ausgerechnet bei den Mitgliedern der »task force«, so das Ergebnis ihrer Studie, hätten die materiellen Verbindungen zur Pharmaindustrie noch zugenommen.[103] Um 21 Prozent im Vergleich zum *DSM-IV*.

Die Einflussnahme durch die Pharmaindustrie erfolge mitunter sehr subtil, erklärt Lisa Coscrove. Die Wissenschaftler seien sich oft nicht im Klaren darüber, dass ihr Urteil beeinflusst sein könnte. »Die meisten *DSM*-Ausschussmitglieder sind eigentlich sehr umsichtig. Aber kleine Geschenke haben einen enormen Einfluss. Wir haben die langjährigen finanziellen Verbindungen zwischen der Industrie und den Ausschussmitgliedern angeschaut und untersucht, wie dadurch die Entscheidungsfindungen der Mitglieder beeinflusst werden.« Die Wissenschaftlerin aus Boston fand heraus: »Die Verbindungen können subtil sein, aber sie haben einen starken Einfluss auf die Wahrnehmung.« Und damit offenbar auf die Arbeit am *DSM*.

Von den neuen Diagnosen dieser »beeinflussten« Ärzte profitieren ausgerechnet die Firmen mit den Verkaufsschlagern unter den Medikamenten. »Wenn Sie sich die *DSM*-Ausschussmitglieder anschauen, die gleichzeitig Leiter von klinischen Studien für Arzneimittelbehandlungen sind und dafür Geld von der Pharmaindustrie bekommen, dann sehen Sie Interessenkonflikte, die das Gesundheitswesen beeinträchtigen können«, erläutert die Wissenschaftlerin. Ihre Befürchtung ist, dass kommerzielle Interessen statt wissenschaftlicher Erkenntnisse die Diagnosen und die Behandlung bestimmen.

Prof. Peter Schönhöfer bestätigt und bestärkt die Erkenntnisse der amerikanischen Wissenschaftlerin. »Diese Problematik ist uns auch bekannt«, sagt der Pharmakologe im Interview mit uns. Es gebe seit Jahrzehnten Forschungsergebnisse, die zeigen, wie die Industrie die Erstellung von Diagnosekatalogen und Leitlinien zur Therapie beeinflusst, und zwar mit Hilfe von gekauften Experten. »Solche Experten sind die Handlanger der Pharmaindustrie in ihren jeweiligen Gremien.«

Sein dringender Appell an Mediziner in Deutschland lautet deshalb: »Fachgesellschaften und die Selbstverwaltung der Ärzte müssen endlich beginnen, ihre Gremien von solchen von der Pharmaindustrie beeinflussten, gekauften Experten zu befreien!« Nur wenn das geschehe, sei der gefährliche Kreislauf zwischen Industrie und Experten durchbrochen und sinnvolle Therapien können gewährleistet und eine saubere Diagnosestellung könne garantiert werden. Wohlgemerkt, die Rolle der Kinderärzte beispielsweise, die die Diagnosen stellen und dann die entsprechenden Therapien durchführen, sei durchaus differenziert zu betrachten, sagt Peter Schönhöfer. Die Kinderärzte vor Ort wüssten mit solchen (im *DSM-5* als neu deklarierten) Erkrankungen nicht immer umzugehen und fielen dann auf die irreführenden Angaben von Pharmavertretern herein. Gleichzeitig bricht er eine Lanze für die Mediziner: »Auf der anderen Seite gibt es gerade unter den niedergelassenen Kinderärzten sehr viele, die nachdenklich und kritisch sind.« Diese Gruppe müsse gestärkt werden.

Bist du noch normal oder spinnst du schon?

In ihrer jüngsten Studie hat Lisa Coscrove untersucht, welche Pharmakonzerne, auf welche Art von den neuen Diagnosen profitieren.[104] Sie fand heraus, dass es ausgerechnet die Firmen mit den verkaufsstärksten Medikamenten sind, deren Patente auslaufen oder bald auslaufen werden. Der Knackpunkt dabei: Wird das Medikament für eine neue Krankheit zugelassen, verlängert sich das Patent. Für die Wissenschaftlerin drängt sich deshalb die Frage auf: »Ist der *DSM-5* unabsichtlich ein Vehikel für extrem profitable Patentverlängerungen?«

Das Neuroleptikum *Risperdal*, Verkaufsschlager der Pharmafirma Johnson & Johnson, etwa wird gerade in einer klinischen Studie untersucht. Und zwar auf seine Wirksamkeit bei einer neuen Störung, die im *DSM-5* zum ersten Mal auftaucht und die auch Allen Frances aufgestoßen ist: Die »Disruptive Mood Disregulation Disorder«, kurz DMDD.

Lisa Coscrove greift zum Corpus Delicti, dem *DSM-5*, und schlägt die Seite 156 auf. Dort sind unter dem Punkt

296.99 (F34.8) die Diagnosekriterien von DMDD beschrieben. Laut Definition handelt es sich um »Schwere wiederkehrende Gefühlsausbrüche [...], die in keinem Verhältnis zum Anlass stehen«. Doch wer definiert, was ein »schwerer« Gefühlsausbruch ist und ob er angemessen ist oder nicht?, fragt Lisa Cosgrove. Das sei doch alles sehr vage.

Unterm Strich geht es bei der DMDD also um Kinder im Alter zwischen sechs und 18 Jahren, die wiederholt Wutanfälle haben. Auch für Laien ist deutlich: Das lässt einen weiten Spielraum für die Beurteilung. Die Wissenschaftlerin befürchtet deshalb Überdiagnosen bei Kindern, die sich lediglich etwas auffällig benehmen, oder dass Jugendliche mit normalen Stimmungsschwankungen für krank erklärt werden.

Und wenn Wut erst einmal zur Krankheit geworden ist, sinkt die Schwelle, Medikamente dagegen einzusetzen. Genau das sieht Allan Frances auf uns zukommen: »Meine Angst ist, dass Eltern, die schwierige Kinder haben, zu der Überzeugung gelangen werden, dass das eine krankhafte Störung ist und sie ihren Kindern Antipsychotika (Neuroleptika, Anm. d. Autoren) dagegen geben werden.« Welche gefährlichen Nebenwirkungen die haben können, haben wir gesehen.

Normierung der Gefühle

Lena litt unter der Trennung ihrer Eltern. Und bekam Antidepressiva gegen die Trauer. Bastian wurde von kriminellen Jugendlichen bedroht. Und bekam Neuroleptika gegen die Sorgen, die er sich deswegen machte. Candace hatte Prüfungsangst. Ein Antidepressivum sollte den Druck mildern, den sie empfand. Und Leonie?[105] Sie ist dreizehn Jahre alt, ein schlankes, hübsches Mädchen, das wegen ihrer Größe oft älter geschätzt wird. Auch von den Jungen aus den höheren Klassenstufen. Als die sich für Leonie zu interessieren beginnen, ärgern sich die Klassenkameradinnen. Sie fangen an, das Mädchen zu mobben. Gruppenzugehörigkeit ist in ihrem Alter wichtig, und Ausgeschlossensein tut weh. Leonie leidet und sucht Rat beim Schulpsychologen. Der hört sich ihre Geschichte an, sagt dann, es gebe auch Medikamente dagegen. Medikamente gegen was? Gegen Neid? Gegen Hänseleien?

Dr. Charlotte Köttgen von der Deutschen Gesellschaft für Psychiatrie fürchtet, »dass es bald kein Kind mehr gibt, das nicht mit einer oder mehreren ›Störungen‹ durchs Leben läuft, dass die Pharmaindustrie wach genug ist, um jedem dieser Kinder ein Medikament anzubieten, und dass es kaum noch Kinder geben wird, die nicht mit diesen nebenwirkungsreichen Medikamenten durch die Schulzeit kommen können«.

Wie hat Lena die Wirkung der Psychopharmaka beschrieben, die sie bekam? Sie sollen »die Höhen und Tiefen eindämmen, dass man in einem normalen Rahmen bleibt«. In diese Richtung steuern wir anscheinend: einer Normierung der kindlichen Gefühlswelt. Ein Himmelhochjauchzend ist ebenso wenig erwünscht wie ein Zu Tode betrübt. Das stört nur das äußere Bild. Es ist dann nicht mehr makellos, nicht mehr perfekt. Wir aber wollen perfekte Kinder. Gegen ein Zuviel an Gefühlen gibt es nun also Psychopharmaka. Und gegen ein Zuviel an Körperfett?

KAPITEL IV

Spieglein, Spieglein an der Wand – Schönheitswahn und Perfektion

»Ich habe meine Tochter extra so aufgezogen, dass sie sich nicht nach dem gängigen Schönheitsideal richtet. Barbiepuppen gab es bei uns zum Beispiel nie. Aber gegen den Druck der anderen Schüler ist man als Mutter machtlos.« Michaela Schwarz ist Mutter der 17-jährigen Julia.[106] Diese trägt Kleidergröße 34 bis 36 und ist »wirklich gertenschlank«, wie ihre Mutter sagt. Trotzdem sei »Dicksein« ständig ein Thema bei Julia und ihren Freundinnen. »Das schlimmste Schimpfwort für die Kids, was meinen Sie, was das ist? ›Du bist blöd?‹ Nein! ›Du bist dick! Du bist fett!‹ Das ist das Verletzendste, was man zu einem Mitschüler sagen kann.« Michaela Schwarz fühlt sich hilflos angesichts des Drucks durch die allgegenwärtige Werbung, die ein Photoshop-geschöntes Idealbild verkauft, an dem sich die Kinder und Jugendlichen orientieren. Letztens sei sie ins Zimmer ihrer Tochter gekommen, sagt die Mutter kopfschüttelnd, als Julia gerade ein Foto ihrer Hüftknochen auf Facebook posten wollte, um zu zeigen, wie schlank sie ist. Michaela Schwarz war geschockt. »Meine Tochter hat mir dann gezeigt, dass das alle ihre Schulkameradinnen machen! Das ist ein richtiger Sport bei denen. Kein Wunder, wenn jetzt mittlerweile eine Kleidergröße XXXXS kreiert wird, und ausgerechnet von einem Label, was die alle cool finden: Was soll ich da als Mutter noch tun?«

Julias Mutter spricht von Abercrombie & Fitch. Das amerikanische Modeunternehmen, das vor vier Jahren seine erste Filiale in Deutschland eröffnete, wird immer wieder kritisiert, weil es angeblich den Magerwahn befeuert. Zuletzt geriet die Modemarke in die öffentliche Kritik, weil sie Jeans in der Kleidergröße Triple Zero in ihren Läden anbot. Die US-Größe 000 entspricht der deutschen Größe 28. Damit ist nicht, wie bei Jeans üblich, die Bundweite in Inch gemeint, sondern die Zahl steht für die Konfektionsgröße! Die Triple Zero ist also eine XXXXS. Für Erwachsene! Die Bundweite beträgt 23 Inch, also 58,5 Zentimeter. Diese Taillenweite, gemessen über den Hüftknochen, ist Durchschnitt bei sechs- bis achtjährigen Mädchen mit einer Körpergröße von knapp 1,30 Meter. Nach eigenen Angaben hat Abercrombie & Fitch die Dreifachnull nach Protesten wieder abgeschafft. Doch das Kleine-Mädchen-Maß für Erwachsene liegt offenbar weiterhin im Trend: Bei Chico's zum Beispiel, ebenfalls eine amerikanische Modekette, ist die Dreifachnull offensichtlich noch erhältlich: Die Mini-Mini-Mini-Jeans in ihrem Sortiment hat allerdings eine Bundweite von 27 Inch, das sind umgerechnet etwa 69 Zentimeter.[107] Im Vergleich zu dem Hauch von Nichts, das Abercrombie & Fitch angeboten hat, sind diese Maße geradezu üppig. Wenn man bei Null von üppig reden kann.

Natürlich gibt es Frauen, die von Natur aus sehr zierlich sind, in der Mehrheit sind sie in westlichen Ländern definitiv nicht. Im Gegenteil: Laut dem Robert-Koch-Institut sind 18 bis 29 Jahre alte Frauen in Deutschland im Durchschnitt 165 Zentimeter groß und wiegen etwas mehr als 65 Kilo, was einer Kleidergröße von 38 entsprechen dürfte. Zum Vergleich: Die einst so stark kritisierte Size Zero, auf die sich Ex-Spice-Girl und Fußballer-Gattin Victoria Beckham hinunterhungerte, entspricht Kleidergröße 32 (XXS).

Nun also 000. Kein Wunder, dass die Kritik an Abercrombie & Fitch nicht lange auf sich warten ließ, nachdem die ersten Jeans in dieser »Größe« in den Filialen auslagen: Das sei Werbung für Magersucht, hieß es in sozialen Netzwerken und Medien. Firmenchef Mike Jeffries schien die Aufregung nicht zu beeindrucken. Eine Äußerung zeigt, wie er sich seinen Idealkunden vorstellt: »Ganz ehrlich, wir wollen die coolen Kids. Viele Menschen haben in unserer Kleidung nichts zu suchen.« Dicke Mädchen unerwünscht![108]

Cool ist laut der Firmenphilosophie von Abercrombie & Fitch, wer einen für den heutigen Geschmack »perfekten« Körper hat. Das heißt für die Jungen supertrainiert und mit Waschbrettbauch und für die Mädchen superdünn und vollbusig – und allesamt natürlich supersexy. Ken und Barbie lassen grüßen.

Körperwahn als Marketinginstrument: Aufreger wie den um die Triple Zero zu schaffen und via Medien und soziale Netzwerke verbreiten zu lassen, scheint bei Abercrombie & Fitch wohlkalkulierte Werbemasche zu sein. Mit der Mager-Größe, in die die wenigsten reinpassen, viele aber gerne würden, unterstreicht das Unternehmen einmal mehr seine zweifelhafte Firmenpolitik, die bewusst ausgrenzt, um eine »besonders magere« Elite zu kreieren. Eine Elite, zu der sich die jungen Kunden zugehörig fühlen wollen sollen, denn das kurbelt den Verkauf an. Bereits früher hatte der Firmenchef immer wieder für Aufregung gesorgt, weil er sagte, dicke und arme Menschen seien in seinen Läden nicht willkommen.[109] So verquer das Ganze klingt: Es funktioniert leider.

Wie Mike Jeffries sich seine coole Kunden vorstellt, ließ sich 2011 bei der Eröffnung der ersten Deutschland-Filiale in Düsseldorf begutachten. Vor dem Eingang des neuen Shops in der Königsallee stand ein knappes Dutzend männlicher Models Spalier: Alle trugen dieselben Hosen der Hausmarke, alle hatten glatte Jungmännergesichter und ein Perlweißlächeln. Und alle präsentierten ihre mehr als durchtrainierten Waschbrettbäuche. Normierte, optimierte, gleichgemachte Körper als Schönheitsideal. Als Kaufanreiz?

Den Jugendlichen, die bereits Stunden vor der Eröffnung vor dem Laden in Düsseldorf Schlange gestanden hatten, gefiel die Parade des Marken- und Körperkults ganz offensichtlich. Reihenweise machten sie Selfies von sich und den gestählten Verkäufern des US-Labels. Dumm war nur, dass die wenigsten der Kids ihren oberkörperfreien Vorbildern entsprachen. Kein Wunder: Statistiken zufolge werden die Menschen in Deutschland offenbar stetig größer und dicker.[110]

Was also tun, wenn man gerne »cool« sein und dazugehören möchte, die Natur einen aber nicht mit den nötigen Attributen ausgestattet hat, die gesellschaftlich gerade angesagt sind? Man fühlt sich mies und ausgegrenzt. Man schaut, wie es die Erwachsenen machen. Und das heißt dann meist: Man hilft nach. Für die Optimierung der Psyche gibt es Pillen. Und für die Optimierung des Körpers? Kann auch hier die Medizin richten, was die Natur nicht so »geleistet« hat, wie wir uns das vorstellen?

1. Schönheitsoperationen: Der Kindertraum vom Katalogkörper

Kein Gramm Fett, eine ebenmäßige Nase, makellose Haut: Immer mehr Kinder denken über eine Schönheitsoperation nach. Zu diesem Ergebnis kamen Experten, die für das LBS-Kinderbarometer 10.000 Kinder in ganz Deutschland befragt haben.[111] Die Rangfolge, welche Körperregionen verändert werden sollten, ist bei den befragten 9- bis 14-Jährigen ähnlich wie bei den Erwachsenen: Fettabsaugen, Hautunreinheiten beseitigen, Nasen-, Brüste-, Ohren- und Augenoperationen.

Damit schwappt über den großen Teich, was in den USA längst Trend ist. Aktuellen Umfragen zufolge ziehen in Amerika bereits 30 Prozent aller Jugendlichen einen schönheitschirurgischen Eingriff in Betracht.

Aufhorchen lässt ein weiteres Ergebnis der LBS-Studie: Je unwohler sich die Kinder in der Familie, im Wohnumfeld, in der Schule und im Allgemeinen fühlen, desto eher beschäftigen sie sich mit möglichen Veränderungen ihres Körpers. Friedhelm Güthoff vom Deutschen Kinderschutzbund beobachtet diese Entwicklung mit großer Sorge. »Ich rate Eltern davon ab, ihren minderjährigen Kindern Schönheitsoperationen zu erlauben«, warnt Güthoff. Viel mehr helfe dem Nachwuchs ein stabiles Selbstbewusstsein und die Stärkung des Gefühls »Ich bin okay, so wie ich bin«. Innere Stärkung statt äußerer Optimierung sozusagen.[112]

Doch genau da liegt offenbar das Problem, wie Constance Neuhann-Lorenz festgestellt hat. Sie ist Ärztin für plastische und ästhetische Chirurgie in München. In ihre Praxis kommen 16-jährige Mädchen, die verschämt die Mutter rausschicken, damit sie der Ärztin ihren »kleinen Busen« zeigen können, mit dem sie sicher »nie einen Freund kriegen werden«. Oder 17-jährige Jungen, die der festen Überzeugung sind, ihre Nase sei zu groß, die Augen stünden zu eng, die Wangenknochen säßen zu tief. Überflüssig zu sagen, dass selbst die Ärztin mit ihren geschulten Augen die vermeintlichen Probleme nicht sieht. »Vor zehn, 20 Jahren hatten wir bei weitem nicht so viele Anfragen von Jugendlichen, die mit ihrem Aussehen unzufrieden waren«, sagt die Chirurgin.[113]

Die britische Psychoanalytikerin Susie Orbach ist eine der bekanntesten Stimmen gegen Diät- und Schönheitswahn und kritisiert immer wieder die Industrie, die damit viel Geld verdient. Besonders beunruhigend findet sie, dass heute schon sehr junge Mädchen dem Selbstoptimierungsdruck unterliegen, mit ihrem Aussehen hadern und sich deswegen schlecht fühlen. Forschungsergebnisse hätten jedoch gezeigt, dass Mädchen, die mit ihrem Körper unzufrieden sind, oft schlechtere Leistungen in der Schule erbringen. »Sie melden sich nicht so oft oder gehen gar nicht mehr hin. Dabei spielt es keine Rolle, wie ihr Körper wirklich aussieht.«[114]

Kinderkörper als Problemzonen

Der Körper als Problemzone. Woher kommt das oftmals verquere Bild, das heute bereits Neunjährige von ihrem Körper haben? Woher der Drang, ihr Aussehen schon in jungen Jahren zu optimieren und einem Ideal entsprechen zu müssen? Werfen wir doch mal einen Blick in unseren Badezimmerschrank. Und? Reihen sich dort auch die Creme-Tiegelchen aneinander? Eine Armada von Anti-Age- und Pro-Beauty-Produkten? Oder blicken wir einmal in unseren Terminkalender. Wie viele Trainingseinheiten im Fitnessstudio haben wir dort jede Woche eingetragen? Und wie häufig gucken wir überkritisch und unzufrieden in den Spiegel?

Ob es uns gefällt oder nicht, für den Körperkult unserer Sprösslinge haben wir mit Sicherheit einiges an Vorarbeit geleistet. »Sie sollten niemals etwas Negatives über Ihren eigenen Körper im Beisein Ihrer Tochter sagen«, rät denn auch Susie Orbach Müttern, die sich bei ihr erkundigen, was sie tun können, damit ihre Töchter zufrieden mit ihrem Körper aufwachsen. Die Krux ist aber die: Den Druck, den wir uns selbst machen, geben wir zwar selten direkt an die Kinder weiter; Wirkung zeigt er aber trotzdem.

Das freut die Schönheitsindustrie. Denn wenn zu unzufriedenen Erwachsenen noch unzufriedene Kinder kommen, dann erweitert das die Zahl der Kunden.

Unser aller Mangeldenken erzeugt Nachfrage. Nachfrage nach Produkten der Selbstoptimierung und Normierung, auf die die Industrie dann mit einem immer größer werdenden Angebot reagiert. Oder umgekehrt: »Es gibt viele Produkte, die hergestellt worden sind, bevor eine Nachfrage dafür da war, und die dann dank sehr viel Marketing irgendwann als unentbehrlich gelten.« Ein wechselseitiger Prozess, sagt Susie Orbach. Der sich potenziert. Und der unser Mangeldenken weiter befeuert.

Warum Kinder als Zielgruppe für die Industrie immer interessanter werden, offenbart ein Blick in ihre Sparstrümpfe: 6- bis 13-Jährige bekommen heute durchschnittlich 27 Euro Taschengeld im Monat. Kapital, das beim Shopping unter die Leute gebracht werden soll. Wer lange spart, bekommt einen neuen Pulli, vielleicht sogar einen neuen Po?

Pink, sexy, kaufkräftig – Mädchen in der Schönheitsfalle

Auch die bekannte britische Feministin Natasha Walter hat in ihrem Buch *Living Dolls* den neuen Trend der körperlichen Optimierung bei Kindern und deren Vermarktung durch die Industrie untersucht und stellt fest, schon die Sechsjährigen bekommen inzwischen vermittelt: Gutes Aussehen ist alles. *TOPmodel*, ein Malbuch für kleine Mädchen, sei ein typisches Beispiel, wie die Industrie diesen Trend befeuert und in Cash umsetzt. Alles drehe sich darin um sexy Outfits und weibliche Reize, sagt Walter.[115]

Im Grunde ist *TOPmodel* mehr als ein Malbuch. Es ist eine Marke. Es gibt zig Produkte dazu. Zubehör für die Schule zum Beispiel. Das Malbuch selbst »funktioniert« so: Es gibt darin barbieähnliche Anziehpuppen, alle natürlich rank und schlank, in diesem Sinne also perfekt. Die Mädchen können den Puppen coole Klamotten »anziehen«. Man kann schon Fünfjährige mit diesen Malbüchern beobachten, während Mutti daneben sitzt und in der Frauenzeitschrift blättert.

Für Natasha Walter ist die Mädchenecke einer Spielwarenabteilung ein rosa Ort des Grauens. Lillifee, Barbie und ihre ganze Entourage – alles in Pink, alles für die kleine Kundin. In Rosarien, Lillifees Reich, herrscht nicht nur Friede, sondern auch Schönheit. Und natürlich können sich die Mädchen ihr eigenes Kinderreich mit allerlei Lillifee-Produkten ausstaffieren: Schulranzen, Stifte, Kleider, Spiele, Bücher. Und alles glitzert so schön pink.

Immer öfter begegnet man auf der Straße Mädchen im rosa Schleppenkleid, auf den kindlichen Locken thront ein Diadem, die Füßchen stecken in Glitzerschühchen. Das perfekte Prinzessinnenoutfit – dabei ist gar kein Karneval. Pinkifizierung der kindlichen Lebenswelt – so nennen Experten diesen Trend.[116]

Warum muss es für Mädchen immer die pinkfarbene Prinzessin sein? Das fragt sich auch Natasha Walter. Sie findet es beunruhigend, was da für ein Frauenbild entsteht. »Natürlich sind junge Mädchen schon immer dazu ermuntert worden, sich hübsch zu machen«, sagt sie. Aber dass so früh Geschlechterklischees im Vordergrund stehen, findet sie erschreckend. Da habe eine deutlich Verschiebung bei jungen Mädchen stattgefunden. Im Grunde werden sie schon früh ermuntert, sich maßgeblich darüber zu definieren, wie sie von anderen gesehen werden. Was zählt, sind Äußerlichkeiten.

Gelegt und weiter befeuert wird dieser Trend in den Spielzeugabteilungen und seit neuestem auch in Modeläden wie Abercrombie & Fitch. Die bieten nämlich, als weiteren marketingtauglichen Aufreger, nun auch gepolsterte Push-Up-Bikinis und String-Tangas für Mädchen an.

Schon bei den Kleinen bestimmen Werbeindustrie und Firmen, was gerade »in« ist. Und weil sich »sexy« offenbar auch bei den Jüngsten verkauft, hat Barbie eine Konkurrentin gefunden, die weitaus aufreizender daherkommt: Die Bratz-Puppen mit ihrem sexy Outfit, dem Schlafzimmerblick und den dick geschminkten Schmolllippen.[117]

Die Kleidungsindustrie liefert dazu immer häufiger die entsprechenden Waren, damit sich die kleinen Damen wie ihre Puppenfreundinnen kleiden können: stark körperbetonte Kleidchen und Höschen, knappe Stringtangas, Leo-Prints oder eben Bikinioberteile, die die noch fehlende Oberweite der jungen Kundschaft mit Schaumstoffpolstern wettmachen.

Was sind die Folgen der Sexualisierung der kindlichen Lebenswelt? »Es gibt negative Auswirkungen wie psychische Probleme und Depressionen«, sagt die Sexualpsychologin Deborah Tolman. »Wir lernen, uns sexy zu verhalten, und das macht uns befangener, weil wir uns ständig Gedanken um unser Aussehen machen.«[118]

Um dem entgegenzuwirken, bietet die Sexualtherapeutin Saleema Noon in Kanada einen Workshop an, der Mädchen für das Thema Sexualisierung sensibilisieren soll. Seit sie vor mehr als zehn Jahren mit diesen Seminaren begann, sind die Mädchen, die sich anmelden, immer jünger geworden. Der Druck der Sexualisierung – er beginnt offenbar immer früher. Saleema Noon berichtet: »Neulich war ich an einer Schule, an der sich zwei Siebtklässlerinnen mit einem Handy gegenseitig oben ohne fotografiert haben. Sie haben die Bilder an einen Jungen aus ihrer Klasse geschickt. Auf die Frage, warum sie die Nacktfotos verschickt hätten, meinten sie, sie wollten, dass er auf sie aufmerksam wird. Ich hätte heulen können.«

Saleema Noon entschließt sich, mit dem Workshop noch jüngere Mädchen anzusprechen. »Wir haben mit 10- bis 13-Jährigen begonnen und schnell gemerkt, dass das zu spät ist. Jetzt arbeiten wir mit Neunjährigen, weil die Mädchen immer früher gezwungen sind, sich wie Erwachsene zu verhalten, sie dürfen nicht mehr lange Kinder sein.«[119]

Schön sein um jeden Preis. Und vor allem sexy. Immer mehr junge Mädchen würden diesem Frauenbild nacheifern, sagt die Feministin Natasha Walter. Das erzeuge einen ungeheuren Druck. »Es kann ziemlich grausam sein, dieses Schönheitsideal. Wenn man an den Anstieg der Operationen denkt, die extremen Diäten, diese künstlichen Idole. Ich glaube, viele Mädchen leiden darunter, weil sie dem einfach nicht entsprechen.«[120] Die Gefahr ist nicht zu übersehen: Wem von klein auf die sexy Plastik-Püppchen-Attraktivität als das Ideal schlechthin eingetrichtert wird, der findet sich als Erwachsene schnell auf dem OP-Tisch wieder. »Übrigens: Gesetzliche Bestimmungen, bis zu welchem Alter ästhetisch-plastische Operationen verboten sind, gibt es nicht. Es gibt lediglich eine Empfehlung der EU, die lautet: Keine Brustimplantate bei unter 18-Jährigen.«[121]

Makellos schön – spielend den Körper optimieren

Wie lässt sich ein junges Mädchen schlank und schön »machen«? Nichts leichter als das. Die App »Plastic Surgery & Plastic Doctor & Plastic Hospital Office for Barbie Version«, die es im Apple Store zum Herunterladen gab, zeigte Kindern, wie sich ein junges Mädchen schlank und schön »machen« lässt. Durch Fettabsaugen zum Beispiel. Das Spiel im Comicstil umfasste die (virtuelle) Einleitung der Anästhesie, Einschnitte mit einem Skalpell und letztendlich das Absaugen des Fetts. Dieses Prozedere konnte an verschiedenen Körperregionen der jugendlichen Patientin durchgeführt werden. Die Schönheits-OP-App richtete sich an Kinder ab neun Jahren, dabei natürlich hauptsächlich an junge Mädchen, und ist ein bizarres Beispiel dafür, wie Kinder sich von klein auf an die Optimierung ihres Körpers und an ihre Rolle als Kunden der Schönheitsindustrie heranführen lassen. Spielend lernen sozusagen.

Nach Protesten auf Twitter hat Apple die App aus seinen Stores entfernt. Besonders die Beschreibung zur Schönheits-OP-App hatte die Twitter-Nutzer empört. So hieß es im App-Store wörtlich: »Das arme Mädchen hat so viel zusätzliches Gewicht, dass ihr keine Diät hilft. In unserer Klinik kann sie durch eine Fettabsaugung schlank und schön werden. Wir müssen Schnitte in die Problembereiche machen und das Fett absaugen. Werden Sie sie operieren, Doktor?«[122]

Die Kampagne gegen das digitale Spiel hatte das »Everyday Sexism Project« über Twitter gestartet. Es forderte Apple auf, sich die Altersfreigabe für Kinder von neun Jahren noch einmal zu überlegen. Rund 4.000 empörte Kommentare wurden insgesamt zu dem Thema bei Twitter abgegeben. Kurze Zeit später erhielt die App nicht etwa eine höhere Altersfreigabe, sondern verschwand ganz aus dem Store.

Die Anti-Sexismus-Initiative legte zudem gegen die Schönheits-OP-App »Plastic Surgery« aus dem Google Play Store Protest ein. Diese verschwand ebenfalls kurz darauf aus dem Android App Store. Im Gegensatz zur App aus dem Apple-Store hatte diese überhaupt keine Altersbeschränkung.

Längst gibt es neue »Schnippel-Spiele« für Kinder und Jugendliche. Körperliche Mängel werden ausradiert, weggespritzt – mit einem Klick auf das Display. Ziel: das »perfekte« Aussehen. Optimierung ohne Kompromisse.

Wir fragen bei Google nach, unter anderem, warum die App »Plastic Surgery« keine Altersangabe hatte und weswegen es neue ähnliche Apps gibt. Auf unsere Fragen bekommen wir keine Antwort. Eine Hamburger Kommunikationsberatung meldet sich im Auftrag des Konzerns bei uns und teilt uns mit, dass man unangemessene Apps jederzeit melden könne. Einzelne Apps wolle man nicht kommentieren. Auch bei Apple fragen wir nach und erhalten keine Antwort.

»Man hat ja überall diese Vorbilder« – warum sich Liesa Marie Silikon einsetzen lässt

Liesa Marie denkt schon lange über eine Schönheitsoperation nach. Jetzt ist sie 19 und will ihren Wunsch endlich in die Tat umsetzen. Die junge Frau ist 1,69 Meter groß und hat Idealgewicht. Ihre Haare sind blond, die Augen dunkel. Eigentlich alles perfekt – sollte man meinen. Aber Liesa Marie reicht das nicht: »Man hat ja überall diese Vorbilder«, sagt sie. »Diese Schönheitsbilder auf Plakaten, am Strand. Überall, wo man hinschaut. Irgendwann denkt man sich, mein Gott, so will ich auch ausschauen.«

Models mit viel Oberweite und schmaler Taille sind die Vorbilder der jungen Frau. Aber um diesen zu entsprechen, »braucht« sie einen größeren Busen. Der Schönheitschirurg Karsten Sawatzki, bei dem sie sich unters Messer legen wird, berät sie. Es gibt die unterschiedlichsten Modelle im Angebot. Er zeigt ihr Implantate in verschiedenen Größen, entsprechend den BH-Größen in A, B, C und D. Liesa Marie packt sich verschiedene Modelle in den BH und begutachtet im Spiegel das Ergebnis.

Sich solche Implantate einsetzen zu lassen, ist für immer mehr junge Frauen offenbar etwas ganz Normales.

»Sie sind die neue Klientel«, sagt Karsten Sawatzki. »Der Trend ist eindeutig, durch Magazine, die es gibt, durch Casting-Shows. Ich will auch dazugehören, und ich kann es mir heutzutage ermöglichen.«

Auch Liesa Marie will dem Ideal entsprechen. Körbchengröße C soll es werden. Das bedeutet 330 Gramm Silikon pro Seite, die ihr bei der OP eingesetzt werden. Kostenpunkt? Rund 7.000 Euro.[123]

Wohin treibt uns der allgegenwärtige Schönheitswahn? Machen wir unsere Kinder mit unserem Drang zur Optimierung krank – auch, was die Beziehung zu ihrem Körper angeht? Wenn immer mehr junge Frauen Brustvergrößerungen für etwas ganz Normales halten, dann sollte uns das alarmieren. Denn diese Maßnahmen sind eben nicht bloß ein kleiner Klick mit der Maustaste, und schon ist der gewünschte Effekt da, sondern medizinische Eingriffe. »Und die sind mit Risiken verbunden«, sagt die Chirurgin Constance Neuhann-Lorenz. »Es blutet, Nerven werden verletzt, es kann zu Entzündungen kommen.«[124]

2. Antibabypillen: Das gefährliche Versprechen von der makellosen Haut

Christiane Schäfer[125] ist 15, als sie von ihrem Frauenarzt die erste Antibabypille verschrieben bekommt. Nicht zur Verhütung, wie sie erzählt, sondern weil sie hofft, dass sich durch die Einnahme des Kontrazeptivums ihre unregelmäßige Menstruation stabilisiert und vor allem dass sich ihre »Problemhaut« verbessert. Die Pille wirke gegen Pickel, hat sie in der Arztpraxis versichert bekommen. Als wolle sie dieses Versprechen unterstreichen, gibt ihr die Frauenärztin zu der Pillenpackung eine Art Einsteigerset dazu: Darin findet sich nicht etwa Aufklärung rund um das Hormonpräparat, sondern Glitzergel und ein Schminkspiegel. Ein Gratisgeschenk des Antibabypillen-Herstellers für den schönheitsbewussten Teenager!

Dass sich mit Schönheitsversprechen in unserer auf körperliche Optimierung und äußere Makellosigkeit ausgerichteten Gesellschaft der Umsatz ankurbeln lässt, hat längst auch die Medikamentenindustrie erkannt. Hersteller von Antibabypillen werben offensiv mit den »positiven Nebenwirkungen« der Hormonpräparate. Versprochen werden weniger fettige Haare, Gewichtsreduktion. Und weniger Pickel – was vor allem sehr junge Mädchen in der Pubertät an den Pillen interessieren dürfte. Wird hier durch fragwürdiges Marketing versucht, die Zielgruppe zu erweitern? Nach dem Motto: Keine Schwangerschaft, keine Pickel, eine Pille genügt?

Bei der Einführung der Pille *Yasmin* 2000 jedenfalls fuhr die deutsche Herstellerfirma Bayer eine große PR-Aktion, um die kosmetischen Vorzüge des Verhütungsmittels besonders herauszustellen. Laut einem *SPIEGEL*-Bericht stellte Bayer »auf seiner Website Pille.com die Frage ›Schönere Haut. Aber wie?‹ Und liefert die Antwort: ›Die Einnahme mancher Pillen kann Problemen wie fettiger Haut und fettigem Haar entgegenwirken‹«.[126]

Wir fragen bei Bayer nach: »Wird jungen Mädchen damit nicht nahegelegt, die Pille als Schönheitsmittel zu nehmen? Wird die Pille hier nicht zum Lifestyle-Medikament gemacht?«

Die Antwort lautet: »Die Informationen im Internet sind wissenschaftlich fundiert und entsprechen den Vorgaben des Heilmittelwerbegesetzes.«

Medien haben die Botschaft von der Pille als Schönheitsmittel jedenfalls geschluckt. Immer wieder gibt es Artikel, in denen offensiv für den Schöne-Haut-Effekt von Antibabypillen geworben wird. Beim Jugendmagazin *Bravo* etwa heißt es: »Wenn du unreine Haut hast und dich vielleicht sowieso gerade für eine hormonelle Verhütungsmethode entscheiden möchtest, könntest du mit der Pille zwei Fliegen mit einer Klappe schlagen: Schöne Haut kriegen und sicheren Schutz vor einer Schwangerschaft haben. Sprich deinen Arzt ruhig drauf an, wenn dir beides wichtig ist.«[127]

Und die Botschaft von Dr. Sommer und Co. kommt an. In Online-Foren zum Beispiel wird ausgiebig darüber diskutiert, welche Pille denn nun am besten gegen Pickel wirkt.

Auf der Internetplattform »Aknewelt«, die sich nach eigenen Angaben als freie, private und unabhängige Informationsquelle versteht, heißt es in einem Online-Artikel:

»Frauen haben eine zusätzliche Möglichkeit, ihr Hautproblem in den Griff zu bekommen. Viele haben nämlich gute Ergebnisse mit der Pille erzielt.« Einzelne Produkte werden sogar explizit genannt, und den Leserinnen wird nahegelegt: »Rede doch einfach mal mit deinem Frauenarzt und Hautarzt!«[128] Pharmafirmen dürften solche Sätze freuen.

Dass die Werbebotschaft von der Schönheits-Formel »Pille gleich makellose Haut« aufgegriffen und erfolgreich unters Volk gebracht wird, zeigen einige der Benutzerkommentare. So schreibt zum Beispiel eine Teilnehmerin: »Also ich werde bald 15 und habe seit ich zwölf bin wirklich sehr schlimme Haut gehabt, mit großen Pickeln, Scharen von Mitessern und ganz viel Akne. Das war echt 'ne schwierige Zeit für mich. [...] Ich habe echt alles versucht und nichts half wirklich. Dann bin ich zum Frauenarzt gegangen und habe mich über die Pille beraten lassen, ich schlucke diese jetzt seit circa einem dreiviertel Jahr und habe echte Erfolge damit!«[129]

Im *arznei-telegramm* werden das Bayer-Marketing und die Reaktion der Presse zur Einführung der *Yasmin* scharf kritisiert: Versprochen werde nicht nur zuverlässige Verhütung, sondern »sogar die Möglichkeit der Gewichtabnahme«. Schlagzeilen in Laien- und Fachpresse wie »neue Antibaby-Pille macht sogar schlank«, »schlanker und fitter« und »Verhüten ohne zuzunehmen« zeigen, dass die Marktpositionierung der Neueinführungen als Lifestyle-Pille unreflektiert übernommen wird.[130] Wir fragen auch dazu bei der Firma Bayer nach. Wie bewertet der Konzern diese Kritik? Bayer antwortet wieder: »Die Informationen von Bayer sind wissenschaftlich fundiert und entsprechen den Vorgaben des Heilmittelwerbegesetzes.«

Kauf zwei, zahl eins!

Die Antibabypille als Schönheitsmittel? Als Lifestyle-Produkt, bei dem sich das Angenehme (Hautprobleme ade!) mit dem Nützlichen (keine Schwangerschaft!) verbinden lässt? Ist das nicht DIE frohe Botschaft, wie geschaffen für unsere »Kauf zwei, zahl eins«-Schnäppchen-Welt, bei der man beim Kauf von Duschbad, Waschmittel oder Fruchtgummi gleich noch ein zweite Packung oder ein Extra-Geschenk gratis dazubekommt?

Ausgerechnet Antibabypillen wie *Yasmin*, die laut Hersteller verträglicher sein sollen, bergen nach Auswertung der Europäischen Arzneimittelagentur aufgrund des darin enthaltenen Wirkstoffes Drospirenon[131] ein deutlich erhöhtes Risiko, Thrombosen zu verursachen. Andere mögliche Nebenwirkungen sind: Schlaganfall, Herzinfarkt, Hirnödem oder Embolie (etwa der Lunge).

Die Arzneimittelkommission der deutschen Ärzteschaft warnt daher, dass Ärzte ihre Patientinnen vor der Gabe der kombinierten oralen Kontrazeptiva über mögliche Warnsymptome aufklären sollten.

Auch die Fachzeitschrift *arznei-telegramm* mahnt bereits 2000 bei der Markteinführung von *Yasmin* zur Zurückhaltung bei der Verschreibung. Die Risikoinformation sei zu dürftig.[132] Bayer hingegen beruft sich auf die EMA (Europäische Arzneimittelbehörde) und erklärt schriftlich, die niedrig dosierten Produkte, hätten ein günstiges Nutzen-Risiko-Profil. Es gebe keine neuen wissenschaftlichen Daten, die das infrage stellen.

»Von diesen Nebenwirkungen habe ich nichts gewusst«

Auch Christiane Schäfer bekommt von ihrer Ärztin irgendwann eine Pille mit dem Wirkstoff Drospirenon verschrieben. Mehrmals hatte sie zuvor die Pille-Präparate gewechselt, weil sie immer wieder unter Kopfschmerzen litt. Hätte sie von den Warnungen gewusst, wäre sie vorsichtig gewesen. Doch so glaubt sie einfach den Versicherungen der Ärztin. Auch diese Pille sei »super gegen Pickel«, wird ihr gesagt, und sie würde dadurch nicht zunehmen wie durch andere Pillen. Und tatsächlich, die mittlerweile 18-Jährige ist zunächst angetan von dem Mittel. Wie von der Frauenärztin versprochen, bekommt sie durch die Einnahme eine »tolle Haut« und nimmt nicht zu. Das findet sie natürlich »cool«. Doch dann beginnt eine fatale Entwicklung. Christiane Schäfer fühlt sich schlapp, bekommt Herzrhythmusstörungen, das linke Auge fängt an zu flimmern. Zunächst denkt sie an eine Entzündung oder dass ihr Schmutz ins Auge geraten ist. Als sie merkt, dass sie teilweise auf dem linken Auge nichts mehr sehen kann, sucht sie den Augenarzt auf. Der überweist sie in eine Klinik. Dort wird die junge Frau tagelang untersucht, sie bekommt Cortison-Infusionen, durch die ihr Körper »aufquillt und ihre Haarwurzeln stark schmerzen«. Helfen tut ihr das Cortison nicht. Ein Arzt vermutet, Ursache für ihre Beschwerden könnte möglicherweise die Pille sein. Im Arztbericht stehe als Risiko »eventuell die Pille«, erzählt sie.

Nach gut einer Woche wird Christiane Schäfer mit Verdacht auf Embolie (Verschluss der Blutgefäße) im Auge entlassen. Einen Monat danach sieht die 18-Jährige auf dem linken Auge nur mehr leichte Schatten. Der Arzt-Klinik-Marathon beginnt erneut. Am Ende verlässt sie die Uniklinik mit der Diagnose »Zustand nach Embolie«. Sie sagt, die Ärzte hätten ihr dringend von der weiteren Einnahme der Pille abgeraten.

Heute ist Christiane Schäfer 22. Eine ängstliche, zurückhaltende junge Frau. Noch immer sei sie psychisch angeschlagen, gesteht sie. Auf dem linken Auge ist Christiane Schäfer fast blind. Sie fürchtet sich davor, dass auch ihr rechtes Auge irgendwann »versagen« könnte. Sie erhebt in diesem Zusammenhang schwere Vorwürfe gegen ihre Frauenärztin. Sie habe von ihr keinerlei ärztliche Aufklärung über die Pille, ihre Risiken und Nebenwirkungen bekommen. Stattdessen den Hinweis auf die schöne Haut.

»Die reden sich raus« – eine junge Frau kämpft gegen einen Pharmariesen

Dürftige Beratung, dafür aber Werbegeschenke: Felicitas Rohrer von der Selbsthilfegruppe »Risiko Pille« kennt das aus eigener Erfahrung. Auch sie bekam beim Frauenarztbesuch ein hübsch gestaltetes Werbeschächtelchen von Bayer überreicht. Darin waren ein kleiner Spiegel, ein Schminkpinsel. Und eine Gratispackung der Pille *Yasminelle*.

Rohrer findet das nicht in Ordnung. »Das gibt man den Patientinnen mit, damit sie schon gleich keine andere Pille mehr nehmen wollen. Wir kriegen zwar ein offizielles Rezept, doch bevor wir das Rezept einlösen, werden wir schon in der Frauenarztpraxis geködert.«

Wird die Pille ihrer Meinung nach als Beauty-Produkt beworben? Auf jeden Fall, sagt Rohrer. Klar, es gebe den normalen Beipackzettel, aber eben auch ein kleines Begleitheft, das sehr hübsch gestaltet sei, bunt, mit Blumen drauf, wo dann eben drinstünde, wie die Pille dem ganzen Körper gut tue. »Eben dieser Feel-good-Faktor, dieser Smile-Effekt, der vermittelt werden soll. Dass man sich viel wohler in seiner Haut fühlt, dass man eine bessere Haarstruktur, ein besseres Hautbild bekommt.« Ein Medikament, das eigentlich zur Verhütung da ist, sollte nicht so angepriesen werden, findet sie. »Viele junge Mädchen sind noch unerfahren, haben noch keine andere Pille genommen. Dann kommen sie in die Frauenarztpraxis, dort wird ihnen gesagt, mit dieser Pille verbessert sich ihr ganzes Körpergefühl und sie ist noch dazu besser verträglich. Und man bekommt dann noch diese Gimmicks. Wieso sollte dann noch irgendjemand ›Nein, danke‹ sagen?«

Auch sie selbst hat nicht »Nein« gesagt. Insgesamt acht Monate, zwischen Oktober 2008 und Juli 2009, nimmt sie die *Yasminelle*. Eine Antibabypille mit ähnlichen Bestandteilen wie *Yasmin*. Nach sechs Monaten merkt Felicitas Rohrer, dass etwas nicht stimmt. Die sportliche junge Frau, die dreimal in der Woche joggt und regelmäßig ein Fitnessstudio besucht, fühlt sich ständig schlapp, hat Atemnot, und selbst eine fünfminütige Fahrradfahrt strengt sie extrem an. Der Arzt, der sie untersucht, tippt auf eine Rippenfellentzündung und verschreibt Antibiotika.

In der Nacht vom 10. auf den 11. Juli 2009 schreckt Felicitas Rohrer nachts mit Atemnot auf. Am nächsten Morgen schmerzt das linke Bein. Sie kollabiert. Der Notarzt lässt sie in die Uniklinik bringen. Im Schockraum erleidet sie einen Atem- und Herzstillstand. »Ich konnte nicht wiederbelebt werden«, sagt Rohrer. »Ich war klinisch tot.« Als letzte Nothilfemaßnahme öffnen die Ärzte ihren Brustkorb und retten ihr damit das Leben. Bei der Operation bietet sich den Ärzten ein schreckliches Bild. »Beide Lungenflügel waren voller Blutgerinnsel, mein Herz war riesig und mein Bauch voller Wasser«, erzählt die junge Frau. Während einer viereinhalbstündigen Notoperation werden, soweit möglich, die Thromben aus beiden Lungenflügeln beseitigt.

Felicitas Rohrer kommt mit dem Leben davon, wird aber für immer unter den Folgeschäden der Lungenembolie leiden. Als sie zusammenbricht, hat sie gerade ihr Tierarztstudium beendet, die Zukunft liegt verheißungsvoll vor ihr. Vorbei. Weil ihre Leistungsfähigkeit stark eingeschränkt ist, kann sie ihren Traumberuf nicht ausüben. Doch Felicitas Rohrer ist eine Kämpferin. Gemeinsam mit anderen Pillen-Geschädigten hat sie die Selbsthilfegruppe Drospirenon-Geschädigter »Risiko Pille« gegründet. Vor Tausenden von Aktionären fordern die jungen Frauen in den Bayer-Hauptversammlungen Jahr für Jahr ein Ende der Vermarktung von *Yasmin* und *Yasminelle*. Und Jahr für Jahr kommen fast wortwörtlich die gleichen Reaktionen auf ihre Forderungen, die gleichen Antworten auf ihre Fragen, erzählt Rohrer. »Da sitzt im Vordergrund der Vorstand, und im Hintergrund sind so ein paar fleißige Schreiberlinge, die die Antworten dann formulieren.« Die vorformulierten Antworten würden dann nach vorne gereicht zum Vorstand, und der rattere die dann einfach runter. Rohrer schockiert das. So dürfe sich ein großer Pharmakonzern einfach nicht verhalten. »Die reden sich raus, die warten, bis Gras darüber wächst.« Felicitas Rohrer schüttelt den Kopf, wenn sie an ihre »anfängliche Naivität« denkt. »Ich dachte, das sind doch auch nur Menschen und die müssen doch auch betroffen sein, die müssen doch sehen, dass an ihrem Produkt irgendwas nicht stimmt.«

Heute sieht sie das weitaus nüchterner. Im Endeffekt gehe es einfach ums Geld. »Das ist ein enorm umsatzstarkes Arzneimittel von Bayer.« Mit verschiedenen Pillen der jüngsten Generation wie *Yasmin* und *Yasminelle* setzte Bayer 2013 insgesamt weltweit 853 Millionen Euro um.[133] Aber: In den USA wenden sich Tausende Frauen an Bayer oder verklagen den Konzern. Ihr Vorwurf: Sie seien durch drosperinonhaltige Pillen geschädigt worden. Es habe gar Todesfälle gegeben. Bayer erklärt hierzu: »Bis zum 9. Juli 2014 hat Bayer ohne Anerkennung einer Haftung Vergleiche mit etwa 8.900 Anspruchstellerinnen in den USA für insgesamt rund 1,8 Mrd. USD vereinbart.« Dabei handele es sich um Erkrankungen infolge von venösen Blutgerinnseln wie tiefen Venenthrombosen oder Lungenembolien. Weiter heißt es: »Im März 2013 hat Bayer ohne Anerkennung einer Haftung und für einen Gesamtbetrag von maximal 24 Millionen US-Dollar einem Vergleich der Gerichtsverfahren zugestimmt, in dem Klägerinnen Schädigungen der Gallenblase behaupten.«

In der Bundesrepublik, dem Stammland der Bayer AG, war bis dato noch keine Klage erhoben worden. Als erste deutsche Geschädigte reicht Rohrer 2011 Zivilklage gegen die Bayer Vital GmbH ein.[134] »Die Firma wird auf Schadensersatz und Schmerzensgeld wegen schädlicher Wirkungen des Präparates« verklagt, erklärt ihr Rechtsanwalt Martin Jensch. Wir fragen den Konzern auch zum Fall von Felicitas Rohrer. Bayer will sich jedoch, mit Hinweis auf das laufende juristische Verfahren, nicht äußern.

Kritik an Ärzten

Doch Felicitas Rohrers Kritik richtet sich auch gegen die behandelnden Ärzte. Sie wirft ihnen vor, sich nicht ausreichend zu informieren, bevor sie ein neues Medikament verschreiben. »Zu jedem neuen Produkt gibt es ja immer Ärzteinformationen, beziehungsweise es gibt das *arzneitelegramm*, wo eben die neuen Arzneimittel erklärt werden und auch die Risiken beschrieben werden. Von daher ist das eigentlich zu erwarten, dass der Arzt Bescheid weiß über das neue Medikament.«

»In der Praxis sieht das leider anders aus«, sagt sie. Da seien die neuen Medikamente rasch angenommen und den Patientinnen verschrieben worden. »Ich will damit nicht sagen, dass alle Ärzte bestechlich sind, aber es ist natürlich einfach gängige Praxis, dass die Pharmavertreter, die in die Praxen kommen, ein Produkt so gut wie möglich verkaufen wollen. Da passiert es dann leider sehr oft, dass sich die Ärzte nicht ausreichend informieren, sondern einfach denken, ein neues Produkt muss besser sein.« Felicitas Rohrers Prozess befindet sich indes noch im schriftlichen Verfahren. »Das Problem ist, dass medizinische Prozesse immer sehr langwierig sind.« Und sie wird belegen müssen, dass die Pille Schuld an ihrer Krankheit hat. Ein schwieriges Unterfangen – mit offenem Ausgang.

Für die gesundheitlich angeschlagene junge Frau ist das alles ein Kraftakt. Warum nimmt sie ihn auf sich? Nicht nur aus eigener Betroffenheit, wie sie sagt, sondern aus einem Gerechtigkeitsgefühl heraus. Felicitas Rohrer wünscht sich, dass der Pharmakonzern Verantwortung übernimmt. Verantwortung für die eigenen Produkte.

Bis heute gibt es Artikel in Mädchen- und Frauenzeitschriften, in denen für den Schöne-Haut-Effekt der Antibabypillen »geworben« wird. »Die Pharmazie hat sich darauf spezialisiert, die Pille so zu optimieren, dass sie mittlerweile noch viel mehr kann als ›bloß‹ verhüten«, heißt es zum Beispiel in einem Artikel der *Jolie*. In einem »großen Pillen-Vergleich« wird darin auch über mögliche »positive« und »negative« Nebenwirkungen aufgeklärt. Positiv ist zum Beispiel vermerkt: »Deutliche Verbesserung des Hautbildes nach spätestens drei Monaten.« Und negativ: »Die üblichen Verdächtigen wie die erhöhte Gefahr einer Thrombose.«[135] Die üblichen Verdächtigen?

Alles easy oder was? Felicitas Rohrer und andere betroffene Frauen dürften das entschieden anders sehen.

3. Hormontherapie: Ist Ihr Kind auch zu klein für sein Alter?

Dass sich mit gesellschaftlichen Problemen und Ängsten Medikamente verkaufen lassen, haben Pharmafirmen also erkannt. Dass sie dafür immer jüngere Zielgruppen umwerben, ist die neueste Entwicklung dabei.

»Nur ein kleiner Pieks« – größer werden, normaler werden?

Ist Ihr Kind kleiner, als Sie in seinem Alter waren? »Wenn Sie sich Sorgen machen, dass Ihr Kind langsamer wächst als seine Klassenkameraden oder Geschwister, kontaktieren Sie Ihren Kinderarzt, damit eine mögliche Wachstumsstörung frühzeitig erkannt und behandelt werden kann.« In der Gesundheitszeitschrift *ü3*, die unter anderem in Kindergärten und Wartezimmern von Arztpraxen ausliegt, spricht eine Annonce Eltern auf diese Weise an – ergänzt durch ein Foto, das eine Schar vergnügter Kinder zeigt. Eines davon ist etwa einen Kopf kleiner als die anderen. Der Slogan, der sich an besorgte Eltern richtet, lautet: »Seine Größe kann etwas über seine Gesundheit aussagen.«[136]

Aufgemacht ist die *ü3* wie eine ganz normale Elternzeitschrift. Wer aber genau hinschaut, sieht, dass sie von der Pharmafirma Sandoz Biopharmaceuticals gesponsert wird, einem Hersteller von Wachstumshormonen für Kinder.

Wachstumhormone sind verschreibungspflichtige Medikamente. Werbung für rezeptpflichtige Medikamente, die sich an eine Laien-Öffentlichkeit richtet, ist verboten, denken Sie? Das stimmt. Doch das lässt sich umschiffen. Ganz legal!

Voilà. Lernen Sie die »Sproutz« kennen. »Das ist die coole Band der vier Freunde Freddie, Molly, Apple, Robbie und dem verrückten Bandhund Mr. Mooglie.« So heißt es in einer anderen Anzeige in der *ü3*.[137] Sproutz, hier »cool« mit z statt mit s geschrieben, heißt übersetzt Sprossen, und so ist zu lesen, dass »Freddie« nicht nur der Bandleader an der Gitarre ist, er wird ganz nebenbei auch »mit Wachstumshormonen behandelt«. Und weil er bei der täglichen Injektion genauso cool ist wie bei seinem Auftritt auf der Bühne, heißt er mit Nachnamen Furchtlos.[138] Auch die anderen Bandmitglieder werden vorgestellt. Über »Miss Molly« heißt es zum Beispiel, sie spiele Bass, sei das älteste Bandmitglied und habe für Freddy in allen Lebenslagen super Tipps parat. Etwa, dass er trotz der täglichen Injektion genauso Fußball spielen oder auch mal alleine verreisen könne wie alle anderen Kids auch.[139]

Jeden Tag ein kleiner Pieks, und das war's schon? Super, oder? Wer nun sein Kind einer Hormontherapie unterziehen möchte, dem wird das Starter-Kit *The Sproutz* empfohlen. Es enthält unter anderem den Ratgeber »Wachsen mit *The Sproutz*, den 4-Wochen-Spritzplan, ein Maßband zur Größenkontrolle und einen Plüschhund, der dem Kind als treuer Begleiter zur Seite stehen soll, wenn es sich täglich seine Spritze setzt, um größer zu werden«. Entwickelt wurde das Starter-Kit *The Sproutz* von Sandoz Biopharmaceuticals. Wie gesagt, einem Hersteller von Wachstumshormonen für Kinder. Und Sponsor der *ü3*.

»Bedenklich sind daran gleich mehrere Aspekte«, kritisiert Christian Wagner-Ahlfs, Experte des Informationsnetzwerkes *Gute Pillen – schlechte Pillen*. »Erstens wird hier so getan, als sei es unnormal, wenn Kinder kleiner sind als ihre Altersgenossen. Zweitens, als sei es dagegen fast normal, dass Kinder mit Wachstumshormonen behandelt werden. Drittens ist es verharmlosend, für ein Begleitprogramm von Wachstumsstörungen mit einer Kinder-Rockband zu werben.«

Er befürchtet, dass Eltern durch die Anzeige unnötigerweise beunruhigt werden, dass bei ihrem Kind vielleicht eine Wachstumsstörung vorliege. »Wenn ich das in einer scheinbaren Gesundheitszeitschrift lese, glaube ich, dass das viele Eltern anspricht. Die denken dann ›oje, stimmt vielleicht auch bei meinem Kind etwas nicht?‹ Aber: Nicht jedes Kind, das irgendwie ein bisschen kleiner ist, hat automatisch eine Wachstumsstörung, die mit Medikamenten, sprich mit Hormonen behandelt werden muss. Kinder wachsen nicht alle immer gleich schnell«, sagt der Gesundheits-Experte. Und wenn das Kind angeregt durch eine Pharmawerbung in eine Diagnostik-Maschinerie gerate, die vielleicht gar nicht notwendig wäre, dann sei das sehr kritisch zu sehen.

Wir fragen beim Pharmakonzern Sandoz nach. Der weist jegliche Vorwürfe von sich. Man werbe gemäß der in Deutschland geltenden gesetzlichen Grundlage. Die Kampagne unterstütze ein Compliance-Programm für junge Patienten, »die bereits mit Wachstumshormonen behandelt werden oder bei denen eine Behandlung unmittelbar bevorsteht. Eine Entscheidung für die Therapie ist also bereits gefallen.«

Fest steht, Wachstumshormone dürfen keinesfalls leichtfertig an Kinder verabreicht werden. »Eine Behandlung mit dem Wachstumshormon *Somatropin* ist medizinisch nur vertretbar, wenn bestimmte, eng umschriebene Kriterien erfüllt sind«, sagen die Experten von *Gute Pillen – schlechte Pillen*. Das Hormon greife in viele Stoffwechselvorgänge ein und sei mit unerwünschten Wirkungen verbunden, zum Beispiel mit Ödemen, Kopfschmerzen, Muskelschmerzen oder Herzerkrankungen. Es bestehe sogar der Verdacht, dass Wachstumshormone die Lebensdauer verkürzen.[140] Davon erfährt der Leser von *ü3* nichts. Wir fragen den Konzern, warum in der Broschüre nirgends über diese Nebenwirkungen informiert wird. Sandoz erklärt dazu: »Die Entscheidung über eine Therapie liegt ausschließlich beim Arzt. Er ist über mögliche Nebenwirkungen ausführlich informiert und berät Betroffene und deren Eltern über die Therapie und mögliche Nebenwirkungen.«

Einer der Ärzte, die sich mit Wachstumshormonen auskennen, ist Privatdozent Dr. Klaus Hartmann, Endokrinologe und Kinderarzt. In seiner Praxis werden schwerpunktmäßig Kinder mit Wachstumshormonen behandelt. Aber Dr. Klaus Hartmann ist auch Inhaber des Unternehmens Biomedpark, das im Auftrag von Pharmafirmen Werbemagazine produziert und jedes Jahr einen wissenschaftlichen Kongress zum Thema Wachstumshormone im Auftrag des Pharmaunternehmens Pfizer veranstaltet.[141] Unter anderem gibt Dr. Hartmann eben jene Kinder-Zeitschrift *ü3* heraus. Wir fragen bei Dr. Hartmann nach, ob er und die Redaktion überhaupt noch unabhängig seien. Wir bekommen keine Antwort.

Das Wachstumshormon *Somatropin* ist bereits seit Anfang der 1990er-Jahre auf dem Arzneimittelmarkt. Das heißt, es steht nicht mehr unter Patentschutz, und es gibt unterschiedliche Pharmafirmen, die es anbieten. Diese Firmen stehen in Konkurrenz zueinander.

Der Kampf um die Wachstumshormone und um die Kinder ist entfacht. In Italien klären jetzt Richter, ob der Hersteller Sandoz dabei immer legale Mittel angewendet hat. Sandoz ist dort derzeit in einen Hormonskandal verwickelt, bei dem es auch um die Mittel *Omnitrope* (Wachstumshormone) und *Binocrit* (eine Kopie des menschlichen Hormons EPO – auch bekannt als Mittel zum Blutdoping) geht. 67 Ärzte aus ganz Italien stehen unter dem Verdacht der Korruption. Sie sollen von Sandoz-Vertretern bestochen worden sein, damit sie mehr Medikamente verschreiben. Vor allem Kindern seien Rezepte ausgestellt worden. Nach einer Mitteilung der Gesundheitspolizei N.A.S. Carabinieri in Bologna hätten zwölf Sandoz-Vertreter ein System aufgebaut, um Ärzte zu »belohnen«. Die Vorwürfe sind üppig: Für jeden zusätzlichen Patienten erhielten die Ärzte einen »Bonus« von 500 bis 1.000 Euro. Diesen Bonus bekamen die Mediziner in Form von Einladungen zu internationalen Kongressen, iPads, teuren Uhren oder bar unter dem Tisch. Dabei hätten Kinderärzte und Endokrinologen nicht nur zu hohe Hormon-Dosen verschrieben, sie hätten auch gezielt kleine Patienten gesucht, denen sie die Medikamente verschreiben können. In ganz Italien überprüften die Behörden, ob die Wachstumshormone überhaupt an die Patienten hätten verabreicht werden dürfen.

Alberto Ugazio, Präsident der italienischen Gesellschaft für Kinderheilkunde, sagte in der Tageszeitung *Corriere della Sera*, er sei bestürzt über die Vorwürfe. Gleichzeitig kritisiert er grundsätzlich die Behandlung mit Wachstumshormonen, die stark zugenommen habe, denn »eigentlich muss nur Kleinwuchs, eine seltene Krankheit, mit Wachstumshormonen behandelt werden«, so der Kinderarzt.[142]

Wir fragen noch einmal bei Sandoz nach. Man habe die nach geltendem italienischen Recht möglichen Disziplinierungsmaßnahmen gegen die betroffenen Mitarbeiter ergriffen, heißt es von Seiten des Konzerns. Zu dem laufenden Verfahren wolle man sich nicht äußern.

Zu laut, zu leise, zu dick, zu klein – die große Angst ums Kind

Kinder dürfen nicht mehr Kinder sein. Sie sind uns zu laut, zu zappelig, zu unangepasst. Pillen sollen helfen, damit sie besser funktionieren und besser aussehen. Das Geschäft mit den Kindern floriert bestens. Zum Erfolg verhilft unsere Angst. Unsere Angst, die Tochter, der Sohn könnte nicht normal sein – in den Augen der anderen, aber auch nach unserer Vorstellung. Ist es nicht ein Widerspruch: Wir rühmen uns unserer Freiheit und Individualität. Unsere Kinder bekommen die ausgefallensten Namen, wir wollen sie nach ihren Fähigkeiten individuell fördern, jedes Talent einzeln entfalten. Und beim genaueren Hinsehen? Unterwerfen wir uns dem Diktat der Gleichmacherei. Wir normieren Aussehen und Verhalten. Wir formatieren unsere Kinder. Statt sie so anzunehmen, wie sie sind, bringen wir sie mit Pillen auf Linie. Nur, die Medikamente hinterlassen zwar äußerlich keine Schrammen. Die richtigen Mittel sind sie deshalb noch lange nicht. Optimiert. Pathologisiert. Kommerzialisiert. Das ist Kindheit in Deutschland.

KAPITEL V
Die Kinderstarkmacher

Wollen wir das? Eine Generation von Pillenschluckern heranziehen? Kinder, die von klein an auf Psychopharmaka angewiesen sind? Und die Medikamente womöglich ihr Leben lang einnehmen müssen? Ganz zu schweigen von den nicht einzuschätzenden Nebenwirkungen. Kinder, die dann als Erwachsene selbst Verantwortung übernehmen sollen – für die nächste Generation? Welche Wege gibt es, Kinder fürs Leben stark zu machen – ohne Medikamente?

Wir haben mit Menschen gesprochen, die das tun: Kinder stark machen. Hier sind ihre Antworten. Hier sind ihre Geschichten.

1. Alle in einem Boot

In Schwedt gibt es eine Tagesgruppe, in der ausschließlich Kinder mit Verhaltensstörungen betreut werden

Montagmittag, zehn nach zwölf. Nico Meißner macht sich auf den Weg, die Kinder von der Schule abzuholen. Der Hort-Erzieher kümmert sich um die, mit denen keiner mehr zurechtkommt. Weder die Lehrer noch die Eltern oder Großeltern. Weil sie zappelig sind. Oder aggressiv. Eben verhaltensgestört. So nennen sie oft die Lehrer, die Eltern, das ganze Umfeld. Meißners Kollegin Sandra Mielenz nennt die Kinder »unsere Goldklumpen«. Sie ist überzeugt, dass hinter der Fassade aus auffälligem Verhalten Schätze verborgen sind. Sie selbst hat oft erlebt, wenn man an die Kinder glaubt, sie unterstützt, auf Schatzsuche geht, wird ein goldener Kern sichtbar.

Sandra Mielenz betreut mit Nico Meißner und einer weiteren Kollegin im brandenburgischen Städtchen Schwedt eine ungewöhnliche und besondere Einrichtung. Eine »spezifische Tagesgruppe mit therapeutischem Ansatz für Kinder mit Verhaltensproblematik«. Die Tagesgruppe ist in einen Hort integriert, sodass die Kinder nach zwei Jahren dort automatisch aufgenommen werden können. »Das hat den Vorteil, dass sie sich nicht noch mal neu orientieren müssen, die anderen Kinder, die Erzieher und die Abläufe bereits kennen«, erklärt Leiterin Mielenz die Idee dahinter.

Gestartet ist das Projekt 2003. Zunächst als ausschließliches Angebot für Kinder mit AD(H)S-Diagnosen. Mielenz berichtet von den Anfängen: »Wir hatten damals eine Kinder- und Jugendärztin hier in Schwedt. Sie schlug die Hände über dem Kopf zusammen und sagte, es werden immer mehr Kinder mit AD(H)S.« Immer häufiger kämen Eltern zu ihr in die Praxis und klagten, ihre Kinder kämen in den Kitagruppen nicht klar. Sie hätten Schwierigkeiten mit den anderen Kindern, den Pädagogen, überhaupt im sozialen Umgang. Auch beim Jugendamt hätten die überforderten Eltern um Unterstützung gebeten und Hilfe beantragt. Sandra Mielenz sagt: »Es war klar, dass wir handeln müssen.« Die Idee, was man tun könnte, folgte. Es sollte ein Angebot geschaffen werden, das die Kinder am Nachmittag nutzen können und bei dem (ergo-)therapeutische Angebote gleich mit integriert sind. »Die Kinder brauchen keine Einzelstunden nach der Schule, wo sie sich sowieso nicht mehr konzentrieren können, die brauchen soziales Lernen in der Gruppe«, begründet Sandra Mielenz die Entscheidung für diesen ungewöhnlichen Ansatz.

Und es funktioniert. Eltern können die Aufnahme in die Tagesgruppe beim Jugendamt als Jugendhilfeleistung beantragen. Die Kinder bleiben in ihrer Familie, werden aber am Nachmittag betreut. Das nimmt viel Druck. »Man muss wirklich sagen, wir sind oft die letzte Anlaufstation für die Kinder.« Vor der Heimunterbringung.

Zwei Jahre haben die ausgebildete Heilpädagogin und ihre Kollegen Zeit, das Ruder herumzureißen, die Kinder – und auch die Eltern – zu stärken. Mielenz beschreibt die Ausgangssituation: Die Kinder, die zu ihnen in die Gruppe kommen, hätten meist so gut wie kein Selbstbewusstsein, wären schnell frustriert und reagierten aggressiv. Hobbys?

Fehlanzeige. Aus Sportgruppen sind sie oft ausgetreten oder es wurde ihnen nahegelegt auszutreten. Die Kinder sind ins Abseits gerutscht. »Es gibt einfach ständig Konflikte mit anderen«, sagt die Einrichtungsleiterin. »Sie sind zwar meistens der Pausenclown, aber sie haben keine Freunde. Man lacht über sie, aber nicht mit ihnen.« Ihnen fiele es zudem schwer, Strukturen und Regeln einzuhalten. Selbst für Pädagogen seien sie eine große Herausforderung.

Den Eltern falle es oft schwer, »Erziehung zu leisten«, sagt Sandra Mielenz. Sie seien erschöpft, hätten Zukunftsängste, Stress mit dem Umfeld. Außerdem sind die Familien selten »vollständig«. Das heißt, die Eltern leben in Trennung und/oder mit neuen Partnern zusammen. Auch das schafft Konflikte. »Ein Teufelskreis für Kinder und Eltern«, sagt Mielenz. Der führe dazu, dass sie bisher wenig positive Erfahrungen gemacht haben. Die Eltern nicht mit ihren Kindern. Die Kinder nicht mit ihren Eltern. Vom Umfeld ganz zu schweigen. Ein Notstand. »Wichtig ist, wenn die Eltern mit ihren Kindern hier ankommen, dass man sie auffängt.«

Struktur geben und gleichzeitig flexibel bleiben, um auf die Bedürfnisse und akuten Probleme der einzelnen Kinder eingehen zu können, Erfolgserlebnisse schaffen – das ist kurz gesagt der Arbeitsansatz in der Tagesgruppe. Das alles lässt sich nach Ansicht der Pädagogen am besten in einer kleinen Gruppe von sechs bis acht Kindern umsetzen. Auf zwei bis drei Kinder komme ein Erzieher. »In einer kleinen Gruppe wie der unseren ist es eben möglich, dass man das einzelne Kind viel schneller auffangen und auf seine Probleme eingehen kann«, sagt Mielenz. Kinder brauchen Sicherheit. Eine sichere Beziehung.»Sie müssen lernen, dass sie sich auf uns verlassen können. Wenn wir ihnen sagen, wir gehen Mittwoch zum Fußballspiel, dann gehen wir Mittwoch auch zum Fußballspiel, es sei denn, es regnet.« Zuverlässigkeit. Eine Erfahrung, die den Kindern oft fehle. Sie sei wichtiger, als große Versprechen zu machen, betont die Pädagogin. Ein Mensch-ärgere-dich-nicht-Spiel am Abend reiche vollkommen aus und freue die Kinder ungemein. Die Kinder aufzufangen heißt aber auch, hinter das akute Verhalten, die Aggressionen, das Geschrei, das Gezappel zu blicken und herauszufinden, was dahintersteckt. Erst wenn die Probleme erkannt werden, kann den Kindern und den Familien wirklich geholfen werden.

Dazu kommt, was Sandra Mielenz intensive »Elternarbeit« nennt.»Wir hatten schon Elterngespräche, da haben wir eine Stunde gewartet, bis den Eltern eingefallen ist, was ihr Kind Positives kann. Das geht nicht um irgendwelche Besonderheiten, sondern um einfache Dinge. Dass das Kind mal den Geschirrspüler ausgeräumt oder den Tisch gedeckt hat. Solche Sachen sehen die Eltern nicht. Oder nicht mehr. Hier geht es dann darum, zunächst einmal den Blick wieder zu öffnen. Dass die Eltern wieder die positiven Seiten sehen, die ihr Kind, die jedes Kind hat.«

Oft hätten die Eltern großen Redebedarf. Sandra Mielenz und ihre Kollegen hören zu – ohne Wertung. Das sei für die Eltern bereits eine Erleichterung. Außerdem gibt es einmal im Monat ein Elternfrühstück. »Da merken sie dann, sie sind nicht allein mit ihren Problemen.« Wichtig sei einfach, dass Druck weggenommen würde. Bei den Eltern. Bei den Kindern.

Hinaus in den Wald – zur Schnitzeljagd

Der erste Schützling, den Nico Meißner heute abholt, steht auf dem Bürgersteig vor der Erich-Kästner-Grundschule. David[143] ist ein zierliches Kind mit blonden Haaren unter einer Baseballkappe. Er trägt einen großen Schulranzen auf dem schmächtigen Rücken. Als der Kleinbus vor ihm hält, huscht ein Lächeln über sein schmales Gesichtchen.

»Und wie war dein Wochenende?«, fragt Meißner ihn, als er auf der Rückbank sitzt.

»Gut«, sagt David. »Im Wald gibt es noch Pilze«, fügt er dann scheinbar zusammenhanglos hinzu.

»Woher weißt du das?«

»Ich bin am Wochenende im Wald gewesen«, erzählt David sichtlich stolz.

»Mit deinem Papa?«

»Ja. Und mit Papas Freundin.«

Sie seien in der vergangenen Woche mit den Kindern Pilze sammeln gewesen, erzählt Meißner. Erfreulich, dass der Junge seinen Vater offenbar animieren konnte, noch einmal mit ihm in den Wald zu gehen. Es sei nämlich nicht selten, dass die Kinder das ganze Wochenende vor dem Computer verbringen würden und gar nicht raus an die Luft kämen. Entsprechend überdreht wären sie dann am Wochenanfang.

Überhaupt ist der Montag meist ein »Hammertag« für Meißner und seine Kolleginnen. Die Gründe sind vielschichtig. Zum Bewegungsmangel geselle sich oft der Frust, nach zwei freien Tagen wieder in die Schule gehen zu müssen, in der die Kinder Schwierigkeiten haben. Außerdem gibt es offenbar nicht selten Probleme und Konflikte zu Hause. Auch ein geregelter Tagesablauf fehlt häufig.

Geregelte Mahlzeiten, Schlafenszeiten. Genau das bräuchten die Kinder aber, sagt Meißner.

Die Fahrt im Auto gibt dem ausgebildeten Ergotherapeuten die Gelegenheit herauszufinden, in welchem »Zustand« die Kinder gerade sind. Um dann entsprechend auf sie eingehen zu können. Was tut not? Rückzug oder Rumtollen? Entspannung oder Erlebnisse? »Man kann immer ganz viel planen in einer Tagesgruppe, aber man wird auch ganz viel wieder verwerfen müssen.« Erfahrungswerte. »Wir gucken wirklich ganz aktuell, wie kommen die Kinder an.« Und entsprechend sind dann die Maßnahmen, die sie ergreifen. Manchmal müsste ihnen zum Beispiel einfach die Gelegenheit gegeben werden, alleine draußen zu sein, herumzutoben. »Wir haben große Fenster«, sagt Meißner und grinst. »Da haben wir sie im Blick.« Oft fahren sie mit den Kindern in den Wald – zur Schnitzeljagd. Dort könnten sie so laut sein, wie sie wollen, toben und raufen. Ohne dass sie gleich schief angesehen werden. Dann können sie auch mal einen Stock nehmen und den von sich schleudern. Einfach, um Frust und Anspannung loszuwerden, die sich oft angestaut haben. »Da sind ja überall nur Regeln und Normen, die auf die Kinder einwirken und an die sie sich halten müssen«, findet Meißner. Und dieses Gefühl, mal frei und unbeschwert sein zu dürfen oder sich als aktiv Handelnde zu spüren, das erlebten sie viel zu selten.

Alle in einem Boot

Deshalb greifen der Ergotherapeut und seine Kolleginnen auch auf (Therapie-)Maßnahmen zurück, die auf den ersten Blick ungewöhnlich erscheinen. Wie eben eine spontane Schnitzeljagd im Wald. Oder gemeinsames Kanufahren. Denn Schwedt liegt idyllisch am Wasser. Das lässt sich nutzen. Druck abbauen, Kondition aufbauen, Konzentration und Ausdauer trainieren, Natur erleben und Wissenswertes darüber erfahren – Kanufahren macht all das möglich. Vor allem auch, sich in einer Gemeinschaft zu erleben. »Die Kinder kommen im Kanu ja nur vorwärts, wenn sie im Team agieren«, erklärt Meißner. »Sie müssen sich anpassen. Teil dieser Gruppe sein.« Das sei etwas, was die Kinder bislang kaum erfahren hätten.

Dazu komme intensives Wahrnehmen: »Sie spüren den Wind im Gesicht. Den Zug des Wassers, den Druck des Ruders.« Dieses Erleben sei toll für die Kinder, sagt der Ergotherapeut. Und wichtig.

Schlagmann sein, den Takt für das ganze Boot vorgeben: Auch diese Gelegenheit erhalten die Kinder beim Kanufahren. »Das ist gerade für Kinder, die sich sonst zurückgesetzt fühlen, ein Erfolgserlebnis.« Man könne einen Wettkampf daraus machen, zwei Boote gegeneinander antreten lassen. »Da ist dann wirklich dieses Auspowern.«

Goldklumpen finden. Meißner erzählt von einem hyperaktiven Jungen, der so sein Talent für das Rudern entdeckt hat. »Der konnte irgendwann sogar im Einer fahren und hatte das Boot wirklich unter Kontrolle. Der war so stolz, dieses Einer-Kanu alleine lenken zu können.«

Dass sich Bewegung und sportliche Aktivitäten positiv auf die Konzentrationsfähigkeit bei Kindern auswirken, ist übrigens jüngst durch Sportwissenschaftler und Ärzte aus den USA und Japan wissenschaftlich bestätigt worden. »In der Fachzeitschrift *Pediatrics* beschreiben die Forscher die positiven Auswirkungen eines regelmäßigen Bewegungsprogramms. Demnach führen 70 Minuten Sport täglich dazu, dass sich Kinder besser konzentrieren können, sich weniger ablenken lassen und geistesgegenwärtiger werden.[144]

Warten können

Weiter geht Meißners Fahrt. Vorbei an Einfamilienhäusern und immer wieder Plattenbauten. Meißner biegt von der Hauptstraße in eine schmale Seitenstraße ein. Der Bus rumpelt über Kopfsteinpflaster und hält erneut vor einer Grundschule. Der Junge, den Meißner hier abholen möchte, ist nirgends zu sehen. Doch, da hinter dem Tor lugt ein dunkler Haarschopf hervor. Und verschwindet wieder. Meißner steigt aus, um nach dem Jungen zu sehen. Ein paar Minuten später tauchen beide wieder auf. Jakob[145] ist blass, das linke Augenlid zittert, sein Blick ist nach unten gerichtet. Schweigend steigt er in den Bus, und sie fahren zum Hort. Insgesamt sechs Kinder sind momentan in der Tagesgruppe. Heute sind sie aber nur zu dritt. Der noch fehlende Junge wird zu Fuß kommen. Seine Schule liegt gegenüber vom Hort.

Als Nico Meißner vor dem Haus vorfährt, klettern die beiden Jungen aus dem Auto und warten geduldig, bis auch ihr Erzieher ausgestiegen ist. Das ist ein großer Erfolg. Früher seien sie gleich losgestürmt, erinnert sich Meißner. Er zeigt auf Jakobs großen Rucksack. Der sei irrsinnig schwer, sagt er. Das liege daran, dass Jakob seine kompletten Schulsachen ständig mit sich trage. Aus panischer Angst, er könne etwas vergessen. »Trotzdem fehlt ständig etwas«, sagt Nico Meißner und seufzt. Obwohl sich der Junge so anstrenge. Es ist wie verhext.

Goldklumpen finden – kleine Schritte, große Erfolge

Eine gute halbe Stunde später sitzen David und Jakob im Hausaufgabentrainingsraum. An der Wand ein freundlicher Farbton, ansonsten nichts, was ablenken könnte. Nun heißt es Arbeit, Schwerstarbeit. Für die Jungen und auch für die Erzieher. Denn hier im Hausaufgabenraum spielen sich mitunter drastische Szenen ab. Vor allem, wenn neue Kinder in der Gruppe sind. Da fliegen Bücher, da wird über Tische und Stühle gestiegen, da werden die Erzieher mit wüsten Schimpfworten überschüttet, kurz, es wird alles gemacht, nur keine Hausaufgaben.

Wie gehen die Pädagogen damit um? Kleine, ganz kleine Schritte bedeuten hier schon einen Erfolg, sagt Meißner. Also nicht die Büchse der Pandora öffnen und alle »Fehler« auf einmal abstellen wollen, sondern gemeinsam mit den Kindern einen Aspekt nach dem anderen angehen. Die Beschränkung auf ein Thema ist sehr wichtig für die Kinder. Zu viel macht konfus, und das sind die Kinder schon. Klare Strukturen. Das gilt auch für den Arbeitsplatz. Der muss aufgeräumt sein, dort darf nur liegen, was wirklich in dem Moment gebraucht wird. »Wie es bei den Kindern teilweise auch im Kopf aussieht, so sieht auch der Arbeitsplatz aus«, erklärt Meißner. Und so könne man natürlich nicht arbeiten. Deshalb müssen eben die Reize weg. Die Kinder lernen so Schritt für Schritt, für sich eine Ordnung zu schaffen. Erst auf dem Tisch, dann im Kopf.

Wichtig sei auch, dass die Kinder einen stabilen Sitz haben, dass ihre Füße fest am Boden stehen und nicht in der Luft herumbaumeln. Bei manchen Kindern habe es sich deshalb bewährt, dass die Erzieher ihnen zusätzlich kleine Sandsäckchen auf die Füße legen. Das erdet noch mehr und macht sie ruhiger.

Und dann gibt es da noch die Schatzkiste. Die Kinder können sich montags Spielsachen daraus aussuchen und für das Ende der Woche reservieren – als ihre persönliche Belohnung, wenn sie ihre jeweilige Wochenaufgabe geschafft haben. Das kann zum Beispiel bedeuten, dass das Kind lernt, auf das hört, was die Pädagogen sagen. Viele würden es nämlich noch nicht schaffen, zum Beispiel die Hausaufgaben alleine durchzuziehen. »Also geht es erst einmal darum, dass das jeweilige Kind darauf reagiert, wenn wir sagen, ›pack deine Sachen aus, fang bitte an‹.«

Und am Ende der Woche darf dann der Schatz gehoben werden. Am Anfang hätten sie lauter pädagogisch wertvolle Dinge in der Schatzkiste gehabt. »Die mochten die Kinder gar nicht!« Dann haben sie auf den Rat eines Schulpsychologen hin lauter »unsinnige Sachen« hineingetan. Kleine Scherzartikel, Glupschaugen, falsche Hasenzähne. Richtiger Kinderkram eben. »Das wollten die Kinder haben! Und dann haben die sich auch bemüht«, Sandra Mielenz lacht. Natürlich sei das nicht die Lösung für alles. Aber hier habe es funktioniert. Struktur geben und flexibel bleiben.

Goldklumpen finden. Für Sandra Mielenz und Nico Meißner gibt es immer wieder solche Schatzsuchermomente. Meißner erzählt: »Vor kurzem ist einer der Jungen zu mir gekommen und hat gesagt, ›Nico, ich bin zum ersten Mal zu einem Geburtstag eingeladen worden.‹ Da sind uns beiden« fast die Tränen heruntergekullert«, sagt Nico Meißner. Kostbare Momente, die nahegehen und auf die alle ungemein stolz sind. Kleine Schritte. Große Erfolge.

2. Sein Leben selbst in die Hand nehmen – mit Neurofeedback gegen ADHS

Unaufmerksam, ruhelos, ständig in Bewegung und impulsiv – Kinder mit ADHS machen häufig den Eindruck, als hätten sie den Turbogang eingelegt. Doch eigentlich ist ihr Gehirn eher »untererregt«, wie Dr. Ute Strehl berichtet. Studien zeigen, dass die Gehirnwellen, die normalerweise bei tiefer Entspannung und einem schläfrigen Wachzustand vorkommen, bei Patienten mit der Diagnose ADHS stärker ausgeprägt sind. Gleichzeitig sind Wellen, die bei konzentrierter geistiger oder körperlicher Aktivität und einem aufmerksamen Wachzustand vorkommen, vermindert.

Ein Problem, das die Neurowissenschaftlerin Strehl vom Institut für Medizinische Psychologie und Verhaltensneurobiologie der Universität Tübingen mit Neurofeedback therapiert. »Neurofeedback ist eine computergestützte Trainingsmethode. Dabei werden die Gehirnwellen über Elektroden auf der Kopfhaut über ein Elektroenzephalogramm, kurz EEG, gemessen und dem Patienten an einem Monitor kontinuierlich in Echtzeit dargestellt.«

Was ziemlich trocken klingt, macht den meisten Kindern viel Spaß. An einem Monitor sehen sie beispielsweise ein Flugzeug und können es bewegen – ein Lernprozess von Versuch und Irrtum. Denn das Flugzeug bildet die Hirnströme ab: Ist das Kind aufgeregt, fliegt das Flugzeug hoch. Versucht es, an nichts zu denken, sinkt das Flugzeug. Alle acht Sekunden muss das Kind einen bestimmten Erregungszustand herbeiführen und damit das Flugzeug »steuern«. Was wie Spielerei klingt, ist Training für das Gehirn: »Die Kinder lernen so im Lauf der Zeit, wie sich ein erregtes oder ein untererregtes Gehirn anfühlt und was sie dafür tun müssen, um es in den einen oder anderen Zustand zu bringen«, erklärt Strehl. Diese gelernte Strategie können sie später auch im Alltag automatisch einsetzen, die ADHS-Symptome werden abgeschwächt.

Und das ist nicht nur graue Theorie: Gemeinsam mit den Unikliniken Göttingen, Frankfurt, Hamm und Mannheim hat Strehl eine Neurofeedback-Studie mit über 100 ADHS-Kindern abgeschlossen. Dabei wurde die Neurofeedback-Therapie mit einem Training zur Muskelkontrolle verglichen. Die Studie ist noch nicht komplett ausgewertet – fest steht, das Neurofeedback schneidet deutlich besser ab. Aufmerksamkeitsprobleme und Konzentrationsschwächen können signifikant verbessert werden. Dafür sind aber mindestens 25 Sitzungen nötig.

Konkret zeigt sich die positive Wirkung an besseren Schulleistungen und weniger Stresssituationen. »Die Kinder haben ein einfacheres Leben: Plötzlich können sie sich konzentrieren und aufmerksam sein. Plötzlich funktioniert das mit dem Vokabellernen, und sie können ihr Wissen beim Test auch abrufen«, erklärt Strehl. Anders als bei Medikamenten lernen Kinder, dass sie sich selbst kontrollieren und regulieren können. »Sie kriegen mit: Ich bin es, ich kann etwas gegen diesen blöden Zustand machen.« Das sei gerade für pubertierende Kinder wichtig: »Diese Medikamente sind für viele ein absolutes Hassobjekt, weil sie eben nicht fremdgesteuert werden wollen. Schließlich ist das gerade die Zeit, in der man sein Leben selbst in die Hand nehmen will.«

Einer, dem das Neurofeedback-Training geholfen hat, ist Tim Wanner. Bei dem mittlerweile 20-Jährigen wurde vor zwölf Jahren ADHS diagnostiziert: »Ich konnte mich schlecht an Regeln halten, war immer aktiv und habe den Clown gegeben.« Sein Verhalten war nicht erst in der Schule auffällig, erinnert sich seine Mutter Bärbel Wanner. »Er war schon als Säugling ganz anders als sein älterer Bruder. Tim hat wenig geschlafen und war ziemlich rege. Mit sieben Monaten fing er bereits an zu laufen.« Im Kindergarten hielt er sich an keine Regeln und büxte häufig aus: »Plötzlich stand Tim zu Hause vor der Tür, er war im Kindergarten einfach über den Zaun geklettert.«

In der Schule verschlimmerten sich die Probleme. »Tim störte und war schwierig: Alle Kinder arbeiten, nur Tim macht Terz«, sagt seine Mutter. »Tim litt unter der Situation, bekam aber gar nicht mit, was er falsch gemacht hatte.« Als Ernährungsumstellung und Homöopathie nicht anschlugen, verschrieb der Hausarzt *Ritalin*. Das wirkte gut, erinnert sich Tim Wanner. »Aber ich wollte eigentlich nicht abhängig von Tabletten sein.«

Als Tim zwölf Jahre alt war, weigerte er sich, die Medikamente zu nehmen, versteckte sie. »Das merkte man aber sofort«, sagt seine Mutter. Über eine befreundete Ergotherapeutin und Ärztin erfuhr sie von der Neurofeedback-Therapie: »Ich komme aus dem medizinisch-technischen Bereich und war sofort begeistert.« Doch der Anfang war schwierig. »Ich dachte, wie soll das funktionieren?«, erinnert sich Tim Wanner. Nach den ersten drei Malen habe er aber eine Routine entwickelt. »Irgendwann wird das Konzept greifbar, und es macht Spaß. Das hat dann meinen Ehrgeiz geweckt: Wie gut kann ich werden?«

Die Veränderungen durch die Therapie waren an Tim schnell zu beobachten, sagt Bärbel Wanner. »Er wurde ruhiger, weniger impulsiv und launisch.« Doch ein erster Versuch, das *Ritalin* auf einen Schlag abzusetzen, schlug fehl. Tim hatte die Übungen noch nicht ganz verinnerlicht. Schließlich wurde die Dosis nach und nach gesenkt. Doch konnte Tim ganz ohne Medikamente? Nach etwa 50 Sitzungen bekam Tim in einem Doppelblindversuch vier Wochen lang manchmal *Ritalin*, manchmal ein Placebo. Seine Mutter führte Tagebuch, es war kein Unterschied zu erkennen.

»Das war die Bestätigung: Jetzt habe ich es geschafft«, sagt Tim Wanner. »Das Gefühl war umwerfend.« Heute nimmt er weder Tabletten noch macht er weiter Neurofeedback. »Die Therapie ist wie Fahrradfahren: Ich habe sie einmal gelernt und kann sie immer abrufen.« Mittlerweile hat er sein Abitur gemacht, war ein Jahr in Australien und Thailand und beginnt nun mit einem Studium. ADHS hat er hinter sich gelassen. »Wenn ich neuen Freunden davon erzähle, können sie sich das überhaupt nicht vorstellen: Du bist doch so ein Ruhiger«, erzählt Tim Wanner.

Seine Mutter hat sich selbst zur Neurofeedback-Therapeutin ausbilden lassen. »Ich bin kein *Ritalin*-Gegner«, stellt sie klar. Einige Kinder könnten die Aufmerksamkeit nicht aufbringen, die für die Neurofeedback-Therapie notwendig ist. »Ich habe bislang aber noch keinen Klienten gehabt, der nicht von der Umsetzung des Trainings in Alltagssituationen profitieren konnte.«

Bislang werden die Kosten für Neurofeedback von den Krankenkassen nicht ohne weiteres erstattet. Das dürfte der Hauptgrund sein, warum die Therapie noch nicht weit verbreitet ist, schätzt Strehl. Ausgerechnet ein Hersteller von Medikamenten gegen ADHS in Deutschland unterstützt den Einsatz von Neurofeedback. »Die Firma hat einem Arzt aus Hamburg ein Gerät sogar in die Praxis gestellt«, sagt Strehl. »Aber eben nur einmal – und im Prinzip bräuchten wir das viele Male.« Vielleicht sei es auch ein Geschäft für die Pharmafirmen, überlegt sie. Momentan scheitert das wohl noch daran, dass die Kostenerstattung durch die Krankenkassen nicht ohne weiteres funktioniert. »Die Firmen wissen, dass ihre Medikamente laufen und die Kosten dafür erstattet werden – da ist Neurofeedback eben nicht so interessant.«

Von einem Training für zu Hause rät Strehl ab. »Man kennt das ja vom Crosstrainer – der steht dann ja auch schnell in der Ecke.« Außerdem müssten die Eltern eine entsprechende Ausbildung haben und die Geräte richtig gut sein, damit das EEG wirklich erfasst werde. Das kostet dann mehrere Tausend Euro.

3. »Da war plötzlich Konzentration!«

Interview mit Rechtsanwalt Jürgen Peters. Er macht mit Schülern Improvisationstheater – und hat großen Erfolg damit

Vor drei Jahren gründete der Rechtsanwalt Jürgen Peters den Verein *Impro macht Schule e.V.* in München. Seine Idee: Improvisationstheater soll Schülern zu mehr Selbstbewusstsein, Konzentration und Kreativität verhelfen. Anfangs waren Jürgen Peters und seine Mitstreiter nicht sicher, ob sich die Idee wirklich umsetzen lässt. Sie hatten nicht damit gerechnet, dass die Schüler so unkonzentriert, so zappelig und zuweilen auch aggressiv sind. Doch schon nach wenigen Begegnungen mit dem Impro-Theater änderte sich das. Das Projekt ist inzwischen an mehreren Münchner Mittelschulen etabliert. Jürgen Peters erzählt warum.

Wie sind Sie auf die Idee gekommen, den Verein Impro macht Schule zu gründen?

Mich begeistert das Improvisationstheater seit acht Jahren. Ich bin selbst Mitglied der Improvisations-Gruppe *Kuh auf Eis*. Irgendwann dachte ich, für Schulen wäre das auch eine tolle Sache. Ich konnte einen meiner Impro-Lehrer für die Idee begeistern. Roland Trescher ist so etwas wie ein Urgestein der deutschen Impro-Szene. Ein Team hat sich gebildet, und wir haben losgelegt. Inzwischen gibt es *Impro macht Schule* an sieben Schulen, sechs Mittelschulen und einer Gesamtschule.

Was ist denn Improvisationstheater genau?

Das Besondere ist, dass die Schauspieler ohne vorgefertigten Text und ohne feste Handlung spielen. Sie reagieren quasi spontan auf das Publikum, das ihnen verschiedene Begriffe zuruft. Die setzen sie dann in Szene.

Was war Ihre erste Erfahrung mit den Schülern?

Ich muss sagen, dass wir uns das Ganze ein bisschen einfacher vorgestellt haben. Da gibt es zum Beispiel eine einfache Übung im Kreis, in der man sich »zuklatscht«, der Empfänger gibt dann dieses Klatschen an eine andere Person weiter. Das ist eigentlich eine Basisübung. Aber ich musste feststellen, dass bei den Schülern die Konzentration für so eine einfache Übung nicht vorhanden war. Wir haben gemerkt, da steht uns noch eine ganze Menge Arbeit bevor.

Wie haben sich die Schwierigkeiten geäußert?

Manche Schüler klinken sich ganz schnell aus, stehen abseits, beschäftigen sich mit ihren Handys, die sie eigentlich gar nicht anhaben sollten. Oder unterhalten sich. Andere sind plötzlich wahnsinnig aufgedreht, lachen vor lauter Verlegenheit eine Szene »tot«. Es fällt ihnen einfach schwer, sich auf ihr Gegenüber einzulassen. Augenkontakt, Körperkontakt, auch, sich an den Händen zu fassen, ist für viele schon ein Problem. Doch das gehört beim Schauspielern einfach dazu.

Was gab es noch für Probleme?

Dass viele immer wieder in ein aggressives Verhaltensmuster zurückfallen. Wir hatten Fälle, wo Schüler wirklich aus jeder Szene eine Gewaltszene gemacht haben. Sie haben dann aber nach und nach gemerkt, dass es auch anders geht. Dann haben sie beim Spielen eben nicht mehr dem anderen eine imaginäre Handgranate geschenkt, sondern ein Osterei oder ein Küken. Und plötzlich hat sich die Geschichte in eine ganz andere Richtung entwickelt. In einem Fall hatten wir einen Schüler, der war kurz davor, von der Schule zu fliegen. Und in der Gruppe, in der »Impro«-Verankerung sozusagen, ist es gelungen, ihm neue Wege aufzuzeigen.

Haben Sie auch Kinder, die unter massiven Konzentrationsstörungen leiden? ADHS, ADS – begegnen Ihnen auch solche Fälle?

Durchaus. Grob geschätzt leidet die Hälfte der Schüler in den Gruppen unter derartigen Aufmerksamkeitsproblemen. In den Gruppen sind jeweils acht bis zwölf Schüler.

Wie äußert sich das?

Wenn man ihnen ein Spielformat vorgibt, dann können sie das erst einmal gar nicht bewältigen. Also zum Beispiel, wenn es heißt, wir stellen uns im Kreis auf und sagen einen Satz. Und der erste Satz fängt mit A an, der zweite mit B, der dritte mit C und so weiter. Bei diesem sogenannten ABC-Spiel muss man sich einfach konzentrieren und das Alphabet im Kopf haben. Für viele ist das wahnsinnig schwer und ein tolles Erfolgserlebnis, wenn es klappt.

Warum hilft Impro-Theater in diesen Fällen?

Normalerweise stehen die Kinder unter Stress und sind extrem angespannt. Beim Impro-Theater erleben sie einen spielerischen Umgang mit ihrer sozialen Rolle. Das entspannt. Es ist ja auch immer ein Lehrer in diesen Gruppen mit dabei. Für viele ist das zunächst problematisch. Aber im Spiel entwickelt sich oft ein ganz anderes Verhältnis zu diesem Lehrer. Denn da kann es ein, dass der Lehrer plötzlich der Schüler ist und der Schüler der Lehrer. Es entwickelt sich einfach eine lockere Atmosphäre. Schulstress spielt keine Rolle mehr.

Beim Impro-Theater muss man sich zudem gegenseitig unterstützen. Das kriegt man nur hin, wenn man entspannt ist, wenn man zuhören kann. Am Anfang gibt es viele Blockaden, es wird erst mal »Nein« gesagt. Doch nach und nach öffnen sich die Kinder und können das Angebot, das der andere macht, annehmen, aufgreifen und in ihrem eigenen Spiel weiterentwickeln. Auch wenn es das verrückteste Angebot ist. Wenn der andere zum Beispiel sagt, »lass uns doch auf den Mond fliegen«. Da kann man dann nicht sagen, ne, ich habe keine Zeit, ich muss meine Hausaufgaben machen. Dann fliegt man einfach zum Mond. Und das macht Spaß.

Was bewirkt das Impro-Theater noch?

Es hilft im Wesentlichen dabei, sich selbst, sein Verhalten und seine Bedürfnisse besser wahrzunehmen. Es stärkt das Selbstbewusstsein und Selbstvertrauen. Diese negative Haltung, »ich kann ja nichts, ich bin ja nichts«, die viele der Jugendlichen anfangs an den Tag legen, wird überwunden. Da ist dann plötzlich eine gewisse Freude und Aufgeschlossenheit. Und mit dem Selbstbewusstsein wächst auch die Konzentrationsfähigkeit. Gut tun auch die Kontakte in der Gruppe. Einfach, dass die Kinder einen geschützten Raum erleben, wo sie in unterschiedliche, tolle Rollen schlüpfen können. Das fördert die Phantasie und Kreativität.

Sie haben vor drei Jahren in einer Schule mit dem Projekt begonnen. Wie viele Schulen sind es jetzt?

Inzwischen sind es sieben Schulen in München. Die Schüler sind gewöhnlich in der 6., 7. oder 8. Klasse. Es gibt in München gut 40 Mittelschulen, die wollen wir alle noch mit dem Impro-Theater bekannt machen. Und sie wiederum mit Gymnasien vernetzen. Wir hatten kürzlich eine Session, wo Gymnasiasten aus Fürstenfeldbruck, die schon länger Impro-Theater machen, den Mittelschülern vorspielten. Und dann haben alle gemeinsam gespielt. Das war ein Wahnsinnserlebnis für alle. Am liebsten hätten die gleich eine Wohngemeinschaft gegründet. Es ist einfach wichtig, dieses Gefälle in den Schulen zu überwinden. Und auch dafür ist Impro-Theater wunderbar. Da kommt es nicht auf Wissen an. Da sind manchmal die Mittelschüler den Gymnasiasten überlegen, und das baut natürlich das Selbstwertgefühl auf, wenn man spürt – hey, ich kann ja mit denen auf Augenhöhe spielen!

Wie wirkt sich das Impro-Theater auf das Verhalten der Schüler aus? Sehen Sie Veränderungen?

Das ist schwer zu messen. Aber wir hören von den Lehrern immer wieder, dass sich die Schüler positiv verändern. Zum Beispiel hatten wir zwei Jungen, die waren im Unterricht nicht in der Lage, frei über ein Thema zu sprechen. Und das Frappierende war, dass sich die beiden plötzlich vor die Klasse gestellt haben und statt der fünf Minuten, die sie eigentlich reden sollten, 20 Minuten vorgetragen haben und auch zu ihren mangelnden Deutschkenntnissen gestanden haben. Sie haben einfach vor den anderen gestanden und ihr Referat gehalten. Selbstbewusst vor anderen reden zu können erhöht dann auch die Chancen, in Bewerbungsgesprächen bestehen zu können.

Hätten sie gedacht, dass es solch einen großen Bedarf gibt?
Nein. Das habe ich nicht gedacht. Aber ich stelle es mehr und mehr fest. Da gibt es unheimlich viel zu tun. Und ich glaube, dass wir da gut unterwegs sind. Wir haben auch zum Glück viele Unterstützer, die uns fördern. Unternehmer und Privatpersonen, die bereit sind, dafür Geld auszugeben.

Impro macht Schule *wird also aus Spendenmitteln finanziert?*
Ja, die Coaches, die das Impro-Theater unterrichten, werden mit Spendenmitteln finanziert. Ich mache das ehrenamtlich. Es gibt jetzt auch immer wieder Fördermittel von der Regierung in Oberbayern, die dieses Projekt auch unterstützt. Aber das ist die eine Seite, die externe Seite. Die Coach-Seite. Dann ist da noch die interne, die schulische Seite. Das betrifft die Lehrkräfte, die für den Nachmittagsunterricht, also für unser Impro-Theater, Stunden zugeteilt bekommen. Manche Lehrer machen es ehrenamtlich, weil in ihrer Schule diese zusätzlichen Stunden nicht zur Verfügung stehen. Aber das kann man keinem Lehrer auf Dauer zumuten.

Da brauchen Sie mehr Unterstützung?
Ja, absolut.

4. »Warum französische Kinder kein ADHS haben«

US-Familientherapeutin Marilyn Wedge – Familientherapie statt Psychopharmaka

Vor knapp drei Jahren sorgte die US-amerikanische Psychologin Marilyn Wedge mit einem Artikel im Magazin *Psychology Today* für großes Aufsehen. Überschrieben war der Text mit dem Titel »Warum französische Kinder kein ADHS haben«. Nach Wedges Angaben ist er mit 6,9 Millionen Klicks und 800 Leser-Kommentaren bis heute der am häufigsten aufgerufene Artikel des Magazins. Die Psychologin kritisierte darin die epidemische Ausbreitung der Diagnose ADHS in den USA. Dort würden mindestens bei neun Prozent aller Schulkinder ADHS diagnostiziert und medikamentös behandelt. Normales Kindesverhalten werde zu oft pathologisiert, also als krankhaft bewertet. In Frankreich dagegen liege die Zahl der diagnostizierten und medikamentös behandelten Kinder unter 0,5 Prozent. Warum dieser Unterschied?

»In den USA wird ADHS als biologisch-neurologische Erkrankung verstanden«, schreibt die Psychologin. Und als biologische Krankheit werde sie auch »biologisch« behandelt – mit Medikamenten. Französische Therapeuten hingegen würden ADHS als Krankheit sehen, die psychosoziale und situative Gründe habe. Statt sich auf die Verhaltensprobleme der Kinder zu konzentrieren und diese medikamentös zu behandeln, suchen französische Therapeuten nach den Gründen für das »Fehlverhalten«. Nicht im Gehirn selbst, sondern im sozialen Umfeld. In vielen Fällen helfe eine Psycho- oder Familientherapie.

Ein weiterer Grund für den unterschiedlichen Umgang mit verhaltensauffälligen Kindern liegt für Marilyn Wedge in der andersartigen Erziehungsphilosophie der beiden Länder. Dabei bezieht sie sich auf das Buch *Warum französische Kinder keine Nervensägen sind* von Pamela Druckerman. Kinder in Frankreich würden von klein auf mit klaren Strukturen erzogen. Sie dürften etwa nicht zwischen den Mahlzeiten snacken, müssten geduldig am Tisch auf das Essen warten. Zudem ließen französische Eltern ihre Kinder auch mal schreien, wenn sie im Alter von vier Monaten noch nicht durchschlafen, ausschreien – nennt sie das. Französische Eltern lieben ihre Kinder nicht weniger als amerikanische Eltern, aber legen mehr Wert auf Disziplin, urteilt Wedge. Die Philosophie dahinter: »Grenzen geben Kindern das Gefühl, sicher zu sein, und machen sie glücklich« – etwas, was die Familientherapeutin selbst in ihrer Arbeit erlebt hat: Das Wort »Nein« rette die Kinder vor »der Tyrannei der eigenen Wünsche«.

Für die Psychologin scheint es daher sinnvoll, dass französische Kinder keine Medikamente brauchen, weil sie schon in frühen Jahren gelernt hätten, ihr Verhalten selbst zu kontrollieren.

Marilyn Wedge hat selbst 25 Jahre als Familientherapeutin gearbeitet und unzählige Kinder und ihre Familien betreut. Im Laufe der Zeit sei ihr aufgefallen, dass die Kinder immer häufiger bereits mit einem Krankheitsetikett und teils stark medikamentiert in ihre Praxis kamen, erzählt sie. »An einem Tag im Januar 2009 waren drei neue

Kinder und ihre Familien an mich überwiesen worden: Ein Zweitklässler möglicherweise mit ADHS, eine Zehnjährige mit extremen Stimmungsschwankungen, bei der eine Bipolare Störung vermutet wurde, und ein Jugendlicher, der keinen Sinn im Leben sah und sterben wollte.« Alle Kinder waren zuvor von einem Psychiater medikamentös behandelt worden, schreibt sie im Vorwort zu ihrem Buch *Suffer the Children*.

»Ich war bestürzt. Ich bin mit beunruhigendem Verhalten von Kindern vertraut – aber ich behandle die Symptome wie Stimmungsschwankungen, Selbstmordgedanken oder Traurigkeit nicht als ›psychiatrische Störung‹, sondern als Beweis, dass etwas in der Familie nicht stimmt, etwas, das ich durch die richtigen Maßnahmen ändern kann.«

Zunächst dachte Wedge, dass es nur ein Problem in ihrem Heimatstaat Kalifornien sei: Die Scheidungsrate ist die höchste in den ganzen USA, viele Schulen sind überfüllt und unterfinanziert, Kernfamilien gibt es immer seltener, Verwandte wie Großeltern und Cousins leben teils Tausende Kilometer entfernt. Wegen der hohen Lebenshaltungskosten haben immer mehr Menschen zwei Jobs, und Kinder verbringen lange Zeit in Betreuungseinrichtungen.

Allerdings berichteten Kollegen aus allen Teilen des Landes von ähnlichen Entwicklungen. Immer mehr Kinder seien verhaltensauffällig: ADHS werde immer häufiger diagnostiziert, ebenso wie Depressionen, Autismus und Bipolare Störungen. »Das Kind zum Psychiater zu bringen, der ihm Psychopillen verschreibt, ist mittlerweile offenbar so normal, wie das Kind zum Basketball oder zum Tanzen zu fahren – ein weiterer Punkt im hektischen Tagesplan der Durchschnittsmutter.« Eltern wollten heutzutage ihre Kinder unbedingt an der Spitze der Klasse und auf dem Weg zu einer Elite-Universität sehen. »Der Druck ist offenbar so groß, dass die Eltern ihren gesunden Menschenverstand ausschalten.« Um die Schulnoten nicht zu gefährden, seien Eltern gewillt, auftretende Probleme schnell zu lösen und ihr Kind wieder auf einen »normalen« Weg zu bringen – gerade mithilfe von Psychopharmaka. Ein Trend, der Marilyn Wedge beunruhigt. Schreianfälle, eine kurze Aufmerksamkeitsspanne, Impulsivität: Manch kindliches Verhalten sehe aus Erwachsenensicht tatsächlich »verrückt« aus, räumt sie ein.

Doch das sei eigentlich nur normal für Kinder. Es sei absurd, ein Etikett wie eine Bipolare Störung einem Kind aufzudrücken, das vielleicht nur mehr Zeit braucht, sich weiterzuentwickeln.

Die Familientherapeutin bestreitet nicht, dass moderne Psychopharmaka Millionen Erwachsenen helfen – allerdings gibt es für sie keine Hinweise, dass die gleichen Medikamente auch für Kinder die richtige Wahl sind. Auch zweifelt sie allgemein an der Diagnose für Kinder: Es sei richtig, dass einige Kinder aktiver sind oder sich anders verhalten als andere. »Aber bei einem Kind eine Bipolare Störung ab seiner Geburt zu diagnostizieren – was einige Psychiater tatsächlich für möglich halten – ignoriert komplett das Umfeld des Kindes.« Und das ist für Marilyn Wedge der wirkliche Schlüssel für die Problemlösung: Ähnlich wie in Frankreich bezieht sie das soziale Umfeld in die Therapie mit ein. Sie spricht nicht nur mit den auffälligen Kindern, sondern auch mit den Eltern, Geschwistern, Verwandten, Lehrern und Schulpsychologen.[146]

Offenbar mit Erfolg. So berichtet die Psychologin zum Beispiel von einem Jungen, Alex, der zu ihr zur Therapie kam. Der Fünfeinhalbjährige erlebte über Nacht eine massive Persönlichkeitsstörung. War er früher der blonde Sonnenschein, trat er plötzlich um sich, ignorierte Lehrer und schlug sogar seine Mutter. Seine Schule ging davon aus, dass er ADHS hat. Alex begann mit der Therapie bei Marilyn Wedge und vertraute ihr an, dass er sich Sorgen um seinen Vater machte. Er würde nicht mehr zur Arbeit gehen und einen Verband am Arm tragen. Der Vater war Tennistrainer und hatte sich verletzt. Alex hatte zudem mitbekommen, wie seine Eltern über Geld stritten. Die Lösung: Die Eltern sollten nicht mehr vor Alex streiten und ihm erklären, dass der Vater bald wieder zur Arbeit geht. Um Alex das besser zu zeigen, nahm ihn der Vater mit auf den Tennisplatz, stellte ihm seine Kollegen vor und versicherte dem Jungen, dass er bald wieder zur Arbeit zurückkehren würde. Zwei Wochen später war Alex wieder der Sonnenschein, der er vorher war.

Ein anderes Beispiel: Jared prügelte sich mit anderen Kindern, seine Eltern hatten sich gerade scheiden lassen. Die Schule verlor langsam die Geduld mit dem Jungen und schickte ihn zu Marilyn Wedge. Bald stellte sich heraus: Seine Mutter hatte das alleinige Sorgerecht, der Vater nur eingeschränkte Besuchsrechte. Und jedes Mal, wenn der Vater den Sohn wieder ablieferte, weinte der Vater, weil er sein Kind vermisste. Dieser Zwiespalt brachte Jared so zur Verzweiflung, dass er um sich schlug. Wedge bat die Mutter, dem Vater mehr Besuchsrechte zuzugestehen. Kurze Zeit später normalisierte sich Jareds Verhalten.[147]

Das klingt so, als wäre es ganz einfach. Doch bevor Wedge herausfindet, was einem Kind fehlt, braucht sie meist viel Zeit mit dem Kind und viel Geduld. Doch für sie ist das der beste Weg, Kindern langfristig zu helfen.

5. Gemeinsam zum Wohl des Kindes – Eltern und Lehrer ziehen an einem Strang

Seit dem Kindergarten wird Tim immer wieder auffällig. Seine Eltern wehren sich dagegen, ihm Tabletten zu verabreichen, und möchten, dass ihrem Kind auf therapeutische Weise geholfen wird. In der Mercator-Grundschule in Berlin-Steglitz finden sie Unterstützung. Eine (Erfolgs-)Geschichte aus zwei Perspektiven:

»Lehrer, die ihn mit Liebe und Herz auf den richtigen Weg bringen« – Bettina V., Tims Mutter, erzählt

»Tim war schon immer ganz gerne für sich. Er braucht seine Freiräume. Zum Beispiel hat er als Drei- oder Vierjähriger im Sandkasten häufig allein gebuddelt. Und wenn etwas nicht geklappt hat, hat er das Spielzeug weggestoßen. So ist er teilweise auch mit anderen Kindern umgegangen. Wenn er nicht wollte, dass sie bei ihm mitspielen, ist die Situation manchmal auch eskaliert. Als er dann in den Kindergarten kam und immer mehr Kinder um ihn herum waren, fühlte er sich richtiggehend eingeengt. Wenn die zu dicht an ihn rankamen, hat er sie weggeschubst. Wenn er geärgert wurde, ist er schnell explodiert.

Eine der Erzieherinnen wurde damals darauf aufmerksam und sagte: ›Gegen seine aggressive Ader müssen wir etwas unternehmen.‹ Tim sei doch so ein toller Junge.

Hilfsbereit. Total niedlich im Umgang mit kleineren Kindern. Die Erzieherin hat uns dann den Rat gegeben, dass wir dem mal nachgehen. Und das haben wir auch getan.

Wir haben Tim bei Psychologen und Ärzten vorgestellt. Er wurde getestet. Dann wurden Vorschläge gemacht. Wir bekamen zu hören, dass man mit Medikamenten etwas tun und seine Konzentration stabilisieren könne. Dass man ihn vielleicht ruhiger bekommt. Aber wir haben uns gegen Tabletten entschieden. Das war für uns der gesündere Weg, ohne mögliche Nebenwirkungen sozusagen. Auch weil Tim es gar nicht mag, irgendetwas in den Mund zu nehmen und runterzuschlucken. Das ist nicht sein Ding. Das ist er nicht.

Wir haben uns gesagt, wir versuchen das gemeinsam, in der Familie, mit der Schule zusammen und mit unseren Therapeuten. Und das hat funktioniert. Wir waren zum Beispiel bei der Ergotherapie, haben dort viele Gespräche mit dem Therapeuten geführt. Auch wir Eltern. Wir haben Tipps für zu Hause mitbekommen. Das fand ich alles sehr gut.

Wir wurden auf Video aufgenommen, damit wir sehen konnten, wie wir uns als Familie verhalten, und haben dann alle zusammen an einem Strang gezogen und daheim umgesetzt, was wir in der Therapie gezeigt bekommen haben. Tim wurde psychologisch betreut, war in der Gesprächs- und Verhaltenstherapie, und seit zwei Jahren besucht er eine therapeutische Tagesgruppe.

Die Mercator-Grundschule, die Tim besucht, ist ganz wunderbar für solche Kinder. Mein Sohn hat dort tolle Lehrer, die ihn mit Liebe und Herz auf den richtigen Weg bringen. Sie gehen sehr auf ihn ein und führen regelmäßig Gespräche mit ihm. Auch wir waren oft in der Schule zu

Elterngesprächen. Wir haben hier wirklich große Unterstützung erfahren.

Mein Sohn hat große Fortschritte gemacht. Ich sehe, dass er lockerer geworden ist, aufmerksamer, er hört zu und saugt alles wie ein Schwamm auf. Er kann sich schon recht gut konzentrieren, hat seine aggressive Ader ziemlich gut im Griff. Er kann Konflikte jetzt verbal, durch Gespräche lösen, oder er sagt, ›nein, ich will das nicht‹ oder ›geh zur Seite‹. Oder er holt sich Hilfe. Das hat er gelernt in den Jahren.

Es hat viel gebracht, aber es war ein ganz schwieriger, steiniger Weg. Sehr zeitaufwendig. Mindestens zweimal die Woche mussten wir Tim ja irgendwo hinbringen.

Dass der Junge da mitgemacht hat, da sage ich nur ›Hut ab‹. Es gab immer bockige Zeiten, keine Frage, aber er hat letztlich immer mitgemacht.

Mein Fazit ist, dass uns alle wunderbar geholfen haben, alle, die uns auf dem Weg begleitet hatten. Die uns auch weiterhin noch begleiten werden. Auch seine Lehrer wollen weiterhin Kontakt mit uns halten, auch wenn Tim jetzt nach der 6. Klasse von der Mercator-Grundschule abgeht. Ich würde jedem raten, sich ohne Medikamente reinzuknien. Ich bin überzeugt, die Kinder danken es einem.«

»Wir versuchen, eng mit den Eltern zusammenzuarbeiten« – Gudrun Hadrian, Tims Lehrerin, erzählt

»Auch hier an der Mercator-Schule spielt das Problem ADHS und ADS eine Rolle. Wir haben Klassen, da sind es Einzelfälle, und Klassen, da sitzen zwei bis drei Kinder mit ADHS oder ADS drin. Es gibt ja mittlerweile sehr viele

ADHS-Diagnosen. Aber ich denke nicht, dass alle diese Kinder tatsächlich krank sind. Ja, ganz viele Kinder, die sind unruhig, die sind zappelig, die sind aufgeregt. Die haben vielleicht auch mal einen Abend zu lang Fernsehen geguckt. Und manche sind vielleicht auch nicht richtig erzogen und wirken deswegen frech und direkt. Aber ich würde nicht sagen, dass diese Kinder, nur weil sie unruhig sind, weil sie direkt sind, alles ADHS-Kinder sind.

Wenn man eng mit den Eltern zusammenarbeitet und nachfragt, bekommt man relativ schnell heraus, dass manchmal auch ein Problem in der Familie besteht. Mit den Geschwistern. Oder die Großeltern sind krank. Und dass es das ist, was die Kinder unruhig macht, und bei weitem kein ADHS ist.

Wir versuchen hier in der Schule für solche Kinder eine ruhige Arbeitsatmosphäre zu schaffen. Mit wenig Ablenkung. Wir versuchen, ihnen möglichst viel Zuwendung zu geben. Einerseits. Und andererseits, möglichst konsequent zu sein. Geradlinig. Wichtig ist, dass man authentisch ist und die Kinder genau wissen, wo es langgeht.

Wir versuchen, eng mit den Eltern zusammenzuarbeiten. Wichtig ist, dass die Eltern und wir an einem Strang ziehen, dass sie die gleichen Anweisungen geben wie wir in der Schule.

Tim zum Beispiel war früher ein Kind, das sich gar nicht konzentrieren konnte. Das Leistung verweigert hat. Nicht mitmachen wollte. Das wurde immer mehr abgebaut, ging immer weiter zurück. Es ist gelungen, diese Unkonzentriertheit, dieses Abgelenkt-Sein abzubauen. Wir haben wirklich viel Kontakt gehabt zu den Eltern. Und Tim ist in einer Therapiegruppe, bei der auch die Eltern mit einbezogen werden. Auch mit dieser Therapiegruppe arbeiten wir eng zusammen. Wir tauschen uns regelmäßig aus. Fragen die Therapeuten, was können wir jetzt anleiern? Wie weit können wir jetzt gehen? Was können wir Tim zumuten?

Ich glaube, dass wir auf einem richtig guten Weg mit ihm sind. Er kann sich jetzt besser auf Sachen einlassen. Widerspricht nicht von vorneherein schon. Er ist in der Lage, eine Klassenarbeit zu Ende zu schreiben. Das war früher gar nicht möglich. Eventuell gibt man ihm die Aufgaben einzeln, damit er nicht so einen riesen Arbeitsbogen vor sich sieht. Aber er macht es. Ohne Medikamente.«

6. Bestechung, mangelnde Transparenz und was man dagegen tun kann

Interview mit Dr. Christiane Fischer von der Initiative unbestechlicher Ärztinnen und Ärzte (MEZIS)

Geschenke, Anwendungsbeobachtungen, gesponserte Kongresse, Essenseinladungen: Wie wir gesehen haben, versuchen Pharmafirmen auf viele verschiedene Arten Einfluss auf Mediziner zu nehmen. Wie können die sich von diesem Einfluss freimachen? Was können Ärzte, Universitäten, Verbände konkret unternehmen? Und was können Patienten tun? Dr. Christiane Fischer hat da einige Vorschläge. Sie ist die ärztliche Geschäftsführerin von MEZIS.

Frau Dr. Fischer, was machen Sie bei MEZIS anders als viele andere Ärzte? Wozu haben Sie sich verpflichtet? Wieso?

Christiane Fischer: Wir haben das Ziel, wirklich unbestechlich zu arbeiten. Und wir haben das Ziel, nicht durch Überdiagnose und Übertherapie, sondern durch solide, gute Medizin – etwa durch die internationale evidenzbasierte Medizin (Heilkunde, die sich auf empirische Belege stützt, Anm. d. Autoren) – den Ruf der Ärzteschaft wiederherzustellen. Wir haben uns dazu verpflichtet, nicht immer mehr zu verordnen, weil es mehr Geld bringt und schnell geht, sondern zu gucken, braucht der Mensch oder in dem Fall das Kind wirklich ein Medikament und wenn ja, welches? Bei ADHS etwa sehen wir im Speziellen das Problem der absoluten Überdiagnose. Das Problem ist, dass diese Krankheit einfach zur Modekrankheit geworden ist. Aber wenn diese Fälle plötzlich in einer Menge auftreten, dass einem schwindlig wird, kann das nicht gutgehen.

Eine Offenlegung von Interessenkonflikten bei Ärzten ist in Deutschland nicht verpflichtend. Was sagen Sie dazu?

Es muss verpflichtend werden, keine Frage. Aber Transparenz ist nicht alles. Es reicht ja nicht, Interessenkonflikte offenzulegen und dann weiterzumachen. Transparenz ist nur ein Schritt. Und dann müssen weitere folgen.

Was wären weitere Schritte?

Beispielsweise kein Sponsoring mehr.

Also ein Verbot von Sponsoring?

Nein, kein Verbot. Aber klare Regeln. Es muss deutlich gesagt werden: Hier geht es um Werbung, hier um Sponsoring. Ein Verbot ja, wenn es um Fortbildungen geht. Gut ist es, bei der Patientenselbsthilfe zu sagen: Hier, das sind U-Boote der Pharmaindustrie. Ordentliche Selbsthilfe lässt sich nicht sponsern. Es gibt sehr gute unabhängige Selbsthilfe, aber es gibt eben auch sehr viele gesponserte. Also, ich will nicht Werbung verbieten, aber ich will, dass Werbung als Werbung dargestellt wird, nicht als Information.

Sind Ärzte denn ausreichend sensibilisiert?

Na ja, wir arbeiten dran. (lacht)

Wie genau machen Sie das denn?

Wir haben jetzt 560 Mitglieder, wir versuchen, Öffentlichkeitsarbeit zu machen, wir halten Vorträge, wir versuchen, politischen Einfluss zu nehmen, ich bin Mitglied im Deutschen Ethikrat. Wir versuchen, einen Anti-Korruptionsparagraphen ins Strafgesetzbuch zu bekommen. Das werden wir auch schaffen. Wir haben also verschiedenste Baustellen.

Andere sagen: Wir arbeiten hart, eine zusätzliche Belohnung steht uns doch zu. Was sagen Sie dazu?

Das ist Quatsch. (lacht) Es steht niemandem zu, sich bestechen zu lassen. Es steht ja auch keinem hart arbeitenden Lehrer zu, sich durch Schulbuchverlage sponsern zu lassen.

Gibt es in Deutschland eine unabhängige Wissenschaft in der Medizin?

Natürlich gibt es das, aber zu wenig.

Was müsste an dieser Stelle gemacht werden?

Ein erster Schritt ist die Offenlegung von Interessenkonflikten. Jeder muss angeben, welche Einnahmen er erhalten hat – wie beim Bundestag. So kann beurteilt werden, wer unabhängig ist und wer nicht.

Woran scheitert das?

Na ja, es ist unangenehm, wenn man jemandem sagt: Leg mal dein Gehalt offen. Woher bekommst du denn deine Bezüge? Es ist schwierig. Wir müssen da das Klima verändern, dass es einfach selbstverständlich ist.

Sehen Sie da die Politik in der Pflicht? Oder die Ärztekammern?

Alle. Universitäten, Ärztekammern, den Gesetzgeber. Eine alles umfassende Regel muss etabliert werden.

Was ist die Folge der fehlenden verbindlichen Regeln?

Regeln existieren momentan nur auf freiwilliger Basis. Würden die Lehrstuhlinhaber an den Universitäten beispielsweise verpflichtet werden, ihre Interessenkonflikte offenzulegen, wäre schon viel gewonnen.

Welche Art von Einflussnahme gibt es noch?

Fortbildungen zum Beispiel. Als Arzt muss ich mich fortbilden, das ist ja auch richtig. Aber die Frage ist, an welcher Art der Fortbildung nehme ich teil? Wenn ich zu einer Fortbildung gehe, bekomme ich Fortbildungspunkte, vergeben von der Ärztekammer. Nun ist es aber so, dass Fortbildungen von Werbeveranstaltungen nicht wirklich unterschieden werden können. Das heißt, wenn die Pharmaindustrie eine Werbeveranstaltung abhält und sie als Fortbildung tarnt, bekommen die Teilnehmer Fortbildungspunkte. Diese Werbeveranstaltungen sind für Ärzte umsonst, teilweise werden sogar die Fahrtkosten übernommen. Das nennt sich dann Passiveinladung. Wir reden hier nicht über die Referenten. Dass denen ein Fahrtkostenhonorar bezahlt wird, ist klar. Hier geht es aber um die Teilnehmer. Die Leute werden damit geködert, dass es umsonst ist. Legal, aber illegitim. Unmoralisch. Wir fordern deshalb als MEZIS ganz klar die Ärztekammern auf, keine Fortbildungspunkte für pharmagesponserte Werbeveranstaltungen zu vergeben.

Was halten Sie von der Idee eines Korruptionsbeauftragten? Zum Beispiel in den Ärztekammern?

Ich halte viel davon, wenn gewährleistet ist, dass dieser Mensch nicht von der Industrie bezahlt ist. (lacht) Bei der WHO gibt es solche negativen Fälle.

Und bei der Forschung? Muss es mehr Verpflichtungen geben, was hergestellt beziehungsweise erforscht wird?

Ja, es müsste Preisausschreibungen geben. Etwa: Wir brauchen ein neues Medikament, einen neuen Impfstoff gegen Tuberkulose. Wer das erforscht, bekommt – meinetwegen – auch viel Geld. 500 Millionen Euro, aber patentfrei. Auf diesem Weg kann die Forschung dirigiert werden. Was erforscht wird und was nicht, darf nicht dem Privatsektor überlassen werden. Das hat in den letzten 30 Jahren dazu geführt, dass wenig echte Innovation auf den Markt gekommen ist, also Medikamente, die wir wirklich brauchen.

500 Millionen klingt gigantisch viel ...

Ist es auch. Angeblich werden zwischen 800 Millionen und 1,6 Milliarden für die Entwicklung eines neuen Medikaments benötigt. Das würde sich vermutlich sogar gesellschaftlich lohnen. Ein republikanischer Senator in den USA hat gesagt, das würde sich in zwei Jahren rechnen.

Ich will damit nur sagen, dass sich grundsätzlich etwas ändern muss. Wir können uns nicht mehr leisten, der Pharmaindustrie zu überlassen, woran sie forscht.

Was müsste passieren in Deutschland, um Interessenkonflikte und Korruption zu vermeiden?

Das ist eine sehr umfassende Frage. Ich denke, das gesellschaftliche Klima muss sich erst einmal so ändern.

Wie genau? Müssen die Medien aufmerksamer werden, die Patienten mehr nachfragen?

Ja, das sind alles Bausteine. Dass ein Patient sagt: »Wie kommen Sie denn dazu, mir dieses Medikament zu verordnen? Wirkt es? Überwiegt die Wahrscheinlichkeit, dass es wirkt, gegenüber der Wahrscheinlichkeit, dass es eine Störung verursacht? Ist die von Ihnen empfohlene Operation wirklich sinnvoll?« Da braucht es natürlich aufgeklärte Patienten. Das ist eine Baustelle, die aus ganz, ganz vielen kleinen Teilen besteht.

7. Verantwortung als Schulfach

An der Evangelischen Schule Berlin Zentrum ist vieles anders. Aber ist es auch besser? Ein Schulbesuch

Es war Lasses[148] erste Herausforderung: »Wir haben an den Türen geklingelt und gesagt, wir machen ein Schulprojekt und sind als Wandergruppe unterwegs. Dürfen wir unser Zelt in Ihrem Garten aufschlagen?« Lasse ist Schüler an der Evangelischen Schule Berlin Zentrum, kurz ESBZ. Und da ist »Herausforderung« ein Schulfach – ab Jahrgangsstufe 8. Die Schülerinnen und Schüler bekommen drei Wochen Schulzeit »geschenkt« und suchen sich persönliche Herausforderungen aus, die sie bewältigen wollen. In Vierer- oder Fünferteams geht es raus aus Berlin, zum Radeln, Paddeln, Pilgern. Manche arbeiten auf einem Bio-Bauernhof. Andere zieht es ins Kloster. Oder eben an die Nordsee. Wie Lasse und fünf Freunde aus seiner Klasse. In knappen Worten beschreibt der Junge, worin genau ihre Herausforderung bestand. »Wir sind von Kiel bis nach Dagebüll gewandert. 130 Kilometer. Das war schon anstrengend am Anfang. Aber dann haben wir immer mehr geschafft. Bis zu 20 Kilometer am Tag.«

Lasse sitzt im Zimmer von Margret Rasfeld auf einem der Holzhocker, die dort um ein Teetischchen herum gruppiert sind. In den Regalen stehen jede Menge Bücher, ein Ordnerrücken trägt die Aufschrift »Zivil-Courage«, ein Bildband den Titel *The Power of Dignity*. An einer Wand hängt eine Urkunde: »Querdenker Award« – Margret Rasfeld ist 2013 damit ausgezeichnet worden. Die Pädagogin ist die Direktorin der ESBZ. Die Tür zu ihrem Büro ist immer offen, es vergeht kaum eine halbe Stunde, in der niemand den Kopf hereinstreckt, weil etwas abzuklären oder zu organisieren ist.

Margret Rasfeld begegnet dem Gewusel mit heiterer Gelassenheit, mit Ideen und konstruktiven Vorschlägen. Jetzt ist sie interessiert daran, wie Lasse mit der Herausforderung klarkam. »Und, war's gut?«, fragt sie ihn.

»Schon.« Der 12-Jährige nickt. »Die Leute waren viel netter als hier in Berlin. Die haben uns aufgenommen, haben uns manchmal sogar Essen gegeben.«

Das kam ihnen sehr gelegen, denn die Jugendlichen haben für ihre dreiwöchigen Herausforderungen nur ein Budget von 150 Euro zur Verfügung. Da muss man gut haushalten können. Oder es lernen. »Wir haben Tütensuppen gegessen und am Morgen Haferflocken mit Wasser«, zählt Lasse auf, was in seiner Wandergruppe auf dem Speiseplan stand. Manchmal haben sie entschieden, sich »etwas Besonderes« zu gönnen. Dann gab es zum Beispiel morgens frische Brötchen.

Bei 150 Euro Budget sind auch keine Übernachtungen in Jugendherbergen oder auf Zeltplätzen drin. Also mussten die Jungen andere Möglichkeiten auftun.

Sich zu überwinden, an fremden Haustüren zu klingeln und um Obdach zu bitten, zählt nicht gerade zu den gängigen Unternehmungen von 12- und 13-jährigen Schülern in Deutschland. Und genau deshalb ist es Teil des Konzepts. Viele Kinder würden heute überbehütet, sagt Margret Rasfeld. »Sie dürfen nicht allein auf die Straße, werden überall hinkutschiert.« Alles sei genau geplant. Da ist die dreiwöchige Herausforderung ein echtes Kontrastprogramm. »Sie sind dann natürlich sehr gefordert. Denn Vieles läuft nicht so, wie es die Kinder vorher geplant haben.« Damit müssten sie dann versuchen umzugehen. »Scheitern muss man lernen«, weiß die Schulleiterin. »Und daraus dann konstruktiv wieder etwas Neues zu beginnen, auch.« Und mit der Gruppe klarzukommen sei eine zusätzliche Herausforderung. »Man kann ja nicht einfach nach Hause gehen, wenn es Probleme gibt, sondern man ist auf Biegen und Brechen aufeinander angewiesen.« Dabei zeige sich dann, dass die Kinder durchaus Konfliktbewältigungspotenzial in sich hätten. »Sie stärken sich gegenseitig«, erzählt Rasfeld. »Und wenn einer ›down‹ ist, dann hilft ihm die Gruppe wieder hoch.«

Aber, Zwölfjährige drei Wochen lang allein in Wald und Flur? 13-Jährige, die bei fremden Leuten im Vorgarten übernachten? Nicht ganz. Eine volljährige Begleitperson ist beim »Projekt Herausforderung« immer dabei, hält sich aber bewusst im Hintergrund und lässt die Kinder machen.

Aus Erfahrung wird man klug

Steffen Engler war bei der Nordsee-Wandergruppe als Betreuer dabei. »Am Anfang der drei Wochen sind viele der Jugendlichen erst einmal überfordert«, hat der Sozialpädagoge beobachtet. Ihnen fiele es schwer, Entscheidungen zu treffen. Sich zu organisieren. Oder sich zu überlegen, wie versorgen wir uns jetzt? Wo kriegen wir Essen her? Wo essen wir? Was essen wir? »Also die einfachsten Dinge.« Die Kinder wären es eben gewohnt, dass ihnen alles vorgegeben wird. Durch die Eltern, durch die Schule. »Und später, als Erwachsene sollen sie dann in der Lage sein, selbstverantwortlich zu handeln. Und bei vielen geht das in die Hose. Weil es nicht gelernt ist.« Deswegen hält Engler das Projekt für sehr wichtig. »Um dem entgegenzuwirken.«

Auch Lasse hat sich damit schwergetan, Entscheidungen zu treffen oder sich selbst zu organisieren. In der Grundschule bekam der Junge die Diagnose ADS. Er hätte Tabletten nehmen sollen, erzählt Lasse, habe das aber nicht gewollt. Und seine Eltern auch nicht. Wie hat er die Diagnose damals empfunden? Lasse überlegt: »Also ich war immer einer, der oft gestört und dazwischengequatscht hat«, sagt er dann. Deshalb dachte er, das könnte schon passen, dass er das habe. Ein Aufmerksamkeitsdefizit.

Learning by doing zwischen Kiel und Dagebüll. Steffen Engler erzählt von einem bezeichnenden Erlebnis während der Wanderung. Am zweiten Tag hätten die Jungen und er in einem Garten übernachtet, in dem auch ein Trampolin stand. »Und wegen dieses Trampolins sind wir am nächsten Tag erst mittags um halb zwei aufgebrochen zur nächsten Tagesetappe.« Die Jungen hätten sich Zeit gelassen, seien auf dem Trampolin herumgehopst. Und es gab niemanden, der gesagt hat, wir müssen jetzt starten, sonst schaffen wir das Tagespensum nicht. Und das hatte Auswirkungen auf die nächsten Tage und überhaupt den ganzen Verlauf der Wanderung. »Ich habe es auch nicht gemacht«, sagt Engler, »weil es meine Rolle war, mich zurückzuhalten.« Die Jungen sollten sich ja selbst organisieren. »Und das Ergebnis war, die sind erst um 13.30 losgekommen. Um dann festzustellen, sie schaffen bei weitem nicht die Kilometer, die sie sich eigentlich für den Tag vorgenommen hatten«. Am Ende der ersten Wanderwoche haben sich dann alle zu einem Auswertungsgespräch zusammengesetzt. »Da gab es dann mehrere Erkenntnisse«, berichtet der Sozialpädagoge. »Zum einen sagten die Jungen, dass es gut war, dass ich mich zurückgehalten habe und sie das selbst regeln mussten. Und zum anderen haben sie für sich festgestellt, ›wir waren in manchen Dingen einfach zu unkonzentriert und zu undiszipliniert‹.«

»Die kommen anders wieder«, sagt Schuldirektorin Rasfeld. »Sind gereift in ihrer Persönlichkeit.« Und wüssten nun die kleinen Dinge des Lebens mehr zu schätzen: die tägliche Dusche, warmes Essen von Mama, ein Bett und ein Dach über dem Kopf. Margret Rasfeld lächelt. »Dann sind sie ganz erfüllt von ihrer bewältigten Herausforderung, und ein halbes Jahr später planen sie schon die nächste.«

Brauchen gerade Pubertierende Herausforderungen? Die Direktorin nickt. »Sonst drehen die sich ja nur um sich selber. Die müssen was machen, eine Aufgabe haben, etwas Sinnvolles tun.«

Sinnvolles tun, Verantwortung übernehmen

Aus eigener Erfahrung lernen. Das ist wichtig an der ESBZ. Deshalb ist »Herausforderung« nicht das einzige ungewöhnliche Schulfach. Es gibt noch ein anderes, das nennt sich »Verantwortung«. Einmal in der Woche kümmern sich die Schüler um andere, übernehmen ehrenamtliche Aufgaben, betreuen zum Beispiel Menschen mit Behinderungen, teilen in einer Suppenküche Essen aus, helfen in Altenheimen oder in Kindergärten. Durch dieses Engagement machen die Jugendlichen die Erfahrung, dass sie etwas bewirken können, und fühlen sich wertgeschätzt und gebraucht. »Ein schönes Gefühl«, sagt Margret Rasfeld. Und eine wichtige Erfahrung.

Die Gründung der Evangelischen Schule Berlin Zentrum im Dezember 2006 geht auf eine Elterninitiative zurück. Die Gemeinschaftsschule besteht in freier Trägerschaft und ist »offen für alle Kinder, unabhängig von ihrer konfessionellen, religiösen, sozialen oder ethnischen Herkunft. Heterogenität ist gewollt«, heißt es auf der Schulwebsite. In der Bildungsdiskussion um neue Wege des Lernens ist Margret Rasfeld als Quer- und Neudenkerin über die Grenzen Berlins und Deutschlands hinaus bekannt. Die ESBZ hat für viele Vorbildcharakter. Komplette Lehrerkollegien, Schulleiter und Bildungsexperten aus ganz Deutschland pilgern nach Berlin in die Wallstraße, um sich vom Reformgeist umwehen zu lassen. Und um Ideen mitzunehmen, was sich gegen den weit verbreiteten Lernfrust tun lässt.

»Das Besondere bei uns ist, dass der einzelne Schüler, die Schülerin im Mittelpunkt stehen und wir versuchen, so gut wie möglich auf die Kinder einzugehen«, bringt die Direktorin das Konzept auf den Punkt. Nicht das Kind hat sich an die Schule anzupassen, sondern die Schule an das Kind.

Im Gehen lernt sich's besser

So etwas lässt sich nicht durch Frontalunterricht bewerkstelligen, wo der Lehrer der Taktgeber ist. Deshalb gibt es neben den ungewöhnlichen Fächern »Verantwortung« und »Herausforderung« auch eine ungewöhnliche Art von Unterricht an der ESBZ: das Lernbüro. Margret Rasfeld erklärt, was es damit auf sich hat.« »Dort arbeiten die Schüler weitgehend selbstständig, in ihrem eigenen Tempo und mit sehr gutem Material.« Die Direktorin will zeigen, wie das abläuft, und führt in den ersten Stock des Schulgebäudes.

Durch eine Glastür geht es in einen langen Gang. Hier ist einiges los. Schüler verschiedenen Alters stehen in Grüppchen zusammen, ein etwa 13-jähriges Mädchen läuft auf und ab, ein Blatt Papier in der Hand. Sie murmelt leise vor sich hin. Wie sich herausstellt, lernt sie ein Gedicht auswendig. »Das geht im Gehen besser«, sagt sie. Ein anderes Mädchen liegt auf einem Tisch und steckt die Nase in ein Fachbuch. Auch das gehört zum Lernbüro dazu. Die Schüler können entscheiden, wo und wie sie sich den Unterrichtsstoff aneignen. Wer Bewegung braucht, kann auch mal auf den Hof hinausgehen. In jedem »Büro« wird ein anderes Fach der Kernfächer Deutsch, Mathematik, Englisch und Gesellschaftslehre »unterrichtet«. Jeden Vormittag ist Lernbüro-Zeit. 1,5 Stunden ist eine Einheit lang. Es gibt Kästen, da können sich die Mädchen und Jungen das thematisch gebündelte Unterrichtsmaterial herausholen. Die Schüler bearbeiten die Themen selbstständig. Gelernt werden sogenannte Basics, die später in zentralen Prüfungen abgefragt werden. »Diese Basics sind immer ein Themenbaustein«, erklärt Rasfeld. »Also Prozentrechnung zum Beispiel im Fach Mathematik.«

Den Gang entlang reihen sich die eigentlichen »Lernbüros«. Die Jugendlichen sitzen entweder im Kreis oder an langen Tischreihen, die sich an den Wänden oder an den Fenstern entlangziehen. Ein Fachlehrer ist immer anwesend und bereit, die Fragen der Schüler zu beantworten.

Du kannst statt du musst

Margret Rasfeld öffnet die Tür zu einem weiteren Raum. Momentan sitzt niemand darin. »Das ist unser Lernbüro Plus«, erklärt sie. Hier ist es ruhiger, es gibt weniger Außenreize. Tischkreise gibt es nicht wie in den anderen Räumen. Hier können Kinder arbeiten, die sich schwer konzentrieren können. Auch Lasse sitzt häufig hier. Er erklärt, warum: »Da sind weniger Kinder drin. Dadurch kommt man sofort an den Lehrer ran. Man hat Ruhe und Platz, kann seine Arbeitsmaterialien auf dem Tisch ausbreiten. »Es ist immer eine gute Atmosphäre, die Lehrer haben Zeit und kümmern sich. Und ich mag die Lehrer«, sagt er.

In Beziehung kommen, in Beziehung bleiben. Immer nah am Kind und seinen Bedürfnissen sein. Vertrauen. Das ist das Credo an der ESBZ. Das gilt für alle Kinder. Auch und gerade für sogenannte verhaltensauffällige. »Jeder Schüler hat einen Lehrer als Coach. Dieser Lehrer hat insgesamt 13 Schüler, die er als Tutor betreut. Jeden Freitag gibt es Einzelgespräche. Da werden dann Schwierigkeiten angesprochen und Lösungsmöglichkeiten gesucht. Und alle sechs Wochen treffen sich alle Lehrer gemeinsam. Dann wird jeder Schüler durchgegangen und beraten, wer welche Art der Unterstützung braucht. Das Wichtigste ist aber, dass man an die Kinder glaubt und dass sie das merken«, sagt Rasfeld.

Auch Max galt als verhaltensauffällig. Er habe immer besonderen Bewegungsdrang gehabt und konnte sich kaum konzentrieren, erzählt der Jugendliche. Heute ist er in der zwölften Klasse und bereitet sich aufs Abitur vor. Er hat sich gefangen. Ihm habe das System Lernbüro besonders geholfen, sagt er. Dass er sich dort seine Arbeit einteilen, auch mal raus und eine Runde über den Schulhof laufen konnte. Wenn es gar nicht mehr ging mit dem Stillsitzen. Und erst wenn er sich bereit fühlt, meldet er sich zum Test an.

Das ist möglich, weil es an der ESBZ keine Klassenarbeiten im herkömmlichen Sinne gibt. Bei ihnen hieße es nicht, morgen um elf schreiben alle eine Arbeit, erklärt die Direktorin, sondern es gebe individualisierte Tests. Zu denen meldet sich der Schüler an, wenn er glaubt, den Stoff verstanden zu haben. Für Rasfeld ist das die »mentale Wende von ›du sollst‹ zu ›ich kann‹«. Dadurch seien der ganze Druck, die Angst, die Vergleichbarkeit und Konkurrenz aus dem System genommen, und das wiederum führe dazu, dass die Schüler gern lernen und ihre Wissbegier erhalten bleibt.

Zudem gibt es bis zum Ende der 9. Klasse keine Noten. Die hält die Direktorin überhaupt für das Geringste, was man einem Kind an Wertschätzung geben könne. Noten sind nur Ziffern, sagt sie, haben nichts Persönliches.

An der ESBZ bekommen die Schüler deshalb Zertifikate mit den Rubriken »Top« und »Tipp«, wenn sie ihre Tests bestanden haben. »So ein Zertifikat hat kein anderer, das ist meins, da sehe ich, der Lehrer hat sich mit mir persönlich beschäftigt.« In jedem Zertifikat bekommen die Schüler unter dem Punkt »Top« ein Feedback, was gut war, und unter »Tipp« Anregungen, was sie »noch besser machen können«. Wenn ein Mädchen oder ein Junge ein Zertifikat erhalten hat, klatschen seine Klassenkammeraden. Aber ist der Abschluss vergleichbar mit anderen Schulen? Ja, die Schüler der ESBZ sind durchaus erfolgreich – mindestens genauso erfolgreich wie die Schüler herkömmlicher Schulen. Im ersten Abiturjahrgang haben alle bestanden.

»Simply beautiful« – starke Mädchen machen mobil

Die Direktorin ist auf dem Rückweg in ihr Büro. Für 12.15 Uhr hat sich eine Schülergruppe aus Dänemark mit ihrem Lehrer angekündigt. Auch sie wollen sich die Schule ansehen. Margret Rasfeld muss noch klären, wer sie betreut. Doch sie kommt nicht weit. »Hallo Josefine«, begrüßt sie eine Zehntklässlerin, die ihr auf dem Gang entgegenkommt. Josefine habe mit Klassenkameradinnen ein Projekt ins Leben gerufen, das sich ›simply beautiful‹ nennt, erzählt Rasfeld begeistert. Die Mädchen setzen sich dabei mit weiblichen Rollenbildern auseinander, die ihnen schon früh etwa durch die »Medienindustrie« aufgezwängt würden. Und mit den Auswirkungen, die das habe – bis hin zur Magersucht. Muss ich schön sein, um geliebt zu werden? Wie soll ich mich und meine inneren Werte finden, wenn ich durch mein Aussehen sofort abgestempelt werde? Fragen, mit denen sich die Schülerinnen auseinandersetzen. Dazu haben sie Interviews mit vielen Mädchen und Frauen geführt, ein kleiner Film ist entstanden. Damit wollen sie an andere Schulen und an die Öffentlichkeit gehen, Vorträge halten, eine Radioshow machen. Um damit andere Mädchen zu bestärken, sich selbst wertzuschätzen, sich anzunehmen und nicht zu viel Wert auf die äußere Erscheinung zu legen.

Junge, zeig, was in dir steckt

Speziell für Jungen wurde an der ESBZ ein Werkstatt-Projekt gestartet, das als Wahlpflichtfach belegt werden kann. »Junge, zeig, was in dir steckt« lautet der Titel. Geleitet wird die Werkstatt von Steffen Engler, der Lasse und seine Klassenkameraden auf ihrer Nordseewanderung begleitet hat. Margret Rasfeld hat Lasse deshalb geraten, bei der Werkstatt mitzumachen. »Ich hab gesagt, Mensch, jetzt hast du schon so einen tollen Kontakt zu ihm, jetzt könnt ihr eure ›Herausforderung‹ fortführen und gucken, was ihr noch alles schafft.« Lasse hat sich tatsächlich angemeldet und ist mit Eifer dabei.

In der Werkstatt sollen die Jungen die Erfahrungen machen können, die sie brauchen in ihrem Alter. Zum Beispiel, neue Sportarten kennenlernen, sich untereinander messen. Sie wollen Grenzen ausloten, wissen, wo sie stehen, hat Engler festgestellt. Gerade die Bewegung sei für Jungen sehr wichtig. »Vielen fällt es schwer, diese Extrastunden auch noch ruhig zu sitzen, sich zu konzentrieren. Die brauchen dann einfach Bewegung.« In solchen Fällen werde schnell gesagt, das sei verhaltensauffällig, erklärt Engler – aber da müsse man sehr vorsichtig sein. »Bei vielen ist das einfach ein Konzentrationsmangel, was aber total normal ist nach einem langen Tag.«

Eigeninitiative fördern

Neu denken. Das macht Lasse, seit er von seiner Wanderung zurück ist. Früher, wenn er mal wieder laut war, habe er immer gedacht, ich habe ADS, ich darf das, erzählt er. Und dass er ja nichts für sein auffälliges Verhalten könne. Jetzt denkt er nicht mehr drüber nach, ob er nun ADS hat oder nicht. Sondern darüber, dass er sich anstrengen möchte. Er will die Schule schaffen. »Ich hatte immer Probleme, meine Sachen zu ordnen. Hatte meine Materialien nicht dabei.« Jetzt habe er »keinen Bock mehr hinterherzuhinken«. Das Trampolinerlebnis zeigt offenbar Wirkung.

Die Eigeninitiative der Schüler fördern – das gehört mit zum Selbstverständnis der ESBZ. Und weil es immer mehr Anfragen von anderen Schulen gibt, die mehr über das Konzept der ESBZ wissen wollen, leiten nun Schüler der ESBZ Fortbildungen für Lehrer, Schuldirektoren und Ausbildungsleiter. »Wir können ja nicht dauernd Leute durch die Klassen schicken«, erklärt Schulleiterin Margret Rasfeld. »Deswegen bieten wir ein kompaktes Seminar an. Eine Stunde lang halte ich einen Vortrag, um das gesamte Konzept und die Hintergründe darzulegen. Danach gibt es Workshops der Schüler, zu den Schwerpunkten: Lernbüro, Verantwortung und Herausforderung, Wertschätzungskultur.« Dieses Jahr sei schon wieder alles ausgebucht, sagt Rasfeld lächelnd. 2013 hätten sie damit 28.000 Menschen erreicht. Schule müsse anders gedacht werden, lautet der Ansatz. Dafür brauche es Visionen, Beispiele und Mut. Mut zum Aufbruch.

DANK

Danken möchten wir ganz besonders den vielen Familien, die uns ihr Vertrauen geschenkt und die offen über ihre Erfahrungen berichtet haben. Ohne sie wäre dieses Buch nicht möglich gewesen. Um sie zu schützen, haben wir ihre Namen geändert.

ZDF-Chefredakteur Dr. Peter Frey und die ZDF-Chefredaktion haben uns erlaubt, dieses Buch zu schreiben. Dafür danken wir ihnen ganz besonders.

Teile des Buches basieren auf unseren ZDF-Fernsehberichten. Elmar Thevessen, stellvertretender Chefredakteur des ZDF, hat aufgrund dieser Reportagen den Anstoß zur Veröffentlichung des Buches gegeben. Wir danken ihm sehr für die Motivation dazu.

Christian Dezer, Chef von *Frontal21*, hat uns ebenfalls unterstützt. Auch dafür gebührt ihm unser Dank. Wie auch unserem ehemaligen Redaktionsleiter Dr. Claus Richter, der sich für unsere Pharmathemen immer wieder begeistert hat.

Viele Menschen haben sich für unser Anliegen eingesetzt. Sie haben mitgedacht, diskutiert und uns entscheidende Anregungen gegeben. Danke dafür.

Unser Buch basiert auf der Expertise zahlreicher Wissenschaftler und deren Publikationen. Auch bei ihnen möchten wir uns herzlich bedanken. Besonders sei dabei Prof. Peter Schönhöfer erwähnt, der unser Projekt engagiert und kritisch begleitet hat. Wir danken auch Anna Baumbach, die uns bei der Recherche mit ihrem Engagement und ihrer Gründlichkeit eine große Hilfe war.

Für Hinweise und Kritik von Ihnen, liebe Leser, möchten wir uns schon vorab bedanken. Sie erreichen uns, wenn Sie möchten, persönlich über *kinderkrankmacher@gmx.de*.

ANMERKUNGEN

Kapitel I

[1] Robert Koch Institut: *Studie zur Gesundheit von Kindern und Jugendlichen in Deutschland. Wichtige Ergebnisse der ersten Folgebefragung*, veröffentlicht am 23.06.2014. Auf: kiggs-studie.de. Zuletzt aufgerufen am 29.01.2015.

[2] Frenkel, Beate; Randerath, Astrid: *Pillen für die Psyche. Werden unsere Kinder krank gemacht? ZDFzoom*, ausgestrahlt am 07.05.2014 im ZDF.

[3] Grobe, Thomas u. a.: *Barmer GEK Arztreport 2013. Schwerpunkt: ADHS. Schriftenreihe zur Gesundheitsanalyse*, Band 18/2013. S.135–223, hier S.138 ff.

[4] Vgl.: Peters, Ursula: *adhs, was bedeutet das?*, Bundeszentrale für gesundheitliche Aufklärung (BZgA). Köln 2007.

[5] Frenkel, Beate; Randerath, Astrid: *Psychopillen für Kinder – Ruhigstellen mit Nebenwirkungen*. Beitrag in *Frontal21*, ausgestrahlt am 13.08.2013 im ZDF.

[6] Hoffmann, Heinrich: *Der Struwwelpeter*. Köln 2013.

[7] Name geändert.

[8] Vgl.: Gemeinsamer Bundesausschuss (GB-A): Beschluss des Bundesausschusses über die Einleitung eines Stellungnahmeverfahrens zur Änderung der Arzneimittel-Richtlinie: Anlage III Nummer 44 – Stimulantien. Auf: g-ba.de, 03.04.2012. Zuletzt aufgerufen am 29.01.2015.

[9] Goscinny, René: *Der kleine Nick*. Zürich 1974.

[10] Vgl.: Hausschild, Jana: *Jungen sind verhaltensauffälliger als Mädchen*. Auf: spiegel.de, 25.04.2013. Zuletzt aufgerufen am 29.01.2015.

[11] Neubauer, Gunter: *Sorglos oder unversorgt? Zur psychischen Gesundheit von Jungen*. In: Weißbach, Lothar u. a.: *Männergesundheitsbericht 2013*. Bern 2013, S.119.

[12] Vgl.: Ebd.

[13] Vgl.: Grob, Alexander; Jaschinski, Uta: *Erwachsen werden. Entwicklungspsychologie des Jugendalters*. Weinheim 2003.

[14] Vgl.: Scharnigg, Max: *Hör mal wer da spricht*. In: *NIDO*. Ausgabe 4/2014, 20.03.2014. S.22.
[15] Vgl.: Kerstan, Thomas u. a.: *Ist das zu viel verlangt?* In: *Die Zeit*, 27.10.2011. S.81.
[16] Juul, Jesper zitiert nach: Link, Albert u. a.: *Auch überbehütete Kinder sind vernachlässigte Kinder*. In: *Bild am Sonntag*, 16.03.2014. S.45.
[17] Vgl. Hauch, Michael: *Lasst die Kinder in Ruhe!* In: *Frankfurter Allgemeine Sonntagszeitung*, 23.02.2014. S.59.
[18] Wippermann, Katja u. a.: *Eltern – Lehrer – Schulerfolg. Wahrnehmungen und Erfahrungen im Schulalltag von Eltern und Lehrern*. Stuttgart 2013.
[19] Vgl.: Klemm, Klaus und Annemarie: *Ausgaben für Nachhilfe – teurer und unfairer Ausgleich für fehlende individuelle Förderung*. Gütersloh 2010.
[20] Vgl.: Ebd.
[21] Maschke, Sabine u. a.: *Appsolutely smart! Ergebnisse der Studie Jugend. Leben*. Bielefeld 2013.
[22] Vgl.: Hurrelmann, Klaus: *Eltern im Förderwahn?* In: *Forum Schule heute*, Heft 4, Bozen 2013. Auf: schule.provinz.bz.it. Zuletzt aufgerufen am 30.01.2015.
[23] Frenkel, Beate; Randerath, Astrid: *Psychopharmaka für Kinder*. In: *Frontal21*, ausgestrahlt am 04.06.2013 im ZDF.
[24] Vgl.: Hurrelmann, Klaus: *Eltern im Förderwahn?* In: *Forum Schule heute*, Heft 4, Bozen 2013. Auf: schule.provinz.bz.it. Zuletzt aufgerufen am 30.01.2015.
[25] Vgl.: Ebd.
[26] Vgl.: Ebd.
[27] Vgl.: Ebd.
[28] Vgl.: Baisch, Milena: *Die Prinzessin und der Pjär*. Theaterstück des Berliner Grips-Kindertheaters. In: *Materialien zur Uraufführung*, Berlin 2013. S.9.
[29] Autorengruppe Bildungsberichterstattung (Hg.): *Bildung in Deutschland 2012. Ein indikatorengestützter Bericht mit einer Analyse zur kulturellen Bildung im Lebensverlauf*. Bielefeld 2012. S.82.
[30] Vgl.: Czerwenka, Kurt zitiert nach: Zickgraf, Arnd: *Jeder siebte Schüler gilt als schwierig*. Auf: news4teachers.de. Zuletzt aufgerufen am 29.01.2015.
[31] Schaarschmidt, Uwe zitiert nach: Ebd.
[32] Vgl.: Ebd.
[33] Wippermann, Katja u. a.: *Eltern – Lehrer – Schulerfolg. Wahrneh-*

mungen und Erfahrungen im Schulalltag von Eltern und Lehrern. Stuttgart 2013. S.112 ff.

[34] Ebd.

[35] Ebd., S.116 ff.

[36] Vgl.: *Wen die Götter lieben.* In: *Der Spiegel,* 14.04.1954. S.34.

[37] Vgl.: Ebd.

[38] Vgl.: Bowen, James: *Bob, der Streuner. Die Katze, die mein Leben veränderte.* Köln 2013.

Kapitel II

[39] Frenkel, Beate; Randerath, Astrid: *Pillen für die Psyche. Werden unsere Kinder krank gemacht?* ZDFzoom, ausgestrahlt am 07.05.2014 im ZDF.

[40] Peters, Freia: *Warum so viele Kinder in Deutschland ADHS haben.* In: *Die Welt,* 04.02.2013.

[41] Vgl.: Clément, Fabienne; Gazut, Myriam: *Ritalin. Medizin, die krank macht?* Dokumentation, ausgestrahlt am 07.02.2012 in 3sat.

[42] Vgl.: Bracht, Karin: *Biomarker. Indikatoren für Diagnose und Therapie.* Auf: pharmazeutische-zeitung.de. Ausgabe 12/2009. Zuletzt aufgerufen am 02.01.2015.

[43] Vgl.: Grobe, Thomas u. a.: *Barmer GEK Arztreport 2013. Schwerpunkt: ADHS. Schriftenreihe zur Gesundheitsanalyse,* Band 18/2013. S.18.

[44] Name geändert.

[45] Vgl.: Bruchmüller, Katrin u. a.: *Fehldiagnose Aufmerksamkeitsdefizit- und Hyperaktivitätssyndrom? Empirische Befunde zur Frage der Überdosierung.* In: *Psychotherapeut,* Heidelberg 2012. S.77–89.

[46] Stier, Rüdiger zitiert nach Clemens, Jochen: *Die Fehldiagnose ADHS und ihre fatalen Folgen.* In: *Die Welt,* 14.01.2014.

[47] Vgl.: Ebd.

[48] Vgl.: Schröder, Helmut u. a.: *Diagnose Zappelphilipp.* In: *Gesundheit und Gesellschaft,* Ausgabe 10/2014.

[49] Schönhöfer, Peter: *Profitables Geschäft mit Zappelphilipp und Trotzkind.* In: *Pharma-Brief 3,* 2014.

[50] Vgl.: Frenkel, Beate; Randerath, Astrid: *Pillen für die Psyche. Werden unsere Kinder krank gemacht?* ZDFzoom, ausgestrahlt am 07.05.2014 im ZDF.

[51] Blech, Jörg: *Psychopille und Pausenbrot.* In: *Der Spiegel,* 24.06.2013.

[52] *ADHS: Unruhe wegen eines Zahlenwerks.* Interview von Christine Jeske mit Marcel Romanos In: *Main-Post,* 10.02.2013.

[53] Vgl.: *Von komplexen psychischen Erkrankungen fasziniert.* Interview mit Marcel Romanos. In: Online-Magazin der Universität Würzburg, 22.05.2012. Auf: presse.uni-wuerzburg.de. Zuletzt aufgerufen am 31.01.2015.
[54] Frenkel, Beate; Randerath, Astrid: *Pillen für die Psyche. Werden unsere Kinder krank gemacht? ZDFzoom*, ausgestrahlt am 07.05.2014 im ZDF.
[55] Vgl.: Ebd.
[56] Vgl.: Ebd.
[57] *ADHS in Klinik und Schule.* Werbebroschüre zur Veranstaltung, 2012.
[58] Vgl.: Frenkel, Beate; Randerath, Astrid: *Pillen für die Psyche. Werden unsere Kinder krank gemacht? ZDFzoom*, ausgestrahlt am 07.05.2014 im ZDF.
[59] Esser, Christian; Randerath, Astrid: Das *Pharmakartell. Wie wir als Patienten betrogen werden*, Dokumentation, ausgestrahlt am 09.12.2008 im ZDF.
[60] Engelberg, Joseph; Parsons, Christopher u. a.: *Financial Conflicts of Interest in Medicine.* Auf: papers.ssrn.com (Social Science Research Network), 26.01.2015.
[61] Vgl.: Fischer, Christiane: *Corruption in healthcare: a problem in Germany, too.* Auf: ijme.in (Indian Journal of Methical Ethics). Zuletzt aufgerufen am 02.01.2015.
[62] Vgl. *Kein Drei-Klassenstrafrecht gegen Korruption im Gesundheitswesen!* Pressemitteilung von *MEZIS e.V., Initiative unbestechlicher Ärztinnen und Ärzte*, 20.09.2013.
[63] Vgl.: Ebd.
[64] Vgl.: *Lobbyisten im Bundesministerium für Wirtschaft und Technologie.* Auf: Lobbypedia.de. Zuletzt aufgerufen am 02.01.2015.
[65] Vgl.: *Pharmaindustrie versucht gesetzliche Regelung zu verhindern.* Pressemitteilung von *MEZIS e.V., Initiative unbestechlicher Ärztinnen und Ärzte*, 27.11.2013.
[66] *Was tun gegen Bestechung?* Pressemitteilung von *MEZIS e.V., Initiative unbestechlicher Ärztinnen und Ärzte*, 29.11.2013. Dazu ein ausführliches Interview mit Christiane Fischer in Kapitel V.
[67] Vgl.: Ebd.
[68] Schönhöfer, Peter: *Profitables Geschäft mit Zappelphilipp und Trotzkind. Pharma-Brief Nr.3*, Mai 2014.
[69] Name geändert.
[70] Name geändert.
[71] Blech, Jörg: *Schwermut ohne Scham.* In: *Der Spiegel*, 06.02.2012.

Kapitel III

[72] Finzen, Asmus: *Neuroleptika für Kinder? Ein Lehrstück*. In: *Soziale Psychiatrie, Band 1/10*.

[73] Frenkel, Beate; Randerath, Astrid: *Pillen für die Psyche. Werden unsere Kinder krank gemacht? ZDFzoom*, ausgestrahlt am 07.05.2014 im ZDF.

[74] Vgl.: *BARMER GEK Arzneimittelreport 2013*, 06/2013.

[75] Vgl.: *Deutsches Ärzteblatt*, Bd. III, 2014. S.25.

[76] Vgl.: Bartens, Werner: *Psychopillen für den Nachwuchs*. In: *Süddeutsche Zeitung*, 14.01.2014.

[77] Finzen, Asmus: *Neuroleptika für Kinder?* In: *Soziale Psychiatrie 1/10*.

[78] Frenkel, Beate; Randerath, Astrid: *Neuroleptika*. Beitrag in *Frontal21*, ausgestrahlt am 06.05.2014 im ZDF.

[79] Ebd.

[80] Vgl.: Gardimer, Harris: *Drug Maker Told Studies Would Aid It, Papers Say*. In: *The New York Times*, 19.03.2009.

[81] Moreno, Carmen; Laje, Gonzalo u. a.: *National trends in the Outpatient Diagnosis and Treatment of Bipolar Disorder in Youth*. In: *Archives of General Psychiatry*. Maryland, 2007.

[82] Frenkel, Beate; Randerath, Astrid: *Pillen für die Psyche. Werden unsere Kinder krank gemacht? ZDFzoom*, ausgestrahlt am 07.05.2014 im ZDF.

[83] Ebd.

[84] Vgl.: U.S. Food and Drug Administration: *FDA Approves the First Drug to Treat Irritability Associated with Autism, Risperdal*, FDA Pressemitteilung, 06.10.2006.

[85] Vgl.: Hasselmann, Silke: *Pharmariese zahlt Milliardenstrafe*. Bericht in *Tagesschau*, ausgestrahlt am 05.11.2013 in der ARD.

[86] Vgl.: *Tagesschau*, 04.11.2013.

[87] *Pharmariese Johnson & Johnson zahlt 2,2 Milliarden Dollar Strafe*. Auf: aerzteblatt.de. Zuletzt aufgerufen am 23.01.2015.

[88] Frenkel, Beate; Randerath, Astrid: *Pillen für die Psyche. Werden unsere Kinder krank gemacht? ZDFzoom*, ausgestrahlt am 07.05.2014 im ZDF.

[89] Vgl.: *Behandlung der Depression: Selektive Serotonin-Wiederaufnahme-Hemmer (SSRI) oder Trizyklika?* In: *arznei-telegramm*, 9/1997.

[90] Vgl.: Frenkel, Beate; Randerath, Astrid: *Für depressiv erklärt. Kinder in der Medikamentenfalle*. Beitrag in *Frontal21*, ausgestrahlt am 13.08.2013 im ZDF.

[91] Vgl.: Manciero, Robert: *Prescription: Suicide?*, Dokumentation. USA 2014.
[92] Esser, Christian; Randerath, Astrid: Das *Pharmakartell. Wie wir als Patienten betrogen werden*. Dokumentation, ausgestrahlt am 09.12.2008 im ZDF.
[93] Frenkel, Beate; Randerath, Astrid: *Psychopharmaka für Kinder*. Beitrag in *Frontal21*, ausgestrahlt am 03.08.2013 im ZDF.
[94] Vgl.: Ebd.
[95] Vgl.: Manciero, Robert: *Prescription: Suicide?*, Dokumentation, USA 2014.
[96] Frenkel, Beate; Randerath, Astrid: *Psychopharmaka für Kinder*. Beitrag in *Frontal21*, ausgestrahlt am 03.08.2013 im ZDF.
[97] Vgl.: Ebd.
[98] Vgl.: Jimenez, Fanny: *Wer ist hier verrückt?* In: *Welt am Sonntag*, 08.12.2013.
[99] Vgl.: Freund, Andrea: *Der ganz normale Wahnsinn*. In: *Frankfurter Allgemeine Sonntagszeitung*, 01.12.2013.
[100] Vgl.: Ebd.
[101] Vgl.: Ebd.
[102] Wolfgang Maier zitiert nach: Ebd.
[103] Coscrove, Lisa; Krimsky, Sheldon u. a.: *Tripartite Conflicts of Interest and High Stakes Patent Extensions in the DSM-5*. In: *Psychotherapy and Psychosomatics*, Januar 2014.
[104] Vgl.: Ebd.
[105] Name geändert.

Kapitel IV

[106] Name geändert.
[107] Vgl.: Moskosch, Tanja: *Dreifach dünn*. Auf: Süddeutsche.de. Zuletzt aufgerufen am 23.01.2015.
[108] Vgl.: Dorfer, Tobias: *Dicke Mädchen unerwünscht*. In: *Süddeutsche Zeitung*, 10.05.2013
[109] Vgl.: *Kultmarke Abercrombie & Fitch im Shitstorm. Auf: handelszeitung.ch*, 16.05.2013. Zuletzt aufgerufen am 29.01.2015.
[110] Vgl.: Dorfer, Tobias: *Dicke Mädchen unerwünscht*. In: *Süddeutsche Zeitung*, 10.05.2013.
[111] *Aussehen wie die Stars. Schon Kinder denken über Schönheits-OPs nach!* Presseinformation der LBS Westdeutsche Landesbausparkasse, 24.10.2013.
[112] Ebd.

[113] Vgl.: Hussendörfer, Elisabeth: *Wunschtraum perfekter Körper.* Auf: Eltern.de. Zuletzt aufgerufen am 03.01.2015.
[114] Niemann, Sonja: *Wie man aussieht und wie man sich fühlt, ist nicht dasselbe.* Interview mit Susie Orbach. In: *Brigitte* 12/2014. S.110–115.
[115] Vgl.: Frenkel, Beate: *Hauptsache schön.* Beitrag in *Mona Lisa*, ausgestrahlt am 06.03.2011 im ZDF.
[116] Vgl.: Rollback, Rosa: *Wenn man so tut, als gäbe es keinen Sexismus mehr, werden Mädchen wieder zu Puppen.* In: *Frankfurter Allgemeine Sonntagszeitung,* 25.11.2012.
[117] Vgl.: *Du musst sexy aussehen!* Thema zur Sendung: *Vom Strampler zu den Strapsen.* Auf: 3sat.de, 26.09.2013. Zuletzt aufgerufen am 03.01.2015.
[118] Tolman, Deborah zitiert nach: Ebd.
[119] Noon, Saleema zitiert nach: Ebd.
[120] Vgl.: Frenkel, Beate: *Hauptsache schön.* Beitrag in *Mona Lisa*, ausgestrahlt am 06.03.2011 im ZDF.
[121] Hussendörfer, Elisabeth: *Wunschtraum perfekter Körper.* Auf: *Eltern.de.* Zuletzt aufgerufen am 03.01.2015.
[122] Lenke, Marion: *Twitter-Shitstorm trifft Apple. Fettabsaugungs-App für Barbies fliegt aus dem Store,* auf: focus.de. Zuletzt aufgerufen am 23.01.2015.
[123] Vgl.: Frenkel, Beate: *Hauptsache schön.* Beitrag in *Mona Lisa*, ausgestrahlt am 06.03.2011 im ZDF.
[124] Neuhann-Lorenz, Constance zitiert nach: Hussendörfer, Elisabeth: *Wunschtraum perfekter Körper.* Auf: *Eltern.de.* Zuletzt aufgerufen am 03.01.2015.
[125] Name geändert.
[126] Vollborn, Marita u. a.: *Die Pille gegen Akne. Verbotene Versprechen.* Auf: spiegel.de, 30.08.2012. Zuletzt aufgerufen am 03.01.2015.
[127] *Pille gegen Pickel! Hilft das?* Auf: bravo.de, 25.08.2014. Zuletzt aufgerufen am 03.01.2015.
[128] Vgl.: aknewelt.de. Zuletzt aufgerufen am 03.01.2015.
[129] Ebd.
[130] *Lifestyle-Kontrazeptivum Petibelle/Yasmin – Zurückhaltung angebracht.* In: *arznei-telegramm,* 21.11.2000.
[131] Drospirenon ist ein synthetisch hergestellter Arzneistoff aus der Gruppe der Gestagene, der in Kombination mit dem Östrogen Ethinylestradiol zur oralen Empfängnisverhütung eingesetzt wird. Vgl.: *Drospirenon.* Auf: PharmaWiki.de. Zuletzt aufgerufen am 04.01.2015.

[132] *Neu auf dem Markt. Antibabypille Petibelle/Yasmin.* In: *arznei-telegramm* 12/2000.
[133] *Yasmin und Yaz kosten Bayer viel Geld.* In: *Handelsblatt,* 28.02.2014.
[134] Vgl.: *Klage gegen BAYER-Konzern eingereicht,* Presseinfo der Coordination gegen BAYER-Gefahren, CBG, 31.05.2011.
[135] Vgl.: jolie.de. Zuletzt aufgerufen am 28.11.2014.
[136] Vgl.: *ü3. Informierte Eltern. Gesunde Kinder.* Ausgabe 2/2012, S.39.
[137] Vgl.: Ebd. S.24–25.
[138] Vgl.: Ebd.
[139] Vgl.: Ebd.
[140] Gute Pillen – schlechte Pillen: *Pharmafirma im Kindergarten. Sponsoring auf Irrwegen.* Auf: gutepillen-schlechtepillen.de, 22.10.2012. Zuletzt aufgerufen am 04.01.2015.
[141] Vgl.: Ebd.

Kapitel V

[142] *Novartis-Division Sandoz in italienischen Hormon-Skandal involviert.* Auf: Handelszeitung.ch, 24.10.2012. Zuletzt aufgerufen am 29.01.2015. Und: Straub, Dominik: *Hormonskandal um Sandoz und Novartis.* In: *Tagblatt,* 25.10.2012.
[143] Name geändert.
[144] Vgl.: Bartens, Werner: *Fit und schnell im Kopf.* Auf: Süddeutsche.de, 30.09.2014. Zuletzt aufgerufen am 04.01.2015.
[145] Name geändert.
[146] Vgl.: Marilyn Wedge im Interview mit Fanny Kiefer. Sendung: Studio 4, Shaw TV. Auf: youtube.com, 03.05.2011. Zuletzt aufgerufen am 29.01.2015.
[147] Vgl.: Ebd.
[148] Name geändert.

Ein kluges und bewegendes Plädoyer

Henning Sußebach erzählt von der zunehmenden Unterwerfung der Kindheit unter Leistungsdenken, Zeitknappheit und Konkurrenzdruck. Er versucht seiner Tochter Sophie zu erklären, warum das so ist. Vor allem aber ermutigt er sie und mit ihr alle Kinder und Eltern, die äußerlichen Erwartungen und Zumutungen nicht fraglos zu erfüllen und ihren eigenen Weg zu gehen.

In jeder Buchhandlung

HERDER
Lesen ist Leben

www.herder.de

Ethisch. Politisch. Leidenschaftlich.

Der medizinische Fortschritt wird immer spezialisierter. Der Patient, der Mensch mit seinem konkreten Leiden, gerät dabei oft aus dem Blick – zum Leidwesen auch derer, die eigentlich heilen wollen. Vertrauen, Zuwendung auf Augenhöhe, Respekt vor der Würde und Freiheit des Einzelnen sind für Dietrich Grönemeyer Schlüssel zu einem neuen Klima im Medizinbetrieb. Das Manifest eines humanistischen Arztes, der Hightech und Naturheilkunde sowie psychosoziales Handeln im Dienst der Menschen verbindet.

In jeder Buchhandlung

HERDER
Lesen ist Leben

www.herder.de